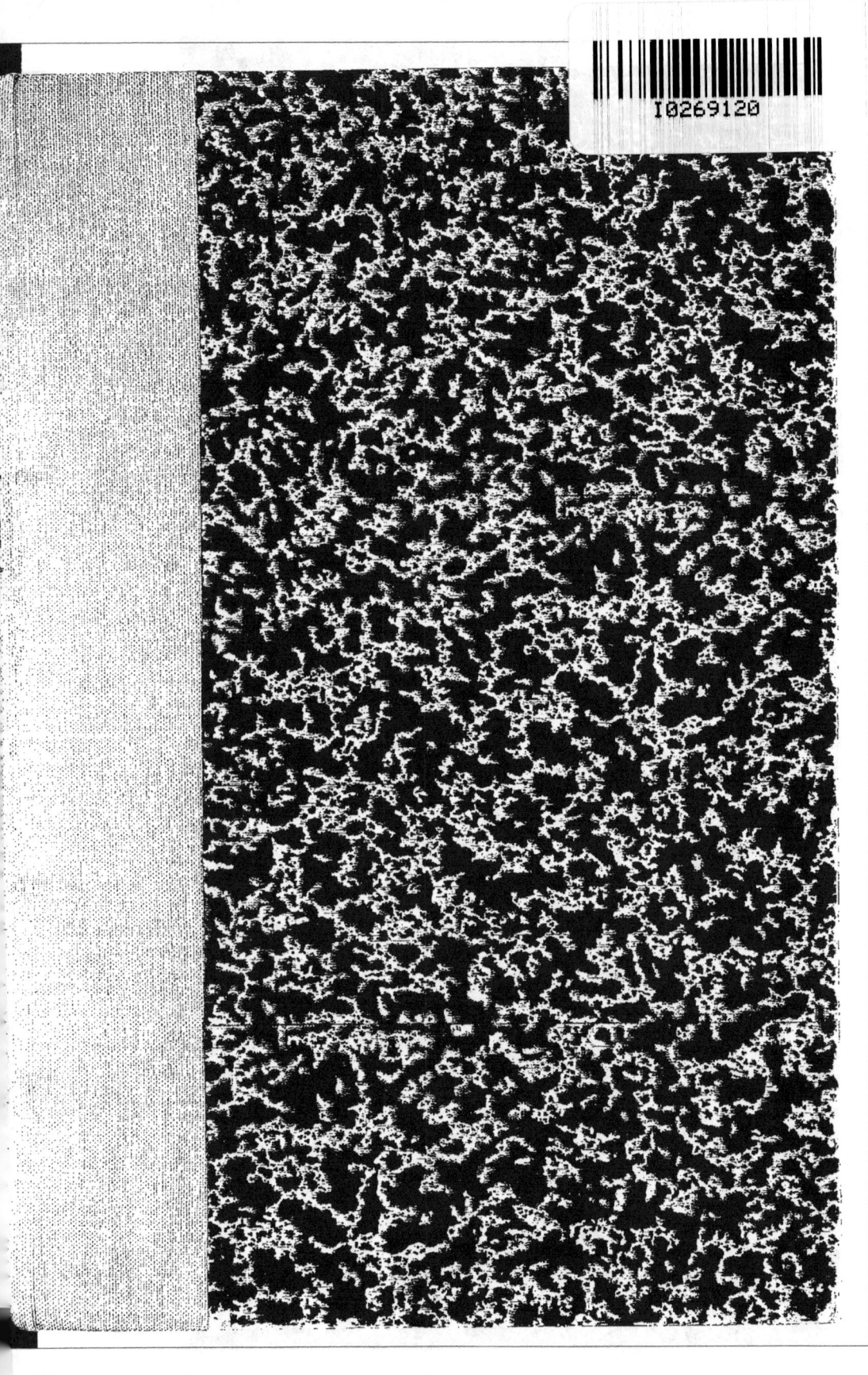

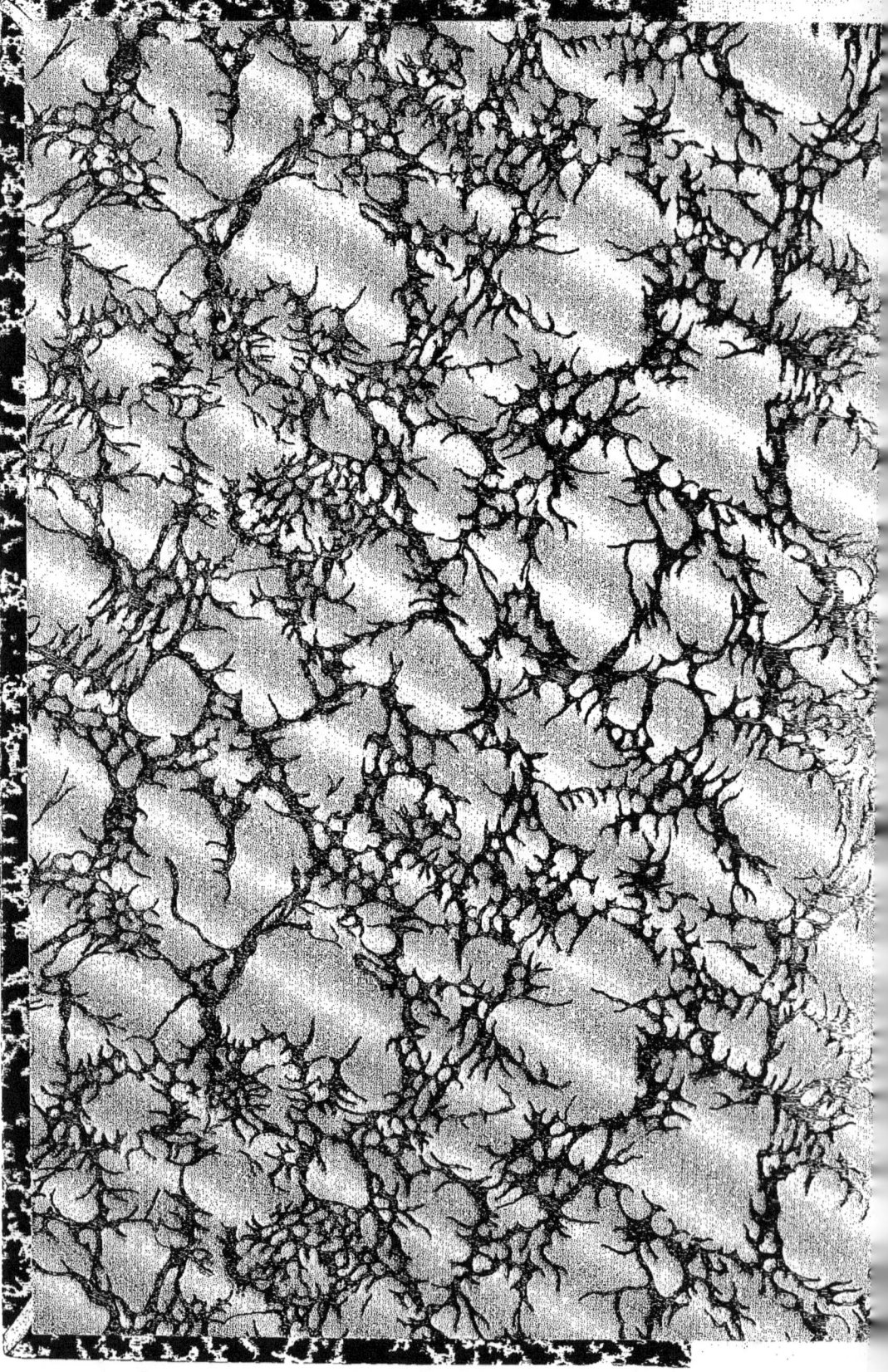

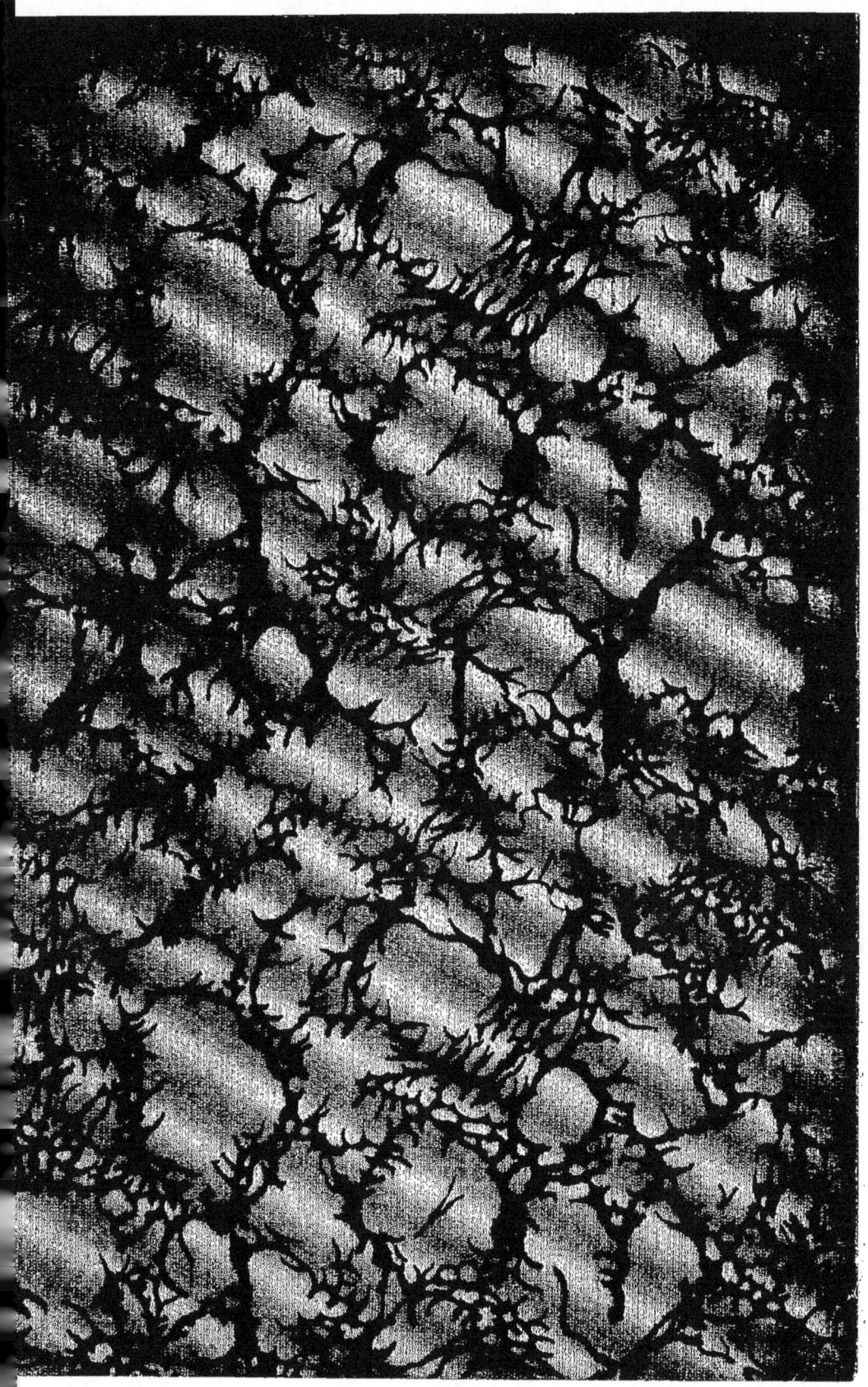

STEXPFER-REL

CATHOLICISME AU JAPON

L'Ère des Martyrs
1593-1660

PAR

L. DELPLACE, S. J.

TOME SECOND

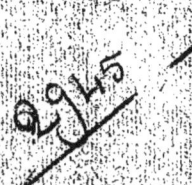

BRUXELLES
Librairie Albert Dewit
53, rue Royale

1910

LE CATHOLICISME AU JAPON.

IMPRIMATUR.

Mechliniæ, 23 Octobris 1908.

J. THYS, can., lib. cens.

LE CATHOLICISME AU JAPON.

L'Ère des Martyrs
1593-1660

PAR

L. DELPLACE, S. J.

TOME SECOND

BRUXELLES
Librairie Albert Dewit,
53, rue Royale,

1910

ERRATA.

Page 26, ligne 6, aussi,   ainsi
»   42,   » 17, terre,   tertre
»   57,   »   1, le,   la
»   62,   » 22, tons,   tout
»   81,   »   1, onde ils s,   Sonde ils
»   92,   » 16, les fils,   le fils
»   108,   » 17, Date,   Date Masamune
»   180,   » 22, Shimoza,   Kizaemon
»   »   » 23, Kinuya,   Kurasumaru
»   »   » 25, Duisko,   Ibaraki
»   182,   » 14, *crucifié*,   *décapité*
»   193,   » 31, après : sa femme,   Madeleine, Vincent Hagiwara Kizoyemon et sa femme Monique
»   205, note 1, 205,   203
»   248, page 4, Cloriaga,   Eloriaga

PRÉFACE.

Dans l'ouvrage, dont nous publions la seconde partie (1), ce n'est pas une œuvre d'édification vulgaire que nous nous sommes proposée. Si cette histoire de la Chrétienté Japonaise n'est pas complète au point d'entrer dans le détail infini des travaux et des souffrances des missionnaires et de leurs fidèles (2), elle n'est pas non plus incomplète jusqu'à fausser la vérité historique ou à dissimuler les fautes commises dans l'œuvre de l'évangélisation du Japon. La vérité est l'âme de l'histoire ; la cacher, c'est blesser, c'est détruire l'histoire dans son essence ; l'histoire est un enseignement, une lumière, *testis temporum, lux veritatis*, disait Cicéron (3) ; supprimer des témoignages de valeur, c'est tromper le lecteur, qui cherche la vérité des faits ; cacher le côté moins édifiant des événements, c'est refuser à la postérité la lumière qu'elle demande au passé. L'histoire n'est instructive qu'à la condition d'être sincère. Dans sa lettre sur les

---

(1) La première avec sous-titre *S. François-Xavier et ses premiers successeurs* [1540-93] pp. 283, a paru en 1909.

(2) L'ouvrage de Léon Pagès montre l'étendue que prendrait une histoire complète : ce sont des milliers de lettres qu'il faudrait publier en annexes.

(3) De oratore, II, 9.

études historiques (1), Léon XIII insistait sur cette première loi de l'historien : *ne quid falsi dicere audeat, ne quid veri non audeat.*

L'abbé Ligneul, supérieur du Séminaire de Tokyo, en nous faisant part d'un document trouvé chez un chrétien de Sendaï, nous écrivait (2) : « Au point de vue de l'évangélisation, par conséquent du salut de ce peuple, le malheur le plus regrettable qui soit arrivé, ce sont les disputes et les rivalités des anciens missionnaires.... La lettre que je vous signale, a été traduite en français et envoyée à Rome : elle le méritait ; pour l'histoire intime de l'ancienne église du Japon, c'est un monument peut-être unique : on y assiste par le menu aux démêlés de ce temps-là, et vraiment c'était triste. » Nous ne pouvions ni ne voulions esquiver cette question des antipathies entre portugais et castillans, entre jésuites et religieux, franciscains ou dominicains. Elle a été traitée par plus d'un historien, soit catholique, soit protestant : ils ont parfois généralisé à tort des accusations qui ne doivent atteindre que des membres isolés.

La seule conclusion que l'on puisse tirer de ces démêlés regrettables, c'est que les hommes, les saints eux-mêmes ne sont pas des anges, et que l'esprit de corps peut amener des rivalités, que l'Église fait bien de prévenir, là surtout où elles peuvent nuire à la cause de l'Évangile. Comme l'écrivait le Cardinal Perraud (3), « la vie apostolique, comme toute vie humaine, a ses dissentiments, ses malentendus, ses chocs douloureux ; les hommes mêmes qui veulent le bien avec le plus de sincérité et le plus d'ardeur, n'échappent pas toujours à cette dure loi, où se voit si tristement l'empreinte de notre native misère. »

---

(1) *Saepenumero*, 18 août 1883.
(2) 22 août 1905. Nous le publions en appendice au livre II.
(3) 25 février 1906. *Correspondant*, p. 630.

Encore faut-il, dans l'appréciation de ces dissentiments, tenir la balance égale sans ajouter aux témoignages des parties intéressées le poids d'un jugement subjectif que rien n'autorise ; qu'y a t-il cependant de plus commun ? Tantôt, l'écrivain interprète les intentions et condamne les actes, comme si l'on pouvait toujours découvrir ce qui se passe dans les consciences : il oublie, dit un critique (1), que le cœur de l'homme est une espèce d'énigme et qu'il dément en certains cas ses inclinations. Tantôt, sans chercher à balancer les témoignages contradictoires ni à leur attribuer une valeur relative, il donnera à des accusations vraisemblables un caractère de certitude historique : il oublie que l'histoire se compose de faits moralement certains et de beaucoup de faits, de paroles et de sentiments assez probables.

Dans l'exposé des difficultés qui surgirent au Japon entre quelques franciscains des Philippines et les jésuites, réussirons-nous à circonscrire les responsabilités ? Nous l'espérons ; car nous nous appuyerons sur les documents, nous les citerons. Ce que l'on ne nous reprochera pas, ce sont les exagérations, les hors-d'œuvre littéraires, que l'on rencontre chez certains écrivains récents ; car bien des auteurs ont traité la question dans les derniers temps ; par exemple nous n'irons pas, avec un historien dont le travail, puisé en grande partie aux sources japonaises, nous a été fort utile (2), jusqu'à taxer de « folles » les entreprises inspirées à un bienheureux martyr de l'Ordre de S. François « par un zèle immense et une naïveté non moindre » ; nous ne croirons pas pouvoir l'appeler « l'intrigant, l'infatigable agent commercial, le *blue-blooded* Sotelo, dont la diplomatie et le prosé-

---

(1) Griffet. *Traité de l'étude des preuves*, Liége, 1770, p. 57.
(2) Mr Steichen, des Missions étrangères : *Les daïmyo chrétiens*, Hong-Kong, 1904.

lytisme ne connaît pas de frein » (1) ; nous n'infligerons pas non plus l'épithète de « perfides envieux » et « de vils ennemis », de « nouveaux Caïns » (2) à ceux qui contrarièrent les desseins que lui inspirait le zèle, mais un zèle indiscret, plus que l'ambition des honneurs.

Charlevoix (3) à la suite de Bartoli (4) a traité l'histoire de Louis Sotelo avec un égal respect pour la vérité historique et les bonnes intentions du religieux ; les documents contemporains que nous citerons sont cependant plus intéressants ; ils permettront de formuler de justes critiques sur des publications récentes.

Nous retracerons rapidement l'histoire des sanglants martyres qui décimèrent la chrétienté japonaise ; les judicieux travaux du R. P. Thurston (5) et les récits des navigateurs hollandais nous ont aidé à suivre les vestiges des fidèles japonais qui persévérèrent dans la foi, jusqu'au jour où l'Église, désormais libre, put recueillir des milliers de brebis errantes et les rendre au bercail du divin Pasteur. En effet la foi chrétienne, prêchée par S. François Xavier, ne s'éteignit jamais au Japon : pouvait-elle périr après tant de sang versé pour le nom de Jésus ? Ce sang fécond avait une voix : *Jesu, victor, rex, miserere !* Oh ! Jésus, vainqueur du démon, roi du monde, ayez pitié des japonais !

Puisse cette prière hâter le triomphe de la croix parmi ce peuple, « les délices » de Xavier !

N. B. Déférant au conseil de Mr l'abbé Ligneul, dans ce second volume, autant que possible, nous suivons pour les noms propres l'orthographe anglaise reçue aujourd'hui. Cependant, pour ne pas induire

---

(1) Murdoch, *History of Japan*, Kobe [Japon], 1903.
(2) Tasso da Fabriano, O. M., *Storia di 45 martiri*, 1871, p. 316.
(3) Liv. 13, ch. 5 ; 15, ch, 1 ; 16, 2 et 6.
(4) Liv. 4, ch. 60, 78 et 80.
(5) *The Month*, London, 1905, *Japan and Christianity*.

en erreur sur la prononciation le lecteur français.

1º nous l'avertissons que *u* se prononce *ou* (Bungo, Buzen, Ukundono, Oshu, Fokoku), excepté dans les syllabes finales su, tsu, zu, où *u* se prononce comme l'*e* muet : ex. Jeyasu (pr. Jeyase), Shimazu, Iemitsu ;

2º *ai* se prononce comme dans *travail* ; pour marquer cette prononciation, nous écrivons : daïmyo, samuraï ;

3º g se prononce comme dans ghilde : d'où Kuge = pour le français Koughé ;

4º Ch et J se prononcent tchi, dji : d'où Chijiva = Tchidjiva.

Il nous était impossible d'identifier, surtout dans les appendices (martyrologes), d'innombrables noms propres, fournis par nos sources portugaises, castillanes, italiennes, etc.

LIVRE I.

Les Philippines. La persécution
1593-1613

1. Portugais et Castillans
2. Les premiers évêques du Japon
3. Le bref de Grégoire XIII
Ex pastorali officio (28 janvier 1585)
4. Les premiers franciscains des Philippines au Japon
5. L'ambassade franciscaine
6. Le San-Felipe — 7. Martyrs de Nagasaki
8. Plaintes de l'évêque Cerqueira
9. Ferveur des Martyrs — 10. Mort du Taïko Sama
11. Daïfu Sama ; trêve et persécutions isolées
Hideyori, l'héritier
12. Activité des divers ordres religieux au Japon ;
mort de Valignani et d'Organtino
13. Martyrs de Yatsushiro

---

1. C'est de Lisbonne que Saint François Xavier était parti pour les Indes Orientales, et de Goa qu'il s'était rendu au Japon ; c'est le roi de Portugal, et en son nom le vice-roi des Indes, qui favorisaient la belle mission.

Parmi les lettres du Saint, il en est une où, par l'intermédiaire du Provincial des jésuites portugais, Simon Rodriguez (1), il prévient le roi Jean III que les vaisseaux castillans, qui vont à la recherche des îles argentines (islas platarias), périssent souvent parmi les écueils, dont la mer est semée sur leur route. Cette route était celle de la Nouvelle-Espagne, c'est à dire du Mexique aux Moluques, le long des côtes orientales du Japon. Le Saint portait la chose à la connaissance du roi afin que « pour la décharge de sa conscience il donnât à son tour avis à l'empereur Charles-Quint, roi de Castille, du danger que couraient ses vaisseaux. Ce n'est pas sans grande compassion, disait-il, que j'entends parler de nombreux navires, partant de la Nouvelle-Espagne en quête de ces îles argentines, et qui périssent en chemin. Quant à ceux qui aborderaient au Japon, ils auraient affaire à un peuple tellement belliqueux et avide, qu'ils seraient tous confisqués : pour enlever armes et habits on mettrait à mort tout l'équipage » (2)

La lettre du Saint fut communiquée au prince d'Espagne Philippe, qui succéda à son père Charles-Quint (3), et jusqu'à l'époque où nous a amenés l'histoire du Japon, nous n'avons pas dû mentionner des contestations entre navigateurs ou marchands, portugais et castillans, au sujet de l'accès du Japon. Mais le Portugal, qui revendiquait le commerce japonais, passa sous la couronne d'Espagne ; or, les relations entre les deux peuples, unis dès lors sous Philippe II, étaient loin d'être sympathiques. De ce chef il y eut des difficultés, qui pouvaient causer de graves inconvénients pour le progrès de l'œuvre évangélique.

---

(1) Goa, 8 avril 1552, *Mon. Xav.*, I, Cros II, 237.
(2) Voir volume précédent, p. 249, note 2.
(3) Polanco, *Chronicon, S. J.*, IV, 551, dans la collection *Monumenta S. J. historica*.

La mission comptait des jésuites de nationalités diverses, italiens, castillans et portugais, et depuis 1587, elle avait été constituée en vice-province, indépendante des provinces du Portugal et de Goa ; Macao, possession portugaise, aux portes de la Chine, était considéré comme faisant partie de la mission ; c'est même là que plus tard se trouvèrent réunis le plus grand nombre des sujets en formation. Le sage Valignani (1) constata parmi les missionnaires un esprit de charité et de fraternité, que le Seigneur récompensait en bénissant leurs travaux apostoliques, et qui cependant ne supprimait pas l'esprit de nationalité : « Il n'y a pas, écrivait-il, de désunion, qui puisse nuire, entre castillans et portugais. Occupés au milieu d'un peuple qui ne distingue pas les uns des autres, ils travaillent de commun accord à sa conversion. Mais dans les collèges, si l'on n'y veille pas, il y a des germes de désaccord, une ivraie qui pourrait étouffer le froment. La source du mal est une certaine antipathie, fort naturelle, et si peu contraire à la raison qu'à moins d'excès elle ne donne pas lieu de s'en inquiéter. Les deux nations se sont fait souvent la guerre ; par concession du pape Alexandre VI elles se sont partagé les découvertes du nouveau monde ; or, la démarcation des Indes occidentales et des Indes orientales est sujette à dispute. L'émulation est grande ; elle a grandi depuis que les États du Portugal sont passés sous le sceptre du roi Philippe ; car les portugais, n'ayant plus leur propre roi et leur gouvernement national, se voient privés de beaucoup d'avantages et d'honneurs. Or, les passions et affections naturelles nous accompagnent dans la vie religieuse : c'est le devoir des supérieurs de veiller à les contenir dans des bornes raisonnables ».

Ces considérations sont très judicieuses. Au surplus, il est

---

(1) Goa, 18 novembre 1595. *Epist. Jap. msc.* 1590-99.

assez aisé de maintenir l'unité de vues et l'unité d'action dans un ordre religieux, hiérarchiquement constitué sous un Général, qui suit lui-même la direction du chef suprême de l'Église ; elles sont moins faciles à maintenir entre religieux de divers ordres et de nationalités diverses.

2. Valignani, lors de la première visite qu'il fit au Japon en 1579, s'était demandé, à la vue de cette abondante moisson d'âmes que promettait la belle mission, si la province du Portugal, celle de Goa et même la Compagnie entière pourraient fournir le nombre suffisant d'ouvriers apostoliques. De plus, ne fallait-il pas au Japon même un évêque, non seulement pour confirmer les fidèles, mais encore, puisqu'on avait décidé de recruter les éléments d'un clergé indigène, pour conférer les Saints Ordres ?

Depuis 1566 le Saint-Siège avait désigné les Pères Nuñez Barreto et Melchior Carneiro, jésuites portugais et coadjuteurs du patriarche d'Ethiopie, comme évêques du Japon (1). Ils résidèrent depuis 1567 à Macao sous la protection du Portugal qui avait suffisamment armé cette petite ville contre les attaques des chinois (2) ; Carneiro y fit plusieurs ordinations sacerdotales, mais, ni sa santé chancelante, ni la situation toujours troublée du Japon, ne lui permirent de toucher la mission ; il mourut le 19 août 1583 (3). Sébastien de Moralez, provincial du Portugal, lui fut donné comme successeur avec le titre d'évêque de Funaï (4) ; le daïmyo du Bungo avait offert cette ville comme résidence épiscopale,

---

(1) Feb. 1566. Voir *Synopsis actorum S. Sedis in causa. S. J.* [Florence, Louvain 1887. 1895], p. 47, 50.

(2) *Nuovi avvisi delle Indie di Portugallo*, Vª parte [Brescia, Turlini. 1579], p. 77. Lettre de Carneiro, 20 nov. 1575 — Lettre de Nuñez, Macao, 24 oct. 1568 *(Epist. Jap. msc.*, 1565-79).

(3) Mexia, Macao, 6 janv. 1584 [*Cartas de Japão*, 1598, II, p. 126].

(4) *Synopsis* citée, p. 152.

à un moment où l'on pouvait espérer un peu de stabilité pour l'Église ; le nouvel évêque mourut à Mozambique au cours de son voyage vers le Japon. Valignani avait jugé que Macao serait pour longtemps une résidence sûre (1) : aussi bien ce n'est pas à Funaï, mais à Nagasaki que le quatrième évêque put fixer son séjour ; ce fut encore un jésuite portugais, Pierre Martinez (2). Sacré à Goa, il reçut comme coadjuteur avec droit de succession le Père Louis Cerqueira, et arriva au port de Macao en janvier 1594 (3).

Malgré les édits du Taïko Sama (Hideyoshi), l'évêque Martinez, averti qu'il pouvait sans crainte se présenter à la cour du Japon, débarqua à Nagasaki le 14 août 1596 avec un renfort de sept missionnaires. Il fut reçu par les fidèles avec la solemnité que comportait la situation, donna le sacrement de confirmation à 4000 fidèles, entre autres au daïmyo d'Arima, conféra la tonsure cléricale à 6 japonais de la Compagnie et à 25 dogiques ou catéchistes, et ordonna 5 européens sous-diacres : il espérait promouvoir prochainement à la prêtrise et charger d'une paroisse dix ou onze japonais. Même avec l'aide de ces nouveaux prêtres, destinés aux fonctions pastorales à Nagasaki, il jugeait que les missionnaires, plus libres désormais de se donner à l'apostolat, ne suffiraient cependant pas aux besoins de la jeune chrétienté japonaise ; il éprouvait une douleur profonde en constatant combien de convertis étaient sans pasteurs, sans sacrements, sans sacrifice : « La Compagnie, écrivait-il au Général, est chargée au-dessus de ses forces ». Très sympathique aux religieux de S. François, il désirait les appeler à son aide, non pour ériger des couvents, mais pour prêcher

---

(1) Arima, 25 août 1580 à l'archevêque d'Evora [*Cartas*, I, 478].
(2) *Synopsis*, p. 193.
(3) Lettres du 6 janvier 1594 et du 4 oct. 1596 à Rome, du 23 oct. 1596 au roi [*Epist. Jap. msc.* 1580-99].

et pour gouverner le chrétienté sous l'autorité de l'évêque : à Macao, ils apprendraient la langue. « Ce devraient être, écrivait-il au roi, des franciscains portugais, puisque la mission fait partie des Indes orientales ».

Il se présenta à la cour du Taïko Sama avec les lettres du vice-roi des Indes, Mathias d'Albuquerque, et reçut un accueil digne de son rang. Il ne demeura que sept mois dans la mission ; mais la réception que lui avait faite le souverain eut des effets très heureux pour les missionnaires.

Cependant, en février 1597, il fut témoin d'un revirement inattendu : il assista à un spectacle tragique, qui pouvait réjouir son cœur d'évêque, mais aussi lui inspirer de vives craintes pour l'avenir : ce fut le glorieux martyre de 26 chrétiens sur la colline de Nagasaki : parmi eux 6 franciscains castillans, venus depuis trois ans des îles Philippines.

3. Les belles îles Philippines n'étaient pas inconnues aux japonais ; elles portaient chez eux le nom de Luçon, et les conquérants castillans étaient à leurs yeux des intrus, des envahisseurs : « Ces îles, disait le Taïko Sama, nous appartiennent ».

Lors de sa première visite, Valignani n'envisagea point l'éventualité de rapports commerciaux entre japonais et castillans. Une année plus tard, lorsque par la mort du Cardinal Henri, le royaume de Portugal passa sous le sceptre de Philippe, II les droits des portugais à un monopole commercial au Japon furent sauvegardés. Le Saint-Siège, respectant tout aussi bien que Philippe II les droits de la nation portugaise, accordera plus tard aux religieux castillans l'accès au Japon, mais il y mettra une réserve : ils n'y pourront aborder que par la voie portugaise, Lisbonne, Goa, Macao ; les droits respectifs des deux couronnes étaient maintenus.

En 1580 (1) Valignani écrivait au Père Général Mercurien : « Sept religieux franciscains, de l'observance, tous castillans hormis un seul qui est italien, sont venus de Luçon à Macao ; ils ont passé quatre mois à Canton ; l'un d'eux y est décédé, quatre ont désiré retourner à Luçon ; aux deux autres l'évêque a accordé l'autorisation de bâtir un couvent, du prix de trois mille écus. Comme les castillans rêvent de conquérir la Chine, malheur à notre mission s'ils y abordent ! Comme je l'apprends par une lettre du Père Vincent (Lenori), que ces religieux m'ont remise de sa part, ce Père a écrit à Votre Paternité pour demander l'autorisation d'envoyer ici quelques jésuites castillans : qu'on s'en garde bien ! le vice-roi des Indes et le roi en seraient offensés ».

Deux ans plus tard, quand le gouverneur des Philippines, Dominique Monteiro, eut envoyé le Père Alonso Sanchez à Macao, pour y annoncer officiellement l'union des deux royaumes sous le sceptre du roi Philippe, Valignani fit connaître au nouveau Général de la Compagnie, Claude Aquaviva, les avis des missionnaires et son propre avis (2) sur la question de l'entrée au Japon des autres ordres religieux : toute désirable que leur entrée fût pour les religieux et même pour les japonais, on jugeait que le temps n'était pas venu et qu'il fallait la différer : en face des multiples sectes bouddhistes et de leurs démêlés, l'Église naissante du Japon constatait l'unité parfaite de doctrine et de direction chez les missionnaires actuels : c'est ce qui lui donnait un grand prestige. En Europe, quelques controverses entre les divers

---

(1) Kuchinotsu, 28 août *(Epist, Jap. msc.)*.
(2) De Macao, 17 déc. 1582 (même farde). Dans l'*Oriente conquistado à Jesu Christo*, Lisboa, 1710, tome II, 537-554. Voir la consultation avec les divers arguments pour et contre et la conclusion de Valignani [1580-81]. L'auteur, da Souza, nomme les 24 pères consultés. Cet ouvrage, de grande valeur, est demeuré en partie manuscrit.

ordres religieux, quelque diversité d'esprit et de coutumes, ne nuisaient guère au maintien de l'unité, caractère essentiel de l'Église de Jésus-Christ. Au Japon, il n'en serait pas de même : en ce moment-ci, les bonzes s'en prévaudraient ; les chrétiens japonais, enclins à l'esprit de côterie, accentueraient les discussions. Par ailleurs, les divers religieux, manquant d'expérience et trop confiants en eux-mêmes, commettraient à présent les fautes que nous commettions jadis, et n'agiraient pas avec ce peuple comme une longue expérience nous a appris qu'il convient de le faire. Plus tard, on peut l'espérer, cette jeune chrétienté, une fois fortement établie, accueillerait, avec moins d'inconvénients, des religieux de divers ordres et de diverses nationalités, avec leurs observances et leurs coutumes particulières.

Le Général de la Compagnie soumit la question au Pape Grégoire XIII. Le Père Maldonat fut consulté sur l'opportunité de poursuivre les conquêtes de l'Évangile et d'étendre la foi dans les autres provinces du Japon, malgré le petit nombre de missionnaires (1). Les délibérations entamées au Bungo, continuées à Azuchi et à Nagasaki, furent communiquées aux conseillers du Pape et aussi du roi de Portugal (le cardinal Henri, puis Philippe II), et la décision fut donnée par le bref *Ex pastorali officio* (2) : l'évangélisation du Japon était réservée à la Compagnie de Jésus ; sans l'autorisation du Saint-Siège, d'autres religieux n'y pourraient entrer sous peine d'excommunication majeure.

Edouard de Menesez, vice-roi des Indes, reçut le bref le 12 avril 1586.

Nos adversaires nous ont vivement reproché cet exclusivisme ; car c'est en conformité avec les opinions de la

---

(1) Da Souza, op. cit. p. 543.
(2) 28 janv. 1585. *Syn.* citée, p. 139.

majorité des missionnaires que le Saint-Siège prononçait sa décision. S'ils avaient de bonne foi considéré les raisons sur lesquelles elle était appuyée, ils devaient convenir que d'après les termes du bref, le succès de l'œuvre ne dépendait pas tant du grand nombre d'ouvriers apostoliques que de l'unité d'action dans le maniement et la formation des néophytes, et qu'il y avait danger à laisser pénétrer d'autres religieux sans expérience, dont l'esprit et la direction pouvaient être bien opposés et jeter le trouble dans le jeune bercail. Aujourd'hui, on le sait, le Saint-Siège s'inspire encore des principes qui guidaient Grégoire XIII et suit la même ligne de conduite : à chaque Ordre religieux, à chaque province, s'il se peut, d'un même Ordre il confie toute une vaste mission ; à mesure que le nombre des fidèles augmente, il la divise et la subdivise, en sorte que ceux-ci recueillent les incontestables avantages d'une direction suivie et uniforme. (1)

Cependant les nouvelles du succès de l'Évangile parmi ce peuple se répandaient partout ; elles ne pouvaient manquer d'éveiller le zèle des autres Ordres religieux, célèbres par leurs travaux apostoliques au service du Saint-Siège. Aux Philippines surtout, si rapprochées du Japon, les franciscains, les dominicains et les augustins, quelque vaste et difficile que fût là aussi l'œuvre de l'Évangile, convoitaient la belle et périlleuse mission, devenue célèbre depuis une vingtaine d'années. D'autre part, un intérêt moins noble, celui du lucre, poussait les marchands castillans des Philippines à engager le trafic avec les îles du Japon ; les Japonais de leur côté étaient encore plus avides d'établir des relations

---

(1) Bartoli, *Giapone*, livre II, § 34. Mr Marnas [*La religion de Jésus. . au Japon*, I, 565] montre qu'aujourd'hui encore les descendants des anciens chrétiens gardent des préjugés, résultant du défaut d'unité dans la direction que les divers religieux donnaient à leurs fidèles.

commerciales avec les Philippines : ce qui les attirait surtout, dit un historien (1), c'était l'or espagnol.

La cupidité des négociants, tant japonais que castillans, et le zèle des franciscains de Manille allaient susciter de regrettables difficultés et des obstacles à l'œuvre évangélique.

4. Renonçant à citer des ouvrages de moindre valeur, consultons un récent annaliste des missions franciscaines, le Père Marcellino da Civezza (2). Il reconnaît que les

---

(1) Colin, *Historia de la Compania en Filipinas*. « Los reales de á ocho ».
(2) *Le missioni francescane*. Prato, 1891. VII^2 p. 975 sqq.
Odorico di Pordinone a-t-il pénétré au Japon ? Le Père Tasso da Fabriano [*Storia* cit. p. 2, 9, 20] en tire un argument pour décerner à son ordre l'honneur d'y avoir prêché dès lors Jésus-Christ. C'est peu sérieux. — Est-il vrai que trois marchands portugais ont prêché J.-Ch. à Nagasaki [qui n'existait pas encore] en 1542 ? et parmi eux Gonzalve Garzia qui plus tard [1593] y retourna comme franciscain et fut martyr ? qu'en 1587 la persécution fut une « oribile strage » et détruisit quasi totalement la chrétienté. Il fallait ignorer le savant et très documenté Bartoli pour énoncer de pareilles exagérations, elles ne sauraient justifier la venue des franciscains. Au tome précédent de cet ouvrage [livre IV] nous citions les nombreux témoignages des contemporains qui confirment le récit de Bartoli. Sur quel document s'appuyerait-on pour affirmer que Guillaume Povero se rendit en 1582 à Miyako avec un autre franciscain et que les fidèles japonais profitèrent de son passage pour écrire au P. Gonzalve Garzia !
Le P. Agostino da Osimo [*Storia dei 23 martiri*, 1862, pp. 18 sqq.] cite des lettres des chrétiens d'Yamaguchi, de Hirado et de Shiki qui se disent abandonnés et demandent au P. Garzia de venir à leur secours avec ses frères des Philippines. Il y a lieu de se défier de l'authenticité de ces lettres. Par ailleurs, on ne voit pas les franciscains se rendre auprès de ces chrétiens, si désireux de les voir. — Ce P. Garzia avait-il été connu du Taiko Sama comme capitaine, avant d'être catéchiste pendant dix ans des jésuites ? Bartoli [l. II, § 35] parle d'un indien des Canaries, chassé par les jésuites, après avoir été leur catéchiste : il lui attribue la grande part des calomnies répandues contre eux. — Le P. Agostino a-t-il trouvé un document pour affirmer que « tous les jésuites ayant été chassés en 1587 [il n'en partit pas un seul !] et la chrétienté ayant été heureusement relevée par les enfants de S. François, » l'évêque reçut *ordre* du Saint-Siège de se rendre au Japon [p. 115] ? Mais cet écrivain cite des discours de bonzes, il cite même les prières que les martyrs adressaient au Seigneur, longues d'une page. Combien mieux ferait-il de citer des documents sérieux ! Dans son Apologie inédite [1598, 9 oct.] Valignani après avoir rendu hommage au glorieux martyre du fr. Martin Ignace [Loines] de l'Ascension, réfute ses erreurs ; il admet qu'en 1584 un vaisseau du portugais Barthélémi Vaaz Landeiro fut jeté sur les côtes du Japon avant d'atteindre Macao, et que 2 augustins, Manrique et son compagnon, et 2 franciscains, Jean Pobre et son compagnon, furent reçus par les jésuites à Hirado, où ils restèrent quatre mois. Le P. Manrique demanda au daïmyo un emplacement pour prendre demeure, lui promettant les avantages du commerce de Manille ; mais le projet échoua.

franciscains portugais, fixés à Macao, n'autorisaient en aucune façon leurs confrères castillans des Philippines à prendre part à leurs travaux. Et, en vérité, ils avaient de bonnes raisons. Au surplus, les Philippines n'offraient-elles pas un immense champ à l'activité de leurs confrères ? Qui est-ce qui les autorisait à entrer au champ confié par l'autorité compétente aux franciscains portugais ? S'il y avait lieu de craindre quelque dissentiment entre frères portugais et castillans à Macao et en Chine, ne pouvait on pas en prévoir entre jésuites portugais et franciscains castillans dans le Japon ?

La prudence, avec laquelle les jésuites se maintenaient au milieu d'innombrables difficultés, pouvait mener l'entreprise au plus heureux résultat. Si le nombre des chrétiens devenait considérable, si un jour les provinces du centre et du nord en comptaient un nombre suffisant, alors peut-être viendrait à se réaliser le projet, que nous verrons plus tard vainement poursuivi par un glorieux martyr franciscain, le Père Louis Sotelo ; alors, une partie de ce vaste champ pourrait être confiée, sous l'autorité d'un second évêque, à l'ordre si apostolique et si vénérable de S. François d'Assise.

Mais, comme le dit Bartoli (1), il semble qu'il ait suffi de publier aux Philippines et à Macao les ordres de Philippe II et le décret du Saint-Siège, pour que le Japon excitât un zèle et une rivalité que rien ne put refréner. Aussi longtemps que l'accès n'en fut pas réservé aux jésuites, il ne vint à l'esprit d'aucun autre religieux de vouloir y pénétrer ; dès que le bref fut publié, les plus mensongères calomnies provoquèrent tous les religieux des Philippines à se porter au Japon : « Nous avions lâchement abandonné notre troupeau, l'évêque lui-même s'était enfui : nous n'avions rien

---

(1) Livre II, § 34.

du bon Pasteur qui donne sa vie pour ses brebis, nous étions des mercenaires, des marchands. »

Dominique de Salazar, évêque aux Philippines, écrivit une longue lettre (1), où il s'efforçait d'établir que le bref de Grégoire XIII était subreptice et de nulle valeur canonique : « Puisque tel est le sentiment de l'évêque, écrivait le Provincial Coëlho, je pense que des franciscains aborderont sans craindre l'excommunication ; mais, depuis l'édit de bannissement (1587), qu'ils ignorent sans doute, leur séjour ne sera pas de longue durée ». Un an plus tard, deux religieux de S. François, en destination pour le nouveau royaume (Mexique), furent jetés par la tempête dans le port de Nagasaki et témoignèrent le désir d'y demeurer : il les en dissuada (2).

Cependant le Taïko Sama, désireux d'engager le commerce avec les Philippines, sur lesquelles il revendiquait des droits de suzeraineté, négociait avec le gouverneur castillan de ces îles, Gomez Perez das Mariñas (3) ; celui-ci envoya un dominicain, Jean Cobo (1592) comme ambassadeur avec un autre castillan, Jean de Solis. Ils se rendirent à Nagoia, où le Taïko Sama se trouvait alors et furent bien accueillis (4) ; quand, au nom du gouverneur, ils se plaignirent des entraves que mettaient les portugais au trafic des Philippines : « Eh ! quoi, dans mes états, répondit le souverain, des étrangers seraient les maîtres ! » et il envoya aussitôt deux agents païens à Nagasaki avec ordre de mettre les portugais à la raison et de faire détruire la belle église qu'ils avaient gardée

---

(1) Coëlho, 17 janv. 1588 *(Epist. Jap. msc. 1580-99)*.
(2) 13 sept. 1589, *ib*.
(3) L'initiative partit du Japon : en 1591, Harada, japonais, vint à Manille, explora les fortifications et fit comprendre au Taïko qu'il lui serait aisé d'en faire la conquête. En 1592 celui-ci envoya un neveu de Harada proposer une alliance, voire exiger la soumission.
(4) Bartoli, liv. II, § 33 ne mentionne pas le religieux : *due certi nomini*, dit-il.

à leur usage (1). Ce fut le principal résultat de cette première ambassade : le Père Cobo, retournant à Manille, périt de la main des barbares de l'île Formose (2) ; quant à la lettre, que son compagnon d'ambassade porta de la part du Taïko, elle était très favorable, on le comprend, aux intérêts des castillans, mais pleine d'insolentes prétentions et injurieuse pour la grande puissance espagnole.

Le supérieur de la mission (3) mentionnait en ces termes les querelles naissantes : « Le Père Sedeño, de notre compagnie, m'informe des Philippines que l'on porte contre nous bien des accusations injustes ; on nous accuse d'avoir établi au Japon un commerce d'or et de soie avec Macao ; on prétend que c'est nous, et nous seuls, qui empêchons les membres des grands ordres religieux de pénétrer au Japon. Et voici que le gouverneur des Philippines a envoyé quatre religieux de Saint-François ; nous déplaisons aux japonais, assure-t-on, et c'est la raison unique de la persécution, qui afflige cette Église. Ces religieux disent que le bref est subreptice et ne les oblige pas, que leur venue, loin de causer scandale aux japonais, leur sera fort agréable ».

5. Le Père Pierre-Baptiste de San Estevan était le supérieur de cette expédition. Docte et saint religieux, il avait connaissance du bref de Grégoire XIII : aussi bien avait-il fait d'abord difficulté d'accepter l'honneur de l'ambassade. On lui persuada qu'il n'était pas admissible que le Saint-Siège voulût s'opposer au salut du peuple japonais, qu'il existait même des lettres de Sixte-Quint, accordant plein pouvoir à l'Ordre de S. François de prêcher l'Évan-

---

(1) *Ib.* et la lettre de Valignani, Macao, 1 jan. 1593 *(Epist. Jap. msc.* 1590-99).
(2) *Historie van het glorieus martyrie van 26 eerste martelaers wtghestelt deur* F. G. S. B. minderbroeder, [Fr. Gulielmus van Spoelberch ?] p. 5.
(3) Pierre Gomez, 25 sept. 1593. [*Epist. Jap. msc.* 1580-99].

gile dans les Indes occidentales, et par conséquent, concluait-on à tort, aux îles du Japon ; la réputation de ce saint Ordre et son zèle pour la sainte pauvreté, disait-on, en faisaient désirer l'entrée aux chrétiens formés par les jésuites (1).

A Hirado, où il débarqua avec ses compagnons, le Père fut accueilli par le supérieur de la mission, le Père Gomez (juin 1593), avec toute la charité que demande notre sainte religion ; il en reçut aide et conseil, et comme son compagnon, le frère Gonzalve Garzia, savait seul la langue, mais était fort imprudent, on lui donna deux interprètes (2). Il se présenta devant l'empereur à Nagoia, avec la lettre du gouverneur des Philippines : « Voilà, aurait dit le Taïko, de vrais chrétiens, de vrais pauvres du Christ » (3), tant leur saint habit l'impressionnait.

Il agréa la missive et les présents du gouverneur : « il ne pouvait, dit-il, être indifférent à ses hommages ; le Dieu du ciel ayant donné au souverain du Japon le gouvernement du monde, les îles de Luçon lui appartenaient ; son armée, qui était allée conquérir la Corée et la Chine, saurait au besoin s'établir dans ces îles : il se contentait, en attendant, de la démarche du gouverneur ; seulement, il ne voulait plus que ce gouverneur fût changé de trois en trois ans, il le voulait perpétuel et perpétuellement fidèle ». (4)

---

(1) *Histoire* citée, p. 7. Wading (t. XXII, regesta 1586, n. 16) donne le bref *Dum ad uberes*. Mais Bollandus dit fort bien (5 feb. 732) « Illud de Japonia ad *occiduas* partes referenda ut cumque frivolum erat. » Parmi les papiers du frère Martin de la Conception (Ascension ?) on trouva « hûus borrois » un brouillon, une minute en ces termes : « Rex Philippus potest absque auctoritate episcopi in populis indorum fratres, qui curam animarum gerant (mittere) : sic practicatum fuit Mexico. Unde gubernator Maniliae nos in has partes misit, in quibus sine licentia episcopi, imo contra voluntatem episcopi, possumus habere curam animarum, et hoc habent per breve Adriani (Alexandri ?) concedentis dictis regibus conversionem hujus novi orbis, stricte praecipientis ut mittant viros timentes Deum : ut probatur, quia delegatus debet sapere naturam delegantis. »
(2) Pasio, 17 oct. 1594. *(Epist. Jap. msc.* 1580-99).
(3) *Historie*, p. 8.
(4) Bartoli, liv. II, § 35.

Le supérieur des franciscains, fort embarrassé de promettre au fier et présomptueux monarque fidélité et vasselage au nom de Philippe II, essaya d'obtenir l'autorisation de se fixer au Japon (1); le Taïko Sama lui déclara qu'il avait proscrit les missionnaires quatre ans auparavant et ne leur avait accordé le séjour de Nagasaki que par égard pour les marchands portugais, qui venaient y trafiquer. Les franciscains demandèrent alors et obtinrent la permission d'aller visiter Miyako; un jésuite, le frère Jean Rodriguez, qui jouissait de la faveur du souverain, résidait dans cette ville avec Organtino et six jeunes frères japonais: ils aidèrent les fils de S. François en toute charité.

L'année suivante (1594) cinq autres franciscains vinrent de Manille, également chargés de présents de la part du gouverneur des Philippines. (2)

Les enfants de l'Ordre Séraphique seront les premiers martyrs européens au Japon.

Le saint vieillard Organtino les vit arriver à Miyako, où depuis sept ans il gouvernait avec une sage prudence la chrétienté confiée à ses soins: « Je me serais beaucoup réjoui, écrivait-il (3) en 1594, de leur arrivée parmi nous, s'ils avaient attendu un temps plus favorable; leur simplicité, leur pauvreté et le culte de leur saint fondateur pourraient donner grande édification. Le grand miracle, qu'il faudra obtenir en ce temps-ci, sera celui de l'union et de la charité. » Mais, malgré de prudents conseils, les franciscains s'établissaient en pleine capitale. En 1595, lui qui s'était montré fort charitable et sympathique envers

---

(1) Fr. de Gouvea, l'interprète du capitaine de vaisseau, put se convaincre que le Taïko ne connaissait et ne désirait pas ces religieux (P Gomez, 25 sept. 1593, *Epist. Jap. ib.*)

(2) Wading, t. cit., p. 181.

(3) 29 sept. *(Epist. Jap. msc. ib.)*

eux (1), il regrettait leur arrivée (2); leur zèle lui paraissait indiscret : ils élevaient sur les ruines d'un temple d'idoles une église de grandes proportions, l'église de Notre-Dame de la Portioncule : une révélation leur persuada d'en différer l'ouverture jusqu'à la fête de S. François (3) ; le couvent s'ouvrait le jour de la Portioncule, aussi qu'une maison-Dieu pour 130 lépreux et autres malades ; le frère Garzia racontait des révélations et des miracles invraisemblables. (4)

Combien il eût été plus sage d'accepter le bref pontifical, et, abstraction faite du bref, de se porter du moins vers quelque province reculée, loin des yeux du monarque ! Mais ils s'étaient fixés en plein Miyako auprès des deux Japonais qui avaient négocié leur entrée au Japon (5).

Pleins d'une généreuse ardeur, ils ne tardèrent pas à bâtir à Osaka le couvent de Bethléem, et bientôt après ils s'installèrent à Nagasaki dans la maison et la chapelle, que la Confrérie de la Miséricorde avait été obligée de fermer.

Le Taïko, auquel rien ne pouvait échapper des entreprises franciscaines, dissimulait ; des soucis plus graves détournaient son attention. En 1595, son neveu Hidetsugu, élevé depuis trois ans à la dignité de Kwambaku (arche du trésor), ourdissait une conspiration pour s'assurer le pouvoir : le Taïko, en effet, avait conçu le dessein de laisser une succession fort enviée au fils que lui avait donné une concubine ; or, il désirait que le Kwambaku l'adoptât. Celui-ci, ayant lui-même plusieurs fils, ne se montrait guère

---

(1) Pedro de la Cruz, 25 oct. 1593, Organtino 29 sept. 1594, Lopez 15 oct. 1596. *(Epist. Jap. msc.)*
(2) De Miyako, 11 et 14 fév. 1595 (ib. 1590-99).
(3) *Historie* citée, p. 11.
(4) Pasio, 17 oct. 1594. (*Epist. Jap. msc.* 1580-99).
(5) *Relatione della gloriosa morte di 26 posti in croce*, du P. Froës, 15 mars 1597, Roma, Zannetti, 1599, p. 8.

disposé à entrer dans ses vues. Le rusé souverain avait vainement essayé de le faire passer en Corée avec la mission de conquérir la Chine ; cette perspective ne tentait nullement l'héritier présomptif. L'opinion s'accréditait donc que dans cette lutte l'un des deux perdrait la vie. Le Kwambaku prit ses précautions et, par un de ses plus fidèles courtisans (Shirabingo) (1) sollicita des plus influents daïmyo une promesse de fidélité à sa cause : l'un de ceux-ci (2) le dénonça. Appelé à Fushimi, Hidetsugu prétexta une indisposition ; sur l'ordre du tyran, il se retira au monastère de Koya. C'est là que se passa le 15 août une scène atroce : trois pages et le chef du monastère d'abord, ensuite le Kwambaku lui-même eurent ordre de se donner la mort ; trois autres partisans furent égorgés, et, ce qui dépassait la mesure de la cruauté humaine, 31 innocents, femmes et enfants de la forteresse de Giurazu, où le prétendant avait ourdi son complot, furent amenés à Miyako sur le lieu des supplices et eurent la tête tranchée : parmi les victimes étaient les enfants du Kwambaku, deux fils et une fille, au-dessous de 4 ans. (3)

Le Père Fröës, faisant l'histoire détaillée de cette horrible boucherie, loue et bénit la Providence divine, qui disposait tout pour la conversion d'un peuple sur lequel le démon et le paganisme faisaient peser un joug aussi barbare (4). Dix-mille baptêmes d'adultes en une seule année, parmi tant de difficultés que nous créait l'édit de 1587, lui inspiraient une généreuse confiance ; mais, ajoutait-il en faisant une discrète allusion au zèle des franciscains : « ce que nous

---

(1) *Historia*, S. I. Pars 5ª lib. XX, n. 13.
(2) Ashiromar, — d'après Steichen, p. 216, Mori Teramuto.
(3) 3 jeunes chrétiennes firent épargnées à l'intervention de Ghenifoin [Hen-i-Hoin, Maeda Motokatsu] dont les deux fils, Paul et Constantin, étaient chrétiens.
(4) *Ragguaglio della morte di Quabacondono*, Roma, Zannetti, 1598, p. 3.

avons réalisé au prix de tant d'efforts, nous n'avons garde de le compromettre par une ardeur indiscrète : nous procédons ici à l'œuvre de l'Évangile avec la plus grande circonspection. » (1)

Le zèle des fils de S. François procédait autrement, et la popularité, dont ils semblent avoir l'apanage dans la sainte Église, encourageait leur ardeur. Le Père Organtino (2) avertit le supérieur de la mission que « le gouverneur de Miyako, tout en étant favorable à la religion, reprochait aux franciscains de violer ouvertement l'édit ; le souverain se laissait dire que leurs convertis étaient des gens de moindre condition, des *amanioshi*, mais à ces petites gens on bâtissait de nouvelles églises, contrairement à ses décrets de 1587 ; le Taïko en était irrité. On pouvait, il est vrai, espérer la faveur de son fils et successeur ; car lui-même était malade. « En tout cas, écrivait Organtino au P. Gomez, tenez ferme sur la question des Philippins. »

« Il est inutile de s'opposer à l'entrée des franciscains, avait écrit un autre missionnaire (3) ; leur zèle finira par triompher de tous les obstacles ; ceux des Philippines sont d'ailleurs des plus observants ». « Aux franciscains portugais, écrivait-on plus tard (4), on pourrait accorder l'accès, pourvu qu'ils viennent par Macao ». « Malheureusement, écrivait-on encore (5), selon leur coutume ils rentreront de temps à autre aux Indes et en Espagne ; or, pour apprendre la langue du Japon, il faut être résolu à y passer sa vie ».

On craignait d'autres difficultés de la part des franciscains castillans : ils favorisaient le commerce du Japon avec leurs

---

(1) *Ib.* p. 6 : con tutto il gran riguardo con che siamo andati in questa parte.
(2) 16 fév. 1596. [*Epist. Jap. msc.*]
(3) Pedro de la Cruz, 25 oct 1593. [*Epist. Jap. msc.* 1580-99].
(4) Lopez, 16 fév. 1596. [*Ib.*]
(5) Celse Confalonieri, Amakusa, 1 nov. 1594. [*Ib.*]

nationaux des Philippines. Le Père Lopez demandait que la Compagnie, à défaut de portugais, envoyât de préférence des sujets italiens et flamands, tant il craignait que l'élément castillan ne favorisât la cause et les intérêts commerciaux des Philippins : il comprenait le danger que pouvait faire naître la rivalité entre les deux nations.

L'évêque Pedro Martinez, tout portugais qu'il était, fut plein d'égards pour les Pères franciscains ; encore qu'ils prétendissent ne relever que de l'archevêque de Manille (2) il leur donna des preuves abondantes de charité, tandis qu'il était à Miyako, administrant le sacrement de confirmation ; il sera témoin du glorieux martyre.

6. Il était au Japon depuis deux mois seulement, quand la persécution se déchaîna et fit couler le sang. L'occasion en fut l'arrivée d'un vaisseau castillan des Philippines.

En octobre 1596, le galion San-Felipe, en route vers la Nouvelle-Espagne (Mexique), fut jeté par le caprice des tempêtes sur la côte orientale du Japon ; désemparé, il fut remorqué par deux cents barquettes japonaises et échoua dans le port d'Urado. Il débarqua 240 passagers, parmi lesquels un dominicain, deux franciscains et quatre augustins, des castillans en grand nombre et des esclaves. Le daïmyo de Tosa (3) déclara que, selon les lois du pays, toutes les marchandises que portait le galion revenaient au Taïko.

L'imprudence du pilote, qui crut en intimidant les Japonais empêcher la saisie du vaisseau, compromit une situation déjà fort tendue. Voulant donner une idée de la puissance

---

(1) Lopez, Nagasaki, 20 janv. 1596. [*Ib.*]
(2) Lopez, 15 oct. 1596. [*Epist. Jap. msc.* 1580-99.]
(3) Chosokabe [Steichen, *Les daïmyo chrétiens*, p. 247], chez Bartoli, Chogousame.

espagnole, il montra, sur une carte marine les contrées soumises à son Roi. Indiscret et menteur, il ajouta que les religieux passaient dans ces contrées lointaines pour en préparer l'annexion.

Il n'attendit pas longtemps pour constater le funeste résultat de ces discours. « Le Souverain, écrivait le P. Pierre-Baptiste de San Estevan (1), a capturé tout ce qu'il y avait sur le vaisseau des Castillans ; or, comme il portait de l'artillerie et des arquebuses, on a prétendu que les Espagnols venaient s'emparer du Japon avec l'aide des chrétiens d'ici, et que c'est dans ce but que nos Pères avaient été envoyés d'avance ; c'est de cette manière, dit-on, que les Castillans ont soumis les Philippines et la Nouvelle-Espagne. Combien cette accusation est peu fondée, on le voit bien, puisque le vaisseau portait si peu d'hommes ; mais enfin voici notre résidence de Miyako entourée de gardes, nous voici prisonniers et prêts à donner notre vie pour Jésus-Christ, loin de désirer notre retour aux Philippines. »

Taïko Sama en effet avait fait arrêter cinq catéchistes japonais (2) au service des franciscains et dresser la liste des chrétiens de Miyako et d'Osaka, et l'on put voir avec quelle générosité les fidèles japonais donneraient leur vie pour le nom de Jésus ; car des milliers d'entre eux s'offraient spontanément au martyre. Dans ces circonstances, l'ennemi juré de l'Évangile, le médecin Jakuin (3), qui dix ans auparavant avait provoqué l'édit de proscription, n'était pas

---

(1) Bartoli op. cit. 239. La *Relatione* déjà citée donne [p. 47] une partie de cette lettre, où le saint exprime l'incertitude de son sort, mais « plutôt que d'être renvoyé aux Philippines, il désire donner sa vie pour le Christ ». Noble désir ! mais l'œuvre de l'Évangile au Japon demandait des ouvriers, résignés non seulement à la mort mais aussi aux autres épreuves et aux saintes industries du vrai zèle :
Cum persequentur vos in civitate ista fugite in aliam. [Matthieu x. 23]
(2) Les BB. *Léon, Paul, Thomas, Ventura et Gabriël* [*Relatione p. 48*].
(3) *Seyakuin Jenso* [voir *Relatione* pp. 11 et 16] ; voir tome précédent, p. 238.

demeuré inactif ; dans plus d'une entrevue avec le Taïko, il avait décrié les missionnaires et dénoncé le progrès de la nouvelle religion comme une menace pour la nationalité.

Grâce à la prudence d'Organtino et à l'influence du Père Jean Rodriguez, l'interprète officiel de la cour, les gouverneurs de Miyako et d'Osaka réduisirent de beaucoup la liste des victimes de cette première persécution sanglante (1).

7. Le 5 février 1597, la population chrétienne de Nagasaki vit se dresser des croix sur une des collines qui entourent la ville ; vingt-six chrétiens, parmi eux six Européens de l'ordre de S. François et trois Japonais de la Compagnie de Jésus, y subirent une mort cruelle en témoignage de leur fidélité au divin Sauveur (2). La colline fut désormais appelée la montagne des martyrs ou la Sainte-Montagne ; elle sera arrosée par des torrents de sang.

La sentence de condamnation était arbitraire et menteuse : elle portait ces mots : « Taïko Sama. J'ai condamné ces gens à mort, parce que, étant venus des Philippines au Japon comme ambassadeurs, ils ont longtemps séjourné à Miyako, et que malgré ma défense ils y ont prêché la loi des chrétiens. Je veux qu'ils soient crucifiés à Nagasaki et qu'ils y demeurent exposés en croix » (3).

Aux réclamations d'une ambassade envoyée par François Telho, gouverneur de Manille, Taïko Sama répondit par lettre (4) que le Shintoïsme était la religion du Japon ; de même qu'on ne la laisserait pas introduire aux îles Luçon,

---

(1) Voir appendice du livre II : martyrologe du Japon, n° 1.
(2) *Wading* [t. XXIII p. 271. n. 53] écrivait au sujet des martyrs japonais: « *familiares, vel, ut alii volunt, tertio ordini adscripti* ». Des dix-sept, deux étaient attachés à la maison S. J. ; dix avaient été baptisés par le Père Organtino.
(3) *Relatione* p. 63.
(4) Bartoli *Giappone* t. II. c. 67.

de même il ne voulait pas que les religieux philippins vinssent prêcher leur religion chez lui ; ces religieux étaient d'ailleurs envoyés pour préparer la conquête du Japon, comme ils ont préparé celle de Luçon, où les Castillans ont dépossédé les seigneurs indigènes. Par bienveillance il renverrait les matelots et esclaves du San-Felipe.

En effet, satisfait du butin dont il venait de s'emparer, il les laissa s'embarquer.

Il faut le reconnaître ; la fierté espagnole s'abaissait devant un peuple corsaire, qui méconnaissait le droit de propriété : il est vrai que ni aux Philippines, ni à si grande distance en Europe, l'Espagne n'était en état de se faire craindre au Japon. Gomez Perez das Mariñas temporisait, tout en prévenant Philippe II de l'impossibilité où il était de sauver l'honneur de l'Espagne (1).

Il nous semble impossible de le nier : l'introduction de l'élément castillan était un danger pour l'œuvre de l'Évangile ; était-ce un danger pour l'indépendance nationale du Japon ? Mr Murdoch (2) croit que c'est la peur de la grande nation conquérante qui dicta la persécution religieuse des Shogun ; il justifie cette persécution ; car il n'admet pas, rationaliste qu'il est, que la religion du Christ fût divine et obligatoire pour le Japon : « il y eut, dit-il, une lutte à mort entre les religieux, résolus à obéir à Jésus-Christ, et les japonais, résolus à maintenir la liberté de leur pays ».

Quoi qu'il en soit du bien-fondé de cette crainte, jusqu'en 1621, et bien plus tard, nous en constatons les tristes effets. Prisonnier pour la foi, le bienheureux martyr Paul Navarro, en expliquant les raisons qui lui avaient fait braver pendant de longues années les dangers de l'apostolat, aura lieu de réfuter la calomnie qui faisait des conquérants de la foi

---

(1) Colin, *Historia de la C. de J. en Filipinas*.
(2) *History of Japan*, 1903, p. 634.

les avant-coureurs d'une invasion. « Mais, objectait le juge, les Philippines sont une preuve évidente contre vous » ! — « Je ne voulus pas entamer ce sujet, nous dit le missionnaire ; je répondis seulement que les Philippines sont sous l'obéissance d'une autre couronne ; je démontrai qu'a Macao, à Cochin, à Goa et dans toutes les Indes les Portugais se sont alliés aux rois indigènes et vivent en paix avec eux » (1).

Les Hollandais et les Anglais fortifieront ce préjugé dans l'esprit des Shogun ; car ils avaient au cœur la haine de l'Espagne.

Mr Ernest Satow (1), dont l'autorité est si compétente, donne en ces termes son avis sur le résultat final de l'entrée des autres Ordres religieux : « Comme les missionnaires jésuites se conduisaient avec grand tact, il n'est nullement improbable qu'ils eussent continué à faire d'année en année assez de conversions pour que la grande partie du peuple japonais fût amenée à la religion catholique ; les difficultés vinrent de la rivalité des autres Ordres ».

Aux Philippines cependant on ne tarissait pas en récriminations contre les Portugais de Nagasaki : à son retour vers les Indes, l'évêque se crut obligé d'écrire de Macao une lettre pour réfuter une odieuse calomnie (2) ; on prétendait que les Portugais avaient été la cause de la persécution comme aussi de l'arrestation des Castillans. « Les religieux eux-mêmes, répondait-il, ont avoué que la cause de leur emprisonnement et de leur mort n'était autre que la violation des édits du tyran ». On nous accusait même de n'avoir eu aucune pitié pour les naufragés. « Le vice-provincial, répondait Cerqueira, envoya de Nagasaki un jeune portugais

---

(1) Pagès, II, 283.
(2) Citation du P. Thurston, dans *The Month*, mars 1905.
(3) *17 nov. 1597* [*Epist. Jap. msc. 1590-99.*]

qui les pourvut de vivres et de ce qui leur était le plus nécessaire ; le Père Organtino envoya de son côté 30 *tacès* pour les franciscains, ce qui vaut 60 patacons (180 fr.). A Nagasaki, quand les castillans s'embarquèrent pour rentrer aux Philippines, on leur fournit des vivres et des vaisseaux ; et moi-même de ma main je leur donnai une aumône de 300 tacès (1800 fr.). »

Nous renvoyons à Bartoli les lecteurs désireux de savoir les accusations portées en cette circonstance contre les jésuites du Japon. Aux Philippines, il y avait, semble-t-il, une officine de mensonges et de calomnies, qui jetait le scandale parmi les néophytes japonais ; et sans vouloir en rendre responsables les Ordres religieux auxquels appartenaient quelques-uns des calomniateurs, sans vouloir même accuser les intentions et affirmer la mauvaise foi, nous préférons nous rappeler ce que S. Ambroise nous dit au sujet de Joseph vendu par ses frères : « Parmi les saints surgit parfois l'envie ; elle fournit matière à la patience ; ils n'ont pas ignoré ce vice, car ils n'étaient pas d'une autre nature que nous : mais ils s'en sont corrigés et repentis » (1).

Ajoutons que s'il est un spectacle édifiant de repentir chez les saints, c'est celui que donnèrent nos martyrs. Le B. frère Martin de l'Ascension avait, dans une lettre à Michel de Brit, son ami, énoncé plusieurs accusations fausses contre les missionnaires de la Compagnie : il lui écrivit une lettre d'excuse et de rétractation, qui fut publiée en 1599 d'après sa volonté expresse : « Ce n'est plus le moment de soulever des querelles, disait-il (2) : tout ce qui est de nature à porter le plus léger préjudice à autrui, effacez-le de mes écrits et, s'il vaut mieux les brûler, brûlez-les. Faites-moi la charité de décharger ma conscience,

---

(1) Liber S. Ambrosii de Josepho [dom. 3 quadrag. lectio 4ᵃ]
(2) Bartoli l. c. cap. 60 p. 286.

et recommandez-moi au Seigneur ». Le Père Pierre-Baptiste de San Estevan et ses cinq compagnons prièrent Jean Rodriguez et François Pasio de demander pardon au Père Gomez, vice-provincial des jésuites, des fautes qu'ils avaient à se reprocher à son égard (1).

La vérité historique et la saine édification demandent qu'on ne passe pas sous silence les fautes des saints et qu'on les montre assez humbles pour reconnaitre et regretter celles que la fragilité humaine leur fit commettre ; le repentir efface la faute, sans toujours hélas ! en arrêter les funestes suites ; celles-ci d'ailleurs n'ont pas toujours été prévues ni voulues : dès lors elles ne sont pas imputables.

Bartoli cite une autre rétractation (2), faite devant l'évêque et son notaire ecclésiastique, six ans plus tard, après la mort d'un Père franciscain, Jérôme de Jésus, que nous aurons lieu de mentionner plus loin. Valignani de son côté écrivit une apologie de son ordre, où il met à néant les incroyables accusations que nos adversaires des Philippines écrivaient et imprimaient contre les missionnaires. Elle est restée inédite ; mais « s'il le faut pour nous défendre, on l'éditera », écrivait Bartoli.

En annonçant cette apologie, Valignani écrivait au Général (3) : Aux Philippines on nous a accusés en pleine chaire d'avoir poussé le seigneur de Tosa à saisir le San-Felipe et à confisquer le chargement ; mais un religieux augustin, qui était sur le vaisseau et qui venait de rentrer du Japon, est monté dans la même chaire et a juré sur le Saint Évangile que c'était là une calomnie. Mon apologie vous dira le mal que ceux de Manille nous font et le danger qu'ils créent à cette belle mission. On veut se venger de la capture du

---

(1) *Relatione* p. 96 et 100.
(2) [*Epist. episc. Jap. msc.*] 6 mars 1603. L'original existe encore.
(3) 10 nov. 1597. [*Epist. Jap. msc.* 1590-99.]

San-Felipe ; on annonce le dessein de prendre Macao, la Chine et le Japon. Jugez combien il importe d'éloigner d'ici les castillans ! Frère Martin nous avait accusé de couardise : depuis son martyre, on accuse de la même lâcheté les trois enfants, que la Compagnie a vus mourir en croix : on prétend qu'il a fallu les contraindre à se laisser crucifier. Faudra-t-il livrer mon apologie à l'impression ? Ce serait peut-être la guerre ouverte entre les deux Ordres. En tout cas, il faudra en donner copie à Rome, en Espagne et en Portugal » (1).

Préoccupés de ces misérables querelles, que nous ne voulions pas déguiser et où les commerçants castillans des Philippines eurent une grande part, nous n'avons pas exposé en détail la triomphante mort des premiers martyrs européens du Japon : cette histoire a été faite maintes fois et prendrait trop de place dans notre travail. (2)

Les chrétiens étaient accourus en grand nombre, avides d'assister au triomphe de leur Seigneur Jésus-Christ : grand fut l'étonnement des païens quand ils virent les 26 condamnés se précipiter vers le supplice.

Les croix portaient vers le bas une pièce transversale pour y poser les pieds, et au milieu une espèce de billot pour s'asseoir. On y attacha les patients avec des cordes par les bras, par le milieu du corps et par les pieds ; un collier de fer serrait le cou contre le bois. Quand ils furent ainsi liés, on dressa les croix et on les fixa dans le sol. Ce fut un spectacle digne d'admiration. Parmi les suppliciés, il y avait un enfant de 13, un autre de 12 ans : « Eh bien ! dit le petit Antoine au Supérieur des franciscains, n'est-il pas temps de chanter ? » Et il entonna le *Laudate pueri Dominum*. Jean de

---

(1) 16 oct. 1598. *Ib.* Elle demeura manuscrite *propter bonum pacis*.
(2) *Les missions catholiques* de Lyon. 1888, p. 620 racontent comment à Hogamuza près d'Okayama on a découvert les descendants de la famille de S. Jacques Jchikawa Kizaemon [Kisai], martyr S. J.

Goto, japonais et novice jésuite, s'entretenait avec son père, qui était venu assister à son martyre : « Croyez bien, mon fils, disait ce courageux chrétien, que votre mère et moi nous sommes disposés à imiter votre exemple, et plût au Seigneur qu'il nous fût donné de le faire ! » Paul Miki, scolastique de la Compagnie de Jésus, prêcha du haut de sa croix le pardon des ennemis et la prière pour ses bourreaux. Le Père Pierre-Baptiste entonna le *Benedictus Dominus Deus Israël ;* ses compagnons de victoire le continuèrent. Pendant ce temps, les bourreaux commençaient leur œuvre ; ils perçaient les crucifiés en faisant entrer leur lance par le côté et sortir par l'épaule.

Le récit fort détaillé et fort intéressant, que Fröes envoyait (1) cinq semaines après le glorieux martyre, ne relate aucun miracle, mais l'empressement des fidèles à se procurer quelque relique des bienheureux au lieu même où leurs corps demeuraient en croix : « Le grand et merveilleux fruit de leur généreux sacrifice, ajoute-t-il, c'est que les chrétiens, nouveaux et anciens, se confirment dans la foi et dans l'espérance du salut éternel ; ils sont fermement résolus à donner leur vie pour la confession du nom de Jésus-Christ. Les païens eux-mêmes, présents au martyre, ont été souverainement édifiés de la joie que ces bienheureux témoignaient sur la croix et du courage avec lequel ils souffrirent la mort » (2).

« Les corps des martyrs demeurèrent plusieurs jours sans apparence de corruption, écrivait Valignani (3) ; le froid glacial les préservait, et les gardes écartaient les oiseaux de proie. Puis ils se corrompirent. On a répandu le bruit d'une

---

(1) 15 mars 1597, *Relatione*.
(2) Froës, ib. p. 84 ajoute que certains fidèles se sont cachés ; trois seulement ont feint d'apostasier ; « plantes nouvelles parmi les hivers de la gentilité », il les excuse quelque peu.
(3) 16 oct. 1598 au P. Général [*Epist. Jap. msc.* 1590-99].

conservation miraculeuse : l'évêque a dressé à ce sujet un procès informatif, qui prouve la fausseté de ce miracle et de plusieurs autres. » (1)

C'était Louis de Cerqueira, qui sur l'ordre de l'évêque Pedro Martinez, était venu le 5 août 1598 prendre sa place au milieu du troupeau persécuté. De Macao, où ils avaient conféré ensemble sur la situation, Martinez se rendait à Goa ; la maladie, qui l'affligeait déjà au Japon, l'emporta avant son arrivée à Malaca. Il ne fut pas regretté : on jugeait qu'il avait été faible et trop condescendant. On espérait que son successeur réussirait à faire respecter les prescriptions de Grégoire XIII.

8. Louis de Cerqueira n'avait pas attendu son arrivée au Japon pour mettre Philippe II au courant de la situation (2) : « J'avais écrit à Votre Majesté en janvier dernier (1598) au sujet du danger que nous créent les religieux qui viennent de Manille et des événements qui ont suivi : non seulement ils contreviennent aux ordres de V. M^{té} et au bref du Pape Grégoire XIII d'heureuse mémoire ; mais encore leur façon de cultiver cette chrétienté est excessive de zèle et de confiance, et dénuée des égards et de la prudence, qui conviennent en ce temps de persécution ; Taïko Sama, comme il l'a écrit lui-même au gouverneur de Manille, croit que les Espagnols de Luçon veulent conquérir ses royaumes et que les religieux de ces îles ne sont que des espions qui, sous prétexte de promulguer l'Évangile, viennent préparer cette conquête. Les inconvénients de leur présence au Japon sont patents : la persécution qui avait pris fin pour ainsi dire, a été reprise ; tant de religieux et de chrétiens ont été

---

(1) Voir *Historie citée chap. XX. Van de mirakelen.*
(2) Cerqueira, au Roi, 24 oct. ; au Général 20 oct. 1598. *(Epist. Episc. msc.)*

crucifiés ; l'évêque Dom Pedro Martinez a dû abandonner son Église pour ne pas l'exposer à de plus graves dangers ; notre collège et le séminaire ont été supprimés ; on ne tolère que quelques Pères à Nagasaki pour le service des Portugais. L'évêque m'a donné ordre, comme à son coadjuteur et futur successeur, de venir, à la mousson suivante, prendre sa place, mais sans porter aucun indice de mon rang. Depuis lors, Terazawa (1), gouverneur du Taïko Sama dans ces provinces du Shimo, a fait brûler plus de 130 églises et a ordonné d'embarquer pour la Chine tous ceux qui pourraient trouver place sur une petite embarcation qui partait pour Macao ».

Le supérieur de la mission, dans la triste situation qui lui faisaient les exécutions de 1597, portait ses doléances dans le cœur de son Général (2) « En juin 97, la paix régnait; notre collège d'Amakusa et notre séminaire d'Ariye étaient florissants ; quelques mois plus tard les maisons étaient supprimées ; tout notre monde se réfugiait à Nagasaki ; mais y pourrions nous rester ? Daigne le Seigneur jeter un regard de miséricorde sur nous et nos enfants ! Des envoyés du roi portaient en même temps l'ordre de mettre le feu à toutes les églises de la chrétienté. Oh ! mon Père, combien il nous eût été plus doux d'être mis en croix que de voir et d'apprendre tant de désastres ; mais béni soit le Seigneur qui permet tout cela et qui veut que nous le souffrions ! Les Pères et frères sont courageux au milieu de ces tribulations, et cela me console ; car ils souffrent beaucoup ; ils vont, comme des exilés, de maison en maison, ils n'ont pas tous de quoi se couvrir, ils doivent porter avec eux leur nourriture, et ainsi, ils vont, en cachette, au secours des chrétiens ; mais avec quelle joie, jeunes et vieux ! Il a

---

(1) *Terazawa Hirotaka (Steichen. 203)*
(2) 9 fév. 1598. [*Epist. Jap. msc. 1580-99.*]

plu au Seigneur de soustraire à tant de calamités deux de nos Pères, qui avaient plus de quarante années de Compagnie ; le Père Sébastien Gonzalez était connu des Portugais comme le refuge des pécheurs ; le bon P. Louis Froës avait 65 ans et s'était signalé par ses longs travaux. Ils moururent comme ils avaient vécu, saintement. J'ai eu le chagrin de devoir renvoyer de la Compagnie quatre japonais, que le temps d'épreuve a trouvés impropres au service de l'Église ».

9. Nous avons entendu le Père Organtino nous dire en 1587 que du caractère japonais, aidé de la grâce, on pouvait attendre que la persécution provoquerait une course au martyre (1). La grâce ne détruit pas, elle relève la nature. Considérons un instant ce double élément de la ferveur japonaise.

On ne doit pas le dissimuler : les mœurs et les coutumes, tant civiles que religieuses, de ce peuple avant la prédication de l'Évangile, l'avaient prédisposé à faire avec une étrange facilité le sacrifice de la vie ; certains usages reçus, au témoignage des missionnaires, avaient dû produire à la longue ce mépris de la mort. « Il n'y a guère de prisons ici, écrivait en 1571 le Père Vilela (2) ; on met les délinquants à mort ; si quelqu'un commet un vol, au moment même où l'on surprend le voleur, chacun a le droit de lui trancher la tête. Si dans une dispute l'on tue son adversaire, la coutume veut (aussi les disputes sont rares) que l'on se fende le ventre. Depuis le jeune âge, tout japonais porte la *catana* (sabre). Il arrive qu'un enfant, ne voulant pas supporter les reproches de son père, s'enfonce l'épée dans le ventre ». C'est ce que l'on appelait *Harakiri*. Après un repas, auquel

---

(1) Tome précédent [cité p. 1, préface] p. 251.
(2) *Cartas de Japão* I. 304.

parents et amis étaient invités, le condamné buvait un large coup, et assis à la façon japonaise sur un tapis, tenant sa *catana* par le tranchant, la tête inclinée, il se fendait ventre et entrailles. Les témoins l'achevaient d'un coup de sabre. Les seigneurs accordaient souvent à un ennemi vaincu l'honneur de ce suicide. Mœurs barbares et cruelles, qui laissaient à peine place à la justice !

Les missionnaires s'efforcèrent de les adoucir chez leurs convertis, et ils les virent renoncer à des pratiques que condamnent la raison et la foi ; on leur enseignait que Dieu nous a fait don de la vie et d'une âme immortelle, et que c'est injustice de prétendre se faire justice à soi-même ; que la vie est un don précieux, qu'on ne peut sacrifier ni ôter au prochain pour une cause légère. L'infanticide et l'avortement disparurent parmi nos fidèles.

Sur d'autres points, il fallut adoucir leur caractère. Le seigneur d'une des îles Goto, chrétien zélé, songeait à mettre à mort un fidèle, coupable d'avoir volé un fruit : le P. Vallareggio dut modérer ce zèle du 7e commandement (1). Le vice-roi de Miyako, Vatadono (Wada Koresama), ayant appris qu'une bonne veuve chrétienne, faisant antichambre dans son palais, avait été raillée par deux de ses pages tandis qu'elle récitait son chapelet, les fit arrêter ; le frère Laurent arriva à temps pour intercéder en leur faveur, mais ne put empêcher que l'un des deux, âgé de 14 ans, ne fût décapité. « Mon palais a été souillé, deshonoré », disait le prince (2).

Les mœurs étaient particulièrement cruelles en temps de guerre : habitués à sacrifier leur propre vie et celle de leurs adversaires, les japonais se portaient au combat avec une espèce de fureur, et leurs combats étaient des plus meur-

---

(1) *Varones ilustres* de Nieremberg, éd. récente p. 161. vol. préc. p. 162.
(2) L. Froës, 20 mars 1571. *Cartas* I. 306.

triers. D'après une lettre de Louis Frôës (1), un seigneur ne pouvant plus défendre sa forteresse contre son ennemi, et ne voulant pas exposer ses sujets au malheureux sort que leur ferait subir le vainqueur, fit massacrer sa femme, sœur de l'empereur défunt, et toutes les autres femmes attachées à sa maison ; tous les soldats à leur tour massacrèrent leurs femmes, leurs fils et leurs filles ; puis le seigneur et ses compagnons d'armes se donnèrent la mort : une vieille dame survécut, chargée d'annoncer au vainqueur que la forteresse était libre. Le sexe faible, on le sait, ne jouissait pas, parmi les païens, du respect que nos mœurs chrétiennes lui ont assuré. Aujourd'hui encore on voit à Kyoto (l'ancienne Miyako) un ignoble trophée, élevé par le Tayko sur un amas d'oreilles et de nez, coupés aux Coréens, femmes et enfants surtout ; le daïmyo de Kagoshima, Shimazu, se vantait d'en avoir fourni 30.000. L'endroit s'appelle Mimizuka, terre des oreilles. (2)

Les sectes superstitieuses du Japon avaient ajouté à ces horribles prodigalités de sang humain le suicide religieux : certains bonzes persuadaient à leurs malheureux sectateurs que, par les mérites d'Amida et grâce à des lettres de change qu'on leur délivrait, ceux qui lui font le sacrifice de leur vie en obtiennent une bien meilleure : aussi voyait-on des fanatiques désespérés se précipiter du haut de quelque rocher pour se rompre le cou ; d'autres, après s'être attaché au cou une lourde pierre, s'avançaient, parfois huit ensemble, dans une nacelle et, ouvrant une soupape, se laissaient submerger au milieu d'un lac ou de la mer. Une multitude de spectateurs les suivait du regard, applaudissant à leur courage. D'autres, se faisant murer dans une caverne, se laissaient tranquillement mourir de faim.

(1) 20 janvier 1584, *Cartas* II. 97.
(2) *Steichen*, 244.

Nous sommes bien éloignés assurément de vouloir diminuer la gloire des milliers de martyrs que le Japon donna à la Sainte Église de Jésus-Christ. Ils avaient appris à estimer et aimer la vie présente, qui doit préparer au juste la vie éternelle et son inaltérable bonheur ; mais ils comprirent et apprécièrent avec une foi très vive et un généreux amour la parole du divin Maître : « Personne ne peut donner un plus beau témoignage de son amour que de donner sa vie pour ceux qu'il aime » (1). Leur dévotion pour les souffrances du Sauveur frappait vivement les missionnaires ; ils nous décrivent leur amour pour Jésus crucifié et leur dévotion à la croix ; leurs cruelles flagellations du vendredi faisaient ruisseler le sang pendant la récitation du long psaume *Miserere* ; à peine parvenait-on à modérer cet esprit de pénitence et d'amour : ce n'étaient pas seulement des adultes, convertis après une vie de luxure, c'étaient des enfants, des chrétiens élevés dans la pureté austère du christianisme et qui après plusieurs années, trouvant enfin un confesseur, n'avaient que des fautes légères à confesser. (2)

Quand cet amour de Jésus-Christ, victime de nos péchés et Sauveur du monde, s'était développé dans la souffrance et l'épreuve librement recherchées, il était aisé au feu de l'amour divin d'enflammer ces âmes du désir de mourir pour la foi. Les 50 croix qui avaient été commandées pour la sainte montagne de Nagasaki, décuplées et centuplées, n'auraient pas suffi aux fidèles, qui ambitionnaient le martyre. « Providentiellement, écrit Louis Froës (3), l'évêque du Japon s'était rendu à Miyako pour confirmer les chrétiens ; et, en vérité, on eut des preuves sensibles de la

---

(1) Évangile selon S. Jean ch. 15. v. 13.
(2) Fernandez, Hirado, 23 sept. 1565. *Cartas* I. 199. Torres, Sakaï, 30 juin 1566. *Ib.* 207. Almeida, Kuchinotzu, 20 oct. 1568. *Ib.* 253, etc.
(3) de Nagasaki, 15 mars 1597, p. 13. *Relatione* citée.

force et de la ferveur que l'Esprit-Saint communiquait à ces néophytes; ils accouraient en tel nombre à ce sacrement que le bon prélat n'eut de repos ni le jour ni la nuit, et malgré les avis qu'on leur donnait d'être très circonspects pour ne pas ébruiter sa présence, Jakuin, le médecin débauché de Taïko Sama, ne put ignorer la chose. L'évêque hâta son départ.

Le lendemain le décret de persécution fut publié (8 décembre 1596). La nouvelle n'en arriva à Nagasaki qu'après plus d'un mois, le 14 janvier, et le 27 nous apprîmes par des lettres d'Organtino que l'édit ne frappait pas ceux de la Compagnie. Si les trois jeunes jésuites japonais avaient voulu faire la moindre démarche, ils se soustrayaient à la mort. Mais « il fallait, ajoute Frôës (1), qu'après quelques dissentiments entre les deux Ordres, l'union se fît et se consolidât dans le sacrifice commun du sang. Ce fut une providence cependant que nos fidèles ne furent pas atteints ; car, vu la promptitude des chrétiens en général à mourir pour la foi, un si grand nombre se serait offert au martyre, qu'il y aurait eu un mouvement, capable d'amener une révolution. A présent que 6 Pères de S. François ont été martyrisés et que 5 autres ont été chassés, tout ferment de discorde a disparu ».

La persécution, loin d'apaiser le mouvement de conversions, suscita une nouvelle ardeur parmi les catéchumènes, et le sang des vingt japonais se mêlant à celui des six franciscains castillans fut la semence d'où germa une chrétienté plus nombreuse. Après le martyre de 1597 et ce baptême de sang, l'Église japonaise enregistra de nouvelles conquêtes.

10. Terazawa (Hirotaka, Shimandono), gouverneur de Nagasaki, alors âgé de 27 ans, était chrétien depuis 1595 (2);

---

(1) de Nagasaki, 15 mars 1597, p. 52. *Relatione* citée.
(2) Frôës *Copia d'una Lettera... 1595*. Roma. Zannetti 1598, p. 12.

dans la disette qu'éprouvaient les missionnaires en cette année-là (le vaisseau portugais n'ayant pu effectuer son voyage annuel), il avait, de concert avec Protase et d'autres seigneurs, généreusement subvenu aux besoins de la mission ; le Taïko lui même avait fourni des ressources. Mais, depuis les récents décrets de persécution, la situation du gouverneur était embarrassante ; une église avait été reconstruite en faveur des portugais ; or, la ferveur des 8000 chrétiens indigènes, auxquels les décrets en prohibaient l'accès, n'était pas facile à contenir : aux fêtes de Noël, non contents d'assister aux saints offices dans sept ou huit chapelles privées, ils forcèrent les lieutenants *(ottonas)* du gouvernement à leur ouvrir l'église. Parmi les païens que leur commerce faisait affluer à Nagasaki, on avait fait des conversions ; mais, si plus de 400 recevaient le baptême, d'autres rentraient dans les provinces du centre, plus haineux contre la religion étrangère, et portaient la nouvelle de ses progrès jusque dans les régions du pouvoir. Terazawa, alors à la cour, reçut ordre du Souverain d'embarquer tous les missionnaires, sauf dix, sur un navire en partance pour Macao. Il usa d'un stratagème ; il conseilla de faire prendre aux hommes de l'équipage le costume religieux, pour faire croire aux spectateurs que les jésuites avaient quitté le pays (1) ; mais dès l'année suivante, 1598, d'après un rapport de l'évêque Cerqueira, il exécutait rigoureusement les ordres du Taïko. Esclave des honneurs et des richesses périssables, il se fera persécuteur. « Non content (2), écrivait l'évêque, d'avoir détruit les collèges d'Arima et d'Amakusa et la plupart des résidences et des églises, il se disposait à exiler les missionnaires, qui avaient réussi à se cacher, et il en retenait déjà

---

(1) *Steichen* p. 225.
(2) Cerqueira, Nagasaki, 12 janv. 1603. Pagès II, p. 42.

un certain nombre dans le port pour les envoyer à Macao (1). Par bonheur il dut prendre de nouveau part à l'expédition de Corée, au moment où l'évêque Cerqueira allait débarquer ; par bonheur aussi, Taïko Sama tomba malade ; et la nouvelle de sa mort se répandait, prématurément il est vrai : « Il n'est que désespéré, écrivait Valignani (2) ; il a tout réglé pour assurer la succession à son fils Hideyori qui n'a que 5 ans. Il pourrait y avoir de grands changements. Les seigneurs chrétiens sont d'avis de patienter et d'user encore de grande prudence ».

Quatre jours plus tard Valignani donnait des détails sur la mort du persécuteur (3). Elle remontait à deux mois ; mais le tyran, placé par une longue maladie entre la vie et la mort, avait donné les dernières preuves de son habileté (4) : animé du désir de perpétuer sa famille sur le trône, il avait constitué un Conseil de régence, dont les membres et le président, Ieyasu (5), s'obligeaient, par tous les serments les plus sacrés du Japon, à maintenir les droits du jeune prince ; ils jurèrent aussi de garder le secret sur la mort de l'empereur jusqu'à ce qu'une paix honorable fût conclue avec la Chine. Il leur enjoignit enfin de lui élever un temple gigantesque, où on lui rendrait les honneurs dûs aux *Kamis*, les héros du Japon. Les riches présents qu'il leur fit assureraient, pensait-il, leur fidélité à la cause de son fils.

Sur Taïko Sama, que les écrivains japonais comparent à César, nous recueillons ici une appréciation de saine critique (1) : « Il est le premier responsable de l'ère de persécution

---

(1) Pagès I, p. 42. Il se réconcilia quand il fut gouverneur d'Amakusa mais redevint persécuteur en 1604 [Steichen 186].
(2) Nagasaki 16 oct. 1598. [*Epist. Jap. msc.* 1590-99.]
(3) 18 septembre 1598 dans son palais de Fushimi. Id. 20 oct. *Ib.*
(4) Bartoli, liv. II, ch. 68.
(5) Tokugawa Ieyasu, on prononce Ieyase.
(6) A. Brou, *Compte-rendu des ouvrages de Nagaoka,* Paris, 1905 et de Steichen, Hong-Kon, 1904, dans les *Etudes de Paris,* 1906, t. 107.

qui devait isoler le Japon et lui infliger un retard de deux-cents ans dans la civilisation ; très fort à l'intérieur et très habile, il était passionné, violent, à la merci de qui prenait sur lui de l'ascendant et savait profiter de ses emballements. Un aventurier lui persuade qu'il n'a qu'à tendre la main, la Chine est à lui, et il se lance dans la désastreuse guerre de Corée. Un bonze lui persuade que les Européens veulent conquérir l'archipel, et le voilà pris de peur et la persécution s'allume. C'est l'homme des impressions soudaines et contradictoires : cinq ans durant il n'eut que des sourires pour les bonzes d'Occident ; puis sa fureur passée, il laissa son édit de 1587 tomber en désuétude ; ses deux persécutions ont été deux courtes boutades, l'une d'un homme ivre dont abuse un bonze intrigant, l'autre, celle d'un homme épuisé avant l'âge et dont les facultés déclinent ».

Et ses projets d'avenir pour son fils échouèrent : deux années ne s'écoulèrent point, que le Japon était de nouveau livré aux maux de la guerre civile. Ieyasu, qui avait le gouvernement de huit provinces, disputait la prééminence aux autres membres du Conseil, les gouverneurs des provinces de Vomi, de Mino, de Satzuma, du Buzen et du Suwo (1). Il est plus connu dans l'histoire sous le nom de Daïfu Sama : nous lui laisserons ce nom. En 1603, il se fit décerner par le Daïri le shogunat, qui se maintint jusqu'en 1868 dans sa descendance. Sur les dix membres du conseil, Maeda Toshiie, Uketa Hideie, Asano Nagamasa étaient chrétiens, Maeda Motokatsu (Hen-i-Hoin) avait deux fils chrétiens.

11. Les missionnaires profitèrent de la trêve que la mort du Taïko faisait à la persécution, pour relever leurs églises

---

(1) Steichen, 251, 435 et Pagès, lettre de Cerqueira, II, p. 44.

et leurs maisons, et selon le rapport de l'évêque (1), ils baptisèrent en deux ans (1598 et 1599) 70.000 néophytes. Valignani fit visite avec le Frère Jean Rodriguez aux membres de la régence (2) ; ceux-ci exprimèrent leurs regrets au sujet de la persécution du Taïko, et firent espérer un régime de liberté.

« Il suffirait, écrivait quatre ans plus tard Valignani (3), de comparer nos situations en 1593, 1599 et 1603 pour se faire une idée des changements et des troubles auxquels le Japon est sujet. Depuis quatre ans, tout est de nouveau à la paix ; la mort de Taïko Sama amena un peu de relâche dans la persécution, depuis février 1599 jusqu'en octobre 1600 : toutes nos résidences furent reconstituées, presque toutes les églises reconstruites ; en moins de deux ans plus de 70 mille païens reçurent le baptême. Dans le royaume de Higo (Fingo) dont la moitié relevait de l'amiral Augustin (*Tçuno camidono*) (4), quatre résidences furent établies et plus de quinze nouvelles églises. En somme il y a aujourd'hui 30 résidences et plus de 300.000 chrétiens. Malheureusement, la guerre civile éclata ; les gouverneurs se soulevèrent contre Daïfu Sama : parmi eux, Augustin avec les principaux seigneurs chrétiens, à l'exception de ceux d'Arima et d'Omura (5). En octobre 1600, les deux armées, 130 mille hommes de part et d'autre, livrèrent le combat décisif où Daïfu Sama fut vainqueur (6) ; plusieurs gouverneurs, et Augustin lui-même, perdirent leur pouvoir et la vie ; livré à des seigneurs païens adhérents de l'empereur, le royaume

---

(1) Lettre citée, Pagès, p. 43.
(2) Valignani, 20 janv. 1599. [*Epist. Jap. msc.* 1600].
(3) *Catalogus... jap. ac sinensis vice-prov. msc.* janvier 1603.
(4) Settsu-no-Kami Konishi Yukinaga.
(5) Voir cependant Steichen, p. 269.
(6) Sur cette fameuse bataille de Sekigahara, 21 oct. 1600, voir Steichen, chap. XVI, p. 264-280.

de Higo subit de nouvelles épreuves : deux maisons rectorales et sept résidences qui en dépendaient furent détruites ; les seigneurs chrétiens furent dépouillés de leurs possessions et jetés en exil, d'autres chrétiens assujettis aux nouveaux maîtres : de 80.000 fidèles, cette chrétienté est réduite à 20.000. Dans trois autres provinces et en particulier dans l'île de Hirado, mêmes ravages, mêmes bannissements, mêmes pertes ; à Hirado, 700 chrétiens furent réduits à chercher un gîte. Quant à Daïfu Sama, avec la grâce de Dieu, nous avons pu l'apaiser et notre situation est redevenue fort bonne : outre le collège de Macao, où il nous a été si avantageux de pouvoir naguère recueillir nos jeunes étudiants, et qu'il est nécessaire de maintenir contre toute éventualité de persécution, nous avons deux collèges complets, trois collèges commencés, deux séminaires, 25 résidences et plus de 190 églises. La mort nous a enlevé 17 Pères ou frères ; mais les Indes et l'Europe nous en ont envoyé trente ».

Le général Augustin avait terminé sa carrière en bon chrétien ; prisonnier de Daïfu Sama, il refusa de se donner la mort, selon les usages païens, et demanda un confesseur. N'ayant pu obtenir cette grâce, il se prépara pieusement à subir le supplice et fut décapité à Miyako (1).

De son côté, l'évêque Cerqueira résumait en ces termes les événements des cinq premières années qui suivirent la mort de Taïko Sama : « Daïfu Sama demeurait très irrité contre les seigneurs chrétiens qui avec Augustin lui avaient été contraires, et, non content de proférer les discours les plus violents contre notre sainte foi, il donna

---

(1) Sa fille Marie, épouse du daïmyo de Sutshima se vit répudier et put se retirer à Nagasaki, où elle décéda en 1604. Son fils unique, âgé de 12 ans [*Tre lettere*, p. 132] fut traîtreusement assassiné, et sa tête offerte à Daïfu Sama. Bartoli, *Giappone*, lib. 2, ch. 75.

ordre de détruire les églises à peine reconstruites(1) d'Omura et d'Arima, et il dit à cette occasion qu'il n'avait point autorisé les Pères à résider ailleurs qu'à Miyako, Osaka et Nagasaki. Cependant, comme les seigneurs de ces deux provinces qui s'étaient déclarés pour lui se trouvaient heureusement à la cour, ils lui demandèrent instamment de vouloir révoquer cet ordre ; ils lui représentèrent qu'eux-mêmes et leurs parents ainsi que tout leur peuple étaient des chrétiens anciens, amenés à la foi bien avant que Taïko Sama eût édicté sa défense ; Daïfu Sama se laissa fléchir... Quant aux terres du Higo, qui avaient appartenu à Augustin, elles se trouvaient par sa mort et la récente répartition des fiefs soumises à un seigneur païen, Kato Kiyomasa (2), et éprouvèrent de notables dommages. Dans les autres provinces, où l'on comptait un nombre suffisant de chrétiens, d'une maison rurale ou d'une résidence dépendante les Pères visitaient les fidèles : lorsqu'un Père, un frère ou un dogique ne pouvait se rendre auprès d'eux, le *kambo* ou chef de prières présidait les exercices du dimanche, voyait les malades et tenait les missionnaires au courant de la situation » (3).

Cette relation de l'évêque Cerqueira sur l'état du christianisme au Japon est de l'année 1602 et elle représente la réalité jusque vers 1610. Il ajoutait : « Il n'y a rien de permanent dans cet empire : je l'ai vu de mes yeux et touché de mes mains, et j'ai pu vérifier avec quelle prudence les Pères ont procédé et procèdent, tant à l'époque de la

---

(1) Par l'influence de Jean Rodriguez, l'interprète du Taïko, élevé alors à la prêtrise [Pagès, p. 37], et par l'ordre donné à Terazawa [Shimandono].

(2) Les missionnaires le nomment Kanzuyedono. C'était l'ennemi personnel d'Augustin : Kato Higo no Kami Kiyomasa [Pagès 48, voir Steichen 274] ; la plupart des samuraï d'Augustin quittèrent le Higo.

(3) Nagasaki, 12 janv. 1603. Pagès, II, p. 45.

persécution qu'à celle de la tranquillité, pour pouvoir conserver et cultiver cette vigne du Seigneur ».

Parmi les chrétiens du Higo et du Bungo, Kiyomasa, le nouveau seigneur fit circuler des listes d'abjuration ; on lui assura qu'on subirait plutôt la mort : « Ce n'est ni le glaive, ni la croix, répondit-il, c'est la faim qui les fera renoncer à leur religion ». Quelques-uns, en petit nombre, signèrent : pour d'autres on mit de fausses signatures : la plupart, privés de tout, se construisirent des huttes de paille, attendant le martyre (1). Ils l'eussent souffert courageusement ; mais, ainsi que s'en exprimait un seigneur chrétien (2), « il leur fallait renoncer à cette gloire, et, au lieu de cela, quitter maisons et terres et abandonner tout à la merci du tyran. Tous ne comprenaient pas que si les richesses et les biens temporels et une famille bien-aimée deviennent un obstacle au service de Dieu et au salut, il faut s'en séparer ; mais renoncer aux choses périssables pour traîner une existence de privations est plus dur que de renoncer à la vie présente pour entrer dans les joies éternelles. Je déplore, ajoutait ce grand chrétien, la faiblesse de ceux qui ont fait si grand cas des biens terrestres qu'ils ont abandonné la foi : ceux-là ne sont pas d'un tempérament à devenir martyrs ».

On ne laissa pas les ouailles dispersées sans secours ; le P. Louis Niabara, japonais (3), fut envoyé pour les consoler, les confesser et leur donner le pain qui fait les forts. Il nous reste de ces exilés des lettres admirables de foi et de résignation (4) que nous regrettons de ne pouvoir citer.

---

(1) *Tre lettere annue* 1603-06. Milan, Locarni, pp. 56-61.
(2) Umemidono. [Voir Pagès, II, p. 30.] C'était Thomas, fils de Jean Naïto Hide-no-Kami Yukiyasu, ex-daïmyo de Kameyama.
(3) de Hirado. Bartoli III, 38, p. 193.
(4) Pagès, II, p. 28-33. Lettres de Yafingidono, de Naito Findadono et son fils Umemidono, chrétiens du Higo.

Plus de trente chefs de famille notable, anciens officiers d'Augustin, avec un grand nombre de serviteurs et d'esclaves, sacrifièrent les rentes considérables dont ils jouissaient et demeurèrent cinq mois constamment prêts à donner leur vie pour Jésus-Christ ; on ne leur demandait cependant que de renoncer en paroles, sauf à vivre chrétiennement ensuite (1). Un chrétien, apprenant qu'il passe pour avoir signé, réclame et demande à voir la feuille ; il couvre la fausse signature d'une tache d'encre, puis avec femme et enfants il quitte le Higo. Un autre déchira toute la feuille.

Kiyomasa n'alla pas d'abord jusqu'à verser le sang ; il permit aux chrétiens de s'exiler. La charité de l'évêque en accueillit un grand nombre à Nagasaki (2). Le daimyo d'Arima reçut dans son armée deux braves chrétiens, qui avaient dû fuir pour avoir pris à cœur de conseiller et d'encourager leurs frères.

En 1603, Kiyomasa donna ordre de ramener au culte national les samuraï chrétiens de la citadelle (3) de Yatsushiro ; quatorze d'entre eux refusèrent de dissimuler même leur foi, et deux demeurèrent inébranlables : « Vous m'arracheriez les vingt ongles des mains et des pieds, dit l'un (Jean Minami Gorozayemon), que je ne faillirais pas ». Il fut décapité le 8 décembre. Le lendemain, son compagnon (Simon Takeda Gohiòe), auquel on offrit d'aller professer sa foi dans une autre province, refusa ce parti comme indigne d'un chrétien et subit le même supplice. En vertu des lois barbares de l'époque, la femme du premier, Madeleine, et leur fils adoptif Louis, âgé de sept ans, furent crucifiés le lendemain, ainsi que Jeanne et Agnès, la femme

---

(1) Cerqueira, 12 janv. 1603. Pagès, *ib.*, p. 51.
(2) *Tre Lettere*, p. 62-66.
(3) Fomatchi [?]

Les 4 crucifiés de Ya

is, Madeleine, Jeanne).

et la mère du second. De ce double martyre des 8 et 9 décembre l'art japonais contemporain nous a légué un dessin, que le peuple japonais ne peut considérer aujourd'hui sans maudire les mœurs barbares de cette époque. (1).

Dans un mémorial au Pape (1603) Cerqueira dépeignait la triste situation des chrétiens et la misère à laquelle ils se condamnaient en n'abjurant ou ne dissimulant pas leur foi. « En 1600 (2), persécutés par le seigneur de Hirado, 600 fidèles eurent le courage de tout quitter pour ne pas s'exposer au danger de faiblir ; nous les aidâmes à Nagasaki, où ils cherchèrent un refuge, en attendant qu'il leur fût possible de trouver un gagne-pain. La mort du seigneur Augustin, la ruine complète de sa famille et la mort de plusieurs autres seigneurs chrétiens nous ont malheureusement privés des ressources qui nous permettaient de faire largement l'aumône ».

La chrétienté d'Yamaguchi fut également éprouvée par la persécution : les missionnaires furent bannis ; ils se retirèrent de la ville et se cachèrent aux environs, mais ne purent y demeurer. Les chrétiens furent fermes : le courage d'un vassal (keraï) du daïmyo (Mori Terumoto) leur servit d'exemple.

Dans un entretien avec le gouverneur général (Sashendono) qui l'exhortait à obéir à l'édit pour la forme, Melchior Buzendono (3) osa lui reprocher d'avoir renié le baptême qu'ils avaient reçu ensemble : « Moi, dit-il, je suis loyal et fidèle à mon Dieu, et je veux que tout le monde le sache. Voici mes quatre épées : tranchez-moi la tête : ce sera le

---

(1) Nous reproduisons hors texte ce tableau japonais. Voir Pagès, I, pp. 79-90 ; Bartoli III, 11-17, *Die katholische Missionen*, 1905, 146-173. *Tre lettere*, 90-91, Steichen p. 287.

(2) Pagès, t. II, p. 55, 59.

(3) Dans une lettre [Pagès, II. p. 61. *Tre lettere*, p. 114] à ses amis, il nous apprend qu'il a été converti dans le Buzen par le général Josui [Simon Kodura, Condera].

témoignage de mon sang ». — « Non, répondit le gouverneur repentant : si l'on vous donne la mort, je mourrai avec vous ». Ils s'embrassèrent et se donnèrent le *sakasuki* en signe de fraternelle réconciliation (1). Un autre gouverneur ayant été chargé de faire exécuter l'édit, Melchior se rendit chez lui et fit entendre qu'il échouerait : « Car ni moi, dit-il, ni les autres, nous ne renierons : nous nous sommes entendus, et nous souffrirons l'exil et la mort, s'il le faut ». Il eut la joie d'amener au baptême sa femme, païenne obstinée et toute sa famille et résista à toutes les menaces (2). Il montra plus qu'une noble indépendance ; avec une fierté toute militaire, il bravait les édits du persécuteur. Quand les missionnaires furent expulsés d'Yamaguchi, Melchior leur bâtit une église dans ses domaines et y reçut souvent les sacrements. Sa fille étant décédée, les bonzes voulurent s'emparer du cadavre et l'enterrer selon leurs rites païens ; le persécuteur les y autorisait. Le capitaine enterra la sainte dépouille dans son jardin et livra un cercueil richement orné, mais rempli de terre : les bonzes apprirent trop tard la pieuse fraude. Lorsque Mori le menaçait de mort : « Fort bien, disait Melchior ; mais vous me ferez mettre la corde au cou et vous me promènerez par les rues et les places d'Yamaguchi, afin qu'on sache que je meurs pour la foi de Jésus-Christ ». Ce n'est pas ce spectacle de fier et humble courage que le tyran cherchait à donner : il fit décapiter le brave capitaine dans sa demeure de Hagi (Fangi) le jour de l'Assomption 1605. Sa mort fut suivie de celle de sa femme, de ses fils et neveux, au nombre de plus de cent, selon les barbares coutumes du Japon (3).

---

(1) *Tre lettere*, p. 112, belle lettre à ses compagnons, Steichen, p. 145, 288.
(2) Pagès, II, p. 64. *Tre lettere annue*. p. 112-118 ; 122.
(3) Relation de l'évêque. *Ib.* pp. 268-289. Nagasaki, 10 mars 1606, à Aquaviva, cfr. *ib.* 122, 126. Il était natif de Miri, province d'Aki. Voir Bartoli *op. cit.*, l. III, cc. 23-24.

La belle relation de l'évêque cite une seconde victime, un pauvre aveugle, qui depuis vingt ans aidait et remplaçait au besoin les missionnaires dispersés : « En somme, écrivait Cerqueira, parmi les ouailles de ce troupeau fidèle du Sauveur, Damien remplissait l'office d'un bon et vigilant pasteur ». On le surprit aussi par trahison, on le conduisit la nuit au bord d'une rivière et on lui trancha la tête; pour empêcher les chrétiens de recueillir ses restes, on tailla le corps en pièces et on le fit disparaître (1).

Ces persécutions locales étaient le fait de trois daïmyo : « Le gouvernement des seigneurs temporels, écrivait Cerqueira (2), est absolu; chacun d'eux peut accomplir dans ses domaines tout ce qui lui plaît touchant la vie et les biens de ses vassaux et serviteurs, sans que nul le modère ».

La mission avait perdu un de ses plus fidèles protecteurs, Dario Takayama, l'ancien daïmyo de Takatsuki : il était décédé en 1595 à Miyako, entre les bras d'Organtino et de son fils (Yusho) Juste Ukundono. Celui-ci était toujours en disgrâce ; mais il avait été accueilli par Figendono (3), très bon chrétien et daïmyo de trois provinces septentrionales (Fokoku, Kanga et Noto) ; c'est ce qui permit aux Pères de Miyako de porter l'Évangile dans ses domaines en 1602. Les premiers mois de l'année suivante ils y baptisèrent 61 catéchumènes, dont 26 personnes de qualité ; la lettre annuelle de novembre 1603 (4) signalait dans cette chrétienté, où les missionnaires n'avaient pas de résidence fixe, 600 fidèles, presque tous de qualité ; ils avaient deux églises : Juste Ukondono et son frère étaient leurs soutiens et pour ainsi dire leurs pères ; à Kanazawa, ils construisaient une

---

(1) Voir vol. précédent, p. 232.
(2) 12 janv. 1603. Pagès, II, p. 45.
(3) Maeda Toshie. [Steichen 353].
(4) *Tre lettere*, citées p. 53.

troisième église. Les jésuites de Miyako visitaient cette mission. Dans la capitale ils étaient quinze et avaient à leur service 37 dogiques et employés (1). A Fushimi, la résidence impériale, leurs fidèles n'étaient pas molestés ; on en comptait beaucoup parmi les gens de la cour ; deux Pères y baptisèrent 70 adultes. Mais on usait de prudence.

A Miyako même, le Père Organtino continuait son œuvre avec la plus sage discrétion : une dame, ayant converti et baptisé une riche païenne, fut accusée par un bonze : ce baptême et plusieurs autres (il s'en fit 960 en tout dans les deux résidences) avaient fait grand bruit. Daïfu Sama fit rechercher la généreuse dame, pour la faire châtier. Le Père la pressa de partir pour le Shimo ; elle résista : « Depuis tant d'années, disait-elle, elle désirait le martyre : elle se rendrait elle-même chez le souverain et lui découvrirait les supercheries et l'hypocrisie des bonzes, dont elle avait été la dupe pendant seize ans ; car elle avait été jadis abbesse dans un de leurs monastères ». Il fallut lui faire comprendre qu'en se sauvant de Miyako, elle sauverait toute la chrétienté d'un immense danger. Elle obéit et fut reçue à la cour d'Arima, où la reine la pourvut d'une situation conforme à son rang (2).

Comme Daïfu Sama avait renouvelé la défense, faite par son prédécesseur à la noblesse, de passer à la religion étrangère, Organtino différait le baptême d'un certain nombre de catéchumènes nobles. Des chrétiens furent ensevelis sans les honneurs de la sépulture religieuse, parce que les bonzes ou certains parents-païens réclamaient le cadavre. Ce n'était pas le moment de faire des récriminations ; on était loin de l'aurore de la liberté : « Il fallait même, écrivait au Général le P. Gabriel de Mattos (3), procéder avec d'autant plus de

---

(1) *Lettera annua*, 1602, citée p. 72.
(2) *Tre lettere*, citées p. 76.
(3) *Lettera annua*, 1602, pp. 76, 95.

circonspection que l'impression causée par le venue des religieux de Manille n'était pas effacée : on craignait et on soupçonnait de ce côté quelque danger pour le Japon ».

Il se produisit un nouveau sujet de mécontentement, de la part des négociants portugais de Nagasaki ; ils donnèrent aux japonais l'occasion de se plaindre à la cour de Daïfu Sama, et la colère de l'empereur fut vive et déborda en menaces : il envoya des officiers de justice faire une enquête : « L'élément castillan, écrivait Mathieu de Couros (1), s'en réjouissait ». Le Père Jean Rodriguez se porta en toute hâte de Nagasaki à Fushimi, et reçut le meilleur accueil, au grand dépit des bonzes. Daïfu Sama lui laissa à peine le temps de justifier les marchands portugais. Terazawa, si cruel aux chrétiens, tombait en disgrâce, et un chrétien (2) recevait le commandement du port de Nagasaki, sous le contrôle de quatre conseillers, chrétiens comme lui. Cette faveur inespérée, dont on rendit grâces à la Providence, fit la meilleure impression.

« Le Kubo Sama, écrivait le Provincial (3), est bon de sa nature et ennemi de tout trouble dans ses États ; si de notre part nous procédons avec la prudence convenable à la conversion des païens et à la direction des fidèles, sans lui fournir aucun prétexte de ressentiment, nous aurons la paix par la grâce de Dieu. En attendant, l'Évangile prend pied, et les gens judicieux voient fort bien la différence qu'il y a entre notre sainte loi et leurs sectes, entre nos prédicateurs et leurs maîtres. La crainte du Kubo, qui n'a pas encore révoqué l'édit du Taïko Sama, et la difficulté de laisser les mœurs païennes et d'observer les préceptes divins en arrêtent beaucoup ; cependant il se fait bien des conversions, et notre

---

(1) *Tre lett...* citées p. 17.
(2) Antoine Morayama.
(3) 23 nov. 1604. *Littere* citées p. 74.

sainte foi est désormais établie en tant d'endroits et si bien appréciée que nous avons bon espoir : beaucoup de seigneurs idolâtres nous sont favorables et donnent à leurs vassaux permission de recevoir le baptême : tels Figendono (3 provinces), Fukushima, neveu du Taïko Sama (2 provinces), Gietkundono (2 provinces) et Chikuzen-no-Kami (1 province) qui nous a bâti une église à Hakata. Voyant la faveur que nous témoigne le Kubo Sama, ils s'inspirent de lui : c'est ce qui nous permet de faire taire les bonzes. Le Père Organtino lui fit récemment visite : les antichambres du palais étaient pleines de bonzes et de seigneurs, qui attendaient audience : il ne la leur accorda que le lendemain, mais fit entrer aussitôt le Père et lui donna deux heures d'entretien familier. »

Depuis un demi siècle la Compagnie de Jésus avait cultivé ce beau champ du divin Maître : avec quelle patience ! quelle prudence ! « Que de fois, écrivait le Père Organtino (1), je me reporte à l'année 1549, où le saint Père Maître François Xavier y aborda ! Quand je me rappelle les vicissitudes qui nous ont conduits jusqu'au moment présent, je suis en admiration et je rends grâces au Seigneur, dont la miséricorde a donné une issue si prospère à l'entreprise de son saint serviteur. Nous, étrangers et pauvres, sans aucun appui, nous venions condamner des sectes si estimées, si vénérées ; nous apprenions une langue étrange, et nous pliant, autant qu'il était licite, à des coutumes bien diverses des nôtres, nous élevions des jeunes gens, capables de réfuter les bonzes, si lettrés et si puissants qu'ils fussent ; or, comme le disait souvent le roi François du Bungo, cette entreprise eût échoué si les japonais n'avaient pas vu combien nous les aimions et combien désintéressé était cet

---

(1) février 1601. Bartoli l. III, ch. 1.

amour. Les païens et les bonzes eux-mêmes disent que, si les choses continuent de la sorte, tout le Japon se convertira. »

Dans une lettre au Pape Paul V (1) l'évêque rendait trois ans plus tard compte de la situation religieuse : la paix était presque générale. Il avait été invité à Miyako et avait eu tous les honneurs d'une solennelle audience de Daïfu Sama : le nouveau gouverneur de Nagasaki nous gagnait de plus en plus la bienveillance du monarque. Nous avions une résidence à Fushimi : nous espérions rouvrir celle de Sakaï. (2)

Le fils du Taïko, Hideyori, avait douze ans ; il subissait l'heureuse influence qui se faisait sentir à la cour ; mais dans Osaka les serviteurs du jeune prince et ses deux gouverneurs étaient fort adonnés au culte national. Il fut cependant en relation avec un frère de la compagnie ; comme celui-ci lui montrait un jour un globe céleste, il eut un malicieux plaisir à demander à un bonze fort lettré l'explication du mouvement du soleil, de la lune et des étoiles : il n'obtint que des réponses d'ignorant, fort ridicules. Le frère alors donna des détails sur l'ingénieux instrument et la théorie astronomique des écoles d'Europe. Le bonze se trouva fort humilié, et le prince ajouta à sa confusion : « Va-t-en, lui dit-il, tu n'y entends rien » (3). Le Daïri lui même s'intéressait à ces questions de météorologie et se fit montrer les instruments.

Que pouvait-on espérer du successeur nominal de Taïko Sama ?

« C'est toujours l'habile et prudent Daïfu Sama qui gouverne en maître absolu, écrivait en 1606 le supérieur de la mission (4) : il est respecté de tous et, contrairement à tout

---

(1) 1 mars 1607. *Epist. Jap. msc.*
(2) *Tre lettere* 1603-05, p. 143.
(3) *Ib.*, p. 129, cfr. 288.
(4) *Ib.*, p. 138.

ce que l'on a vu jusqu'ici au Japon, on vit en paix et l'on espère que cela durera autant que lui : or, comme il désire que le pouvoir monarchique se perpétue dans sa propre descendance, après avoir donné récemment les royaumes du Kwanto à son fils aîné, il vient de lui conférer le titre et la dignité de Shogun ou Kubo : celui-ci est entré à Fushimi avec un déploiement de 7000 hommes de troupes et, entouré de seigneurs et de nobles des royaumes voisins, il a reçu du Daïri le titre et la dignité, dont son père jouissait jusqu'alors. Tout s'est passé avec un ordre parfait.

Le vieux Daïfu Sama voulut que Hideyori vînt d'Osaka visiter le nouveau Shogun ; mais la mère (1) n'y consentit pas, et allégua diverses raisons, bien résolue, si on la forçait, à se donner la mort avec son fils plutôt que de le laisser sortir d'Osaka. On se contenta des hommages rendus par tierce personne. Le jeune Shogun, après de brillantes fêtes, rentra au Kwango, sans prendre congé de Hideyori : il avait appris que son père se proposait de dépouiller de leurs fiefs tous ceux qui se montreraient partisans du fils de Taïko Sama.

Oublieux de tous ses serments, mais sachant temporiser, Daïfu Sama ruinera dix ans. plus tard (2) toutes les espérances de l'héritier légitime ; jusqu'en 1614 il lui laissera l'apanage d'Osaka et quelques domaines, il lui donnera même sa petite-fille en mariage ; mais quand il le verra devenu assez fort et sûr de quelques partisans, il provoquera une rupture et une guerre civile, où l'infortuné prince périra (2 juin 1615). Auparavant déjà, maître absolu, il déposera le Daïri, qui sans résistance, laissera revêtir de cette dignité son propre fils (3). Daïfu Sama l'emportait

---

(1) Mandocorasami.
(2) Pagès, 1re partie, pp. 304-312.
(3) Pasio, Nagasaki, 10 oct. 1611. *Epist. Jap. msc.* 1611-18.

évidemment en habileté et même en bravoure sur ses prédécesseurs. Les Daïri, jadis seuls vrais souverains, avaient perdu toute influence ; le nouveau Shogun gouvernerait après son père.

12. Les religieux des Philippines profitaient avec les jésuites du calme relatif dont jouissait l'œuvre de l'Évangile. Exprimons toutefois le regret que les documents fassent défaut et qu'il soit impossible de donner le détail de leur activité pendant cette période de paix. Léon Pagès, qui avait formé une remarquable bibliothèque japonaise, n'a pu lui-même y trouver ample matière (1) ; le P. Marcellino da Civezza et le P. Melchiorri, continuateur de Wading, sont aussi fort sobres de détails. *L'Histoire universelle des missions franciscaines* par le P. Victor Bernardin de Rouen donne sur le Japon des relations contemporaines intéressantes, mais moins de faits que les documents dont nous nous servons.

François de Moralez, prieur des Dominicains de Manille, avait été invité par Jean Sandaya et le samuraï Léon Kizayemon à envoyer de ses religieux (2). Ceux-ci, ayant été mal accueillis à Miyako, demeurèrent dans l'île de Koshiki, mais en 1609 ils furent exilés de la province de Satzuma, et transportèrent leur hôpital de lépreux à Nagasaki. Ils s'établirent aussi à Kiyodomari, Usuki, Hamanachi, Kashima, Sanga. En 1608, Léon, officier noble, fut le premier martyr de la mission dominicaine (3).

---

(1) On s'étonne donc à bon droit du reproche que lui fait le P. Marcellino « de n'avoir pas placé l'ordre franciscain au *centre* de la grande action catholique du Japon ».

(2) Pagès I. p. 50.

(3) Chitchyemon, natif de Gionaï, au Satzuma, décapité à Hirosa. Bartoli, III, chap. 34. Le Général de l'Ordre demanda en 1609 qu'on lui envoyât tous les ans des détails sur la mission du Japon. [Pagès, II, p. 100]. Combien il serait à souhaiter que l'on publiât les lettres, envoyées dès lors à Rome !

Les augustins, fixés au Bungo, s'employèrent à empêcher la saisie d'un navire philippin qui abordait à Tosa ; le capitaine, Lope de Ulloa, força le passage en coulant plusieurs barques japonaises qui tentaient de l'obstruer (1). Ils s'établirent en 1606 à Angata (Hiunga), puis à Nagasaki.

Les franciscains prirent couvent ou station à Miyako, Fushimi, Osaka, Yedo, Okayama et Uraga (2).

Les religieux de ces trois Ordres ne furent guère nombreux dans les premières années du 17ᵉ siècle ; mais ils organisèrent avec zèle leurs confréries et missions, s'aidant, comme les jésuites, d'un grand nombre de catéchistes.

La pauvreté, l'évangélique simplicité des fils de S. François leur attirait au Japon, presque autant que dans nos pays catholiques, les plus vives sympathies. En 1605 (3), ils avaient porté leur zèle vers la capitale du Kwanto, où résidaient alors Daïfu Sama et son fils. L'ennemi de tout bien y excita dès le début une persécution, qui s'apaisa après avoir un moment jeté l'inquiétude dans toute la chrétienté. Quelqu'un ayant rapporté à l'empereur que dans sa résidence d'Yédo il y avait un grand nombre de chrétiens, il s'irrita et donna ordre d'en dresser la liste et de les faire abjurer. L'ordre venant de la cour, tous le monde crut qu'il s'exécuterait dans toutes les provinces ; mais, grâce à Dieu, la colère de Daïfu Sama se calma ; en effet le gouverneur, ayant fait les recherches commandées, ne trouva que dix ou douze chrétiens, et de plus deux ou trois familles peu nombreuses de travailleurs. Rien que la publication des ordres impériaux suffirait, pensa-t-il, à arrêter les conversions.

« Il importe beaucoup, écrivait le Père Gabriel de Mattos (4), de ménager l'empereur ; car les divers seigneurs,

---

(1) Pagès, 1, p. 55.
(2) Pagès, *ib.* pp. 54-56, 76-77, 162-164, 173-180.
(3) *Tre lettere* citées, p 145.
(4) *Lettera annua*, 1 mars 1603, p. 4.

qui ont toujours le regard fixé sur celui de la Tenka pour voir de quel côté il penche, nous favorisent à leur tour ou nous laissent plus de liberté, selon qu'il se montre favorable ou tolérant ». Au prix de la plus sage circonspection, il était possible de conserver et d'augmenter peu à peu la jeune chrétienté.

Les bonzes sentaient que leur vieux culte était menacé ; la protection ouverte que les daïmyo d'Arima et d'Omura accordaient aux chrétiens, la liberté dont les missionnaires jouissaient dans sept autres provinces, les missions qu'ils donnaient avec grand fruit dans celle de Satzuma, où les premiers fidèles, baptisés jadis par S. François Xavier, les accueillaient avec la plus vive ardeur, la prédication de l'Évangile dans la province de Tamba, tout faisait présager que l'heure du triomphe du Christ approchait. Pied à pied avec la prudence et la sainte tactique d'un conquérant pacifique, le Sauveur soumettrait le Japon : les missionnaires en nourrissaient l'espérance.

Au Tamba, province limitrophe de celle de Miyako (1), un chrétien zélé, qui remplissait auprès des néophytes l'office de Père et Pasteur, avait planté une belle et grande croix sur un tertre élevé, près d'une grande route. Encore que le seigneur de l'endroit (2) fût très bon chrétien lui-même, des amis païens réussirent à lui faire redouter la colère de Daïfu Sama : « Donner toute liberté de bâtir des églises, lui dirent-ils, de célébrer publiquement le culte étranger et d'élever des croix, c'est vous exposer à perdre vos Etats ». Le daïmyo fit savoir au trop zélé chef de la jeune chrétienté que jamais il ne manquerait à ses devoirs de disciple de la croix, mais qu'il le priait de modérer l'ardeur

---

(1) *Tre lettere*, p. 197.
(2) Mayenda Chugen dono, c. à d. Maeda Shuzen-no-shô Toshimune Constantin, daïmyo de Kameyama.

des néophytes, et, pour condescendre aux vaines appréhensions des païens, de placer la croix à l'intérieur de l'église : ainsi éviterait-on tous rapports calomnieux et tout danger de persécution. — « Plutôt perdre les biens et la vie »! telle fut la réponse. Eh! quoi, une vilenie semblable, au risque de scandaliser les fidèles et de les décourager »? Les missionnaires intervinrent, et montrèrent au zélé serviteur de Jésus crucifié que, sachant les intentions du daïmyo, il n'offenserait pas son Dieu en déplaçant la croix, et que la prudence commandait d'obtempérer à ses désirs : il pouvait au surplus exposer les motifs de sa conduite. Le bon Dieu consola son obéissance : il vit quatre-vingt dix néophytes lui demander le baptême, et dans les royaumes voisins il fit de nouvelles conquêtes.

En 1606 et 1607, les lettres annuelles des jésuites signalent 15000 baptêmes d'adultes : à Nagasaki, que l'on appelait *la petite Rome* et dont toute la population était chrétienne, ils avaient outre l'église du collège et trois chapelles, cinq églises paroissiales, confiées à des prêtres japonais, dépendant de l'évêque ; les augustins, les dominicains et les franciscains y avaient aussi leur église. Ce que l'on avait prévu et ce qui était inévitable, et toutefois plus regrettable ici que dans une chrétienté ancienne, il y avait entre portugais et castillans, entre fidèles de diverses confréries, plus que de l'émulation, une rivalité peu évangélique : il y eut, au sujet du droit de préséance dans les cortèges religieux, des controverses et des disputes pénibles(1). La charité du pieux évêque, n'ayant pu tout concilier, en référait au Pape ; il craignait, disait-il, les châtiments divins et la ruine de l'Église. Cependant à Nagasaki même, parmi les païens qu'attirait le commerce, deux mille se convertissaient à la foi et allaient ensuite dans

---

(1) Cerqueira au Pape, 5 mars 1608, 1 mars 1612. *Epist. Jap. msc.*

les diverses provinces répandre la bonne nouvelle de l'Évangile. (1)

En 1607, l'évêque fit visite à la cour et reçut tous les témoignages les plus rassurants d'estime et de vénération ; Daïfu Sama désira recevoir aussi la visite du supérieur de la mission, le P. François Pasio. Ce voyage qui dura cinq mois (2) permit au supérieur de visiter la plupart des missionnaires, et, ce qui importait grandement, d'aborder l'empereur dans sa résidence de Surunga (Futchu) et son fils le Shogun à Yedo, ainsi que leurs principaux ministres : rien en effet ne pouvait mieux disposer l'opinion du peuple en notre faveur, et rassurer davantage les néophytes, que la nouvelle, toujours prompte à se répandre, de l'accueil fait par le souverain aux chefs de la religion chrétienne.

Valignani, l'organisateur de la mission, n'avait pu exécuter son dessein de la visiter une quatrième fois : il était décédé à Macao, à l'âge de 67 ans (20 janv. 1606). Les immenses services qu'il rendit aux missions des Indes, du Japon et de la Chine, furent reconnus par le Général de la Compagnie : il ordonna à tous les prêtres de l'Ordre d'offrir le saint sacrifice de la messe pour le repos de son âme.

Vers le même temps un autre missionnaire, digne émule de S. François Xavier et de Côme de Torres, le saint et prudent Père Organtino, après 35 années de fatigues, se retirait de Miyako pour prendre le repos de sa vieillesse à Nagasaki : « Ce qui m'a soutenu dans ma longue carrière, écrivait-il au Général, ç'a été la joie d'avoir été choisi par notre Seigneur pour être l'esclave de sa bien-aimée épouse, cette chère chrétienté du Japon, qui de toutes parts répand aujourd'hui la lumière, la paix et la sainte joie ». Il mourut dans la petite Rome le 22 avril 1609, âgé de 76 ans. (3)

---

(1) Pagès, I, p. 150.
(2) *Ib.* p. 141-150.
(3) Bartoli, III, chap. 27-29. 42. Voir la lettre de Valignani en 1604. Pagès, II, 67-70.

13. La paix régnait : au Higo et à Yamaguchi seulement, la persécution fit encore couler le sang, qui féconde l'œuvre du Christ. Les témoignages qui nous restent de l'esprit profondément chrétien de ces martyrs et de leur amour pour Jésus, sont trop beaux pour ne pas être cités, en partie du moins.

C'étaient trois hommes du peuple, membres à Iatsushiro de la confrérie de charité (1) et chargés pendant la persécution de veiller au bien de la chrétienté. Jean Igoro, Michel Mizzuiski et Joachim Furoya avaient eu soin d'enlever les corps des huit martyrs de Yatsushiro (2) et de les porter à Nagasaki ; ils avaient refusé d'abjurer leur foi, et dépouillés de tout ils subissaient depuis quatre ans une dure prison. Les chrétiens de l'île de Kokura, les confrères de la miséricorde de Nagasaki, les Pères ne manquaient pas de les assister, envoyaient même le Père japonais Louis Niabara pour essayer d'obtenir leur délivrance. Ils les en remercièrent : « Quelle serait notre joie de vous voir et de nous confesser ! mais ce n'est pas possible, nous sommes soumis à une surveillance continuelle au milieu de prisonniers païens ; parmi eux il y en a un, qui ne pouvant plus supporter la puanteur de notre étroite prison, ne fait que hurler la nuit et le jour : il a perdu la raison. Quant à nous, nous sommes pleins d'allégresse ». Et au Provincial ils répondaient : « La lettre de votre Révérence nous a bien consolés et affermis. Nous avions en effet toujours désiré de souffrir pour l'amour de Dieu ; mais, nous reconnaissant grands pécheurs, nous appréhendions de n'en être pas dignes. Aujourd'hui nous ne pouvons exprimer toute notre joie... Au sujet de nos femmes, de nos enfants et parents nous n'avons aucune inquiétude, les ayant déjà offerts en sacrifice avec notre

---

(1) Jihiyaku.
(2) 9 décembre 1603. Voir ci-devant p. 52.

propre vie : ils demeurent sous la protection de vos Révérences. S'il est vrai qu'un Père irait à Kumamoto pour négocier notre délivrance, nous n'y consentons pas : un tel service nous causerait un déplaisir et un regret extrêmes. Que vos saints sacrifices nous obtiennent de Dieu la grâce de mourir pour son amour » (1).

Le 7 janvier 1609, un de ces invincibles martyrs avait succombé en prison. Michel et Jean reçurent la nouvelle de leur prochain supplice : « Elle est venue, écrivait Jean, l'heure bénie où j'offrirai à Notre Seigneur ma femme, mes enfants et ma vie. J'ai vu s'écouler comme une heure les printemps et les automnes de ces quatre années de prison... Dieu soit béni ! La Ste Vierge a été ma médiatrice ». Michel, vieillard et malade, avait craint de mourir en prison ; mais « on vient de m'annoncer, écrivait-il le 11 janvier, qu'aujourd'hui, nous serons décapités ; je ne puis exprimer l'immensité de ma joie » (2).

Selon la barbare coutume de ce malheureux pays, leurs fils devaient être immolés avec eux. Thomas avait douze ans : « Enfant, si tu pleures, lui avait-on dit souvent, tu n'es pas fait pour être martyr » ; ainsi formait-on à l'amour de Dieu ces générations de chrétiens. Thomas distribua parmi ses compagnons quelques pièces de monnaie qu'il avait encore, il revêtit ses habits de fête et atteignit les confesseurs à la porte de la ville. Pierre, fils de Jean, avait six ans à peine : on le porta tout joyeux au supplice. La vue du sang ne les émut pas.

Les reliques des quatre martyrs furent recueillies et portées à Kokura et Arima.

Le 14 novembre de la même année, deux nobles martyrs du royaume de Hirado, Gaspar et Ursule avec leur fils Jean furent décapités pour la foi dans l'île d'Ikitsuki. Le

---

(1) *Tre lettere*, pp. 207, 225. Pagès, II, pp. 65-66.
(2) Pagès, *ib.* pp. 86 93.

P. Fernand de S. Joseph, augustin, soutenait dans cette île le courage des fidèles. (1)

La relation que Cerqueira envoya au Pape sur ces deux groupes de martyrs (2) est inédite. Ecrite sur informations juridiques, elle compléterait, dans une histoire détaillée du christianisme au Japon, les données recueillies par Léon Pagès.

Soixante années s'étaient écoulées depuis que S. François Xavier avait commencé à prêcher l'Évangile. Tout le Japon méridional (aujourd'hui le Kiùshù) et les îles adjacentes, une partie du Japon occidental (Yamaguchi, Hiroshima), et du Japon central (Kyoto, Nara, Kanazawa), les provinces orientales elles-mêmes avaient eu connaissance du Sauveur, et bientôt la foi pénétrera jusque dans l'île de Yezo (Japon septentrional). Il y avait des fidèles dans quarante provinces et leur prosélytisme proverbial gagnait partout des croyants à Jésus-Christ. Ceux de la province du Higo étaient plus de 120.000 en 1589 (3) ; par malheur, après la chute de l'amiral Augustin, beaucoup avaient faibli, beaucoup s'étaient dispersés. Un petit nombre de martyrs avaient donné au Christ le témoignage du sang ; mais des milliers de fidèles avaient souffert pour son saint nom l'exil, la confiscation et les privations de tout genre. La seule ville de Manille comptait 15000 japonais, dont beaucoup étaient chrétiens, exilés pour la foi (4).

On pouvait attendre de la générosité des néophytes les plus durs sacrifices ; la suite de cette histoire montrera ces espérances réalisées, mais elle montrera aussi les tristes résultats de la rivalité des nations européennes, jadis unies dans la foi, divisées depuis un demi-siècle en nations catholiques et nations protestantes.

---

(1) Pagès, 1ᵉ partie, p. 180.
(2) 5 mars 1609 ; 10 mars 1610. *Epist. Jap. msc.*
(3) *Cartas de Japão*, II, 137².
(4) Pagès, I, p. 110.

LIVRE II.

Persécution générale de 1614.
Causes et débuts

1. Marchands européens au Japon
2. Le franciscain Jérôme de Jésus
3. L'évêque Cerqueira
4. Divers ordres religieux au Japon
5. Hollandais et Anglais
6. Le Bienheureux Louis Sotelo
7. Persécution à Yedo ; les martyrs d'Arima
8. Ambassade du daïmyo d'Oshu
9. Persécution à Miyako
10. Décès de l'évêque Cerqueira. Compétitions

---

1. En recherchant les causes de la grande persécution de 1614 on ne peut négliger sans doute les relations, où les missionnaires annoncent simultanément les édits et les raisons qui leur semblent les avoir dictés. Toutefois il importe de remonter plus haut et de faire apparaître, selon les relations antérieures de ces mêmes missionnaires, les circonstances qui préparèrent la persécution en accumulant les griefs contre les chrétiens.

S'il avait été possible de faire comprendre au Japon que la religion chrétienne, tout en cherchant à détruire par la persuasion les cultes idolâtriques, était l'instrument de la civilisation, et qu'en adoucissant les mœurs elle préparait le pays à de grandes destinées, la haute raison de ce peuple l'eût fait adopter définitivement. Que ce fût un culte étranger, destructif de la religion nationale, c'était là une objection que réfutait aisément (1) un jeune noble, sujet de Mori : on le pressait d'apostasier, comme d'autres : « Je ne me suis pas fait chrétien par égard pour eux, répondit-il ; je ne cesserai pas de l'être, à cause d'eux. » Mais, lui dit un païen, vous vous déshonorez en suivant le culte des étrangers et en méprisant les sectes nationales. « Vous ne savez ce que vous dites ; répondit-il. Eh ! votre Shaka était-il donc japonais ? Il n'y a qu'un seul Dieu, un seul Sauveur : il est au-dessus de tous ».

Il y avait d'ailleurs liberté au Japon de professer n'importe laquelle des nombreuses sectes qui s'étaient greffées sur les doctrines de Shaka. Pourquoi n'aurait-on pas reconnu le droit d'embrasser la foi chrétienne ? Malgré les persécutions des bonzes, elle devait s'implanter facilement parmi les japonais.

Mais, hélas ! combien d'éléments, étrangers à la religion, se mêlèrent à l'œuvre des missionnaires ! et combien il fut malaisé au pouvoir civil de faire la distinction nécessaire entre la foi chrétienne et les étrangers de quatre nationalités diverses, qui la professaient ou prétendaient la professer ! un but bien différent de celui de Saint-François Xavier amenait au Japon des négociants portugais, espagnols, anglais et hollandais.

Etait-ce une illusion, chez les jésuites, de se figurer qu'à des religieux d'une seule nationalité, de la nationalité portugaise, devait et pouvait être réservée la prédication de l'Évangile ? Lorsqu'un évêque, Pedro Martinez (2), écrivait

---

(1) *Tre lettere annue* 1603-05, p. 124.
(2) Nagasaki, 23 oct. 1596, *Epist. Jap. msc.*, 1580-99.

au roi de Portugal pour lui exposer les sujets de plainte que donnaient les marchands ou matelots portugais, on pouvait déjà prévoir combien d'entraves susciterait la cupidité mercantile ; et lorsqu'il demandait qu'au nom du roi les capitaines portugais fussent tenus à exercer une justice rigoureuse contre leurs nationaux de Nagasaki, il se laissait guider par la prudence et par le droit. Mais il ne s'imaginait pas que l'accès du Japon dût bientôt être libre à tous ceux que leurs intérêts commerciaux ou les intérêts des princes japonais y attireraient. Il demanda même (et à cette époque la demande n'offrait rien d'insolite ou d'exorbitant) qu'à l'Évêque fût réservée la haute justice et un pouvoir coercitif contre les violateurs des lois et de l'ordre. Il édicta une sentence d'excommunication (1) pour mettre obstacle à un abus, trop commun parmi les explorateurs de l'époque et qui fut l'occasion, comme nous l'avons vu plus haut, d'amers reproches de la part de Taïko Sama ; ils achetaient au Japon des garçons et des filles et les emmenaient après leur avoir fait signer ou avoir signé pour eux un engagement de service. La sentence épiscopale était conforme à la loi, portée par le roi Sébastien de Portugal, touchant la liberté des japonais, et après Martinez l'évêque Cerqueira demanda à Philippe III qu'elle fût publiée à nouveau et exécutée. Rien que la présence des marchands portugais créait des obstacles à la foi : on pouvait encore y obvier. Mais alors déjà les castillans pénétraient, comme ambassadeurs du vice-roi des Philippines, pour répondre, disaient-ils, aux avances faites par les japonais.

2. Le 25 mars 1597, un mois et demi après le glorieux triomphe des martyrs du Japon, Rodrigue Mendez de Figueiredo faisait voile de Nagasaki vers les Philippines,

---

(1) Consultation du 4 sept. 1598. Pagès, tome II, p. 71.

conduisant avec lui les cinq franciscains qui avaient échappé à l'arrestation ; l'un d'eux, Jérôme de Jésus, eût aussi désiré la palme du martyre, lui-même nous l'apprendra ; mais sur l'ordre de son supérieur, il s'était caché. Une révélation ou un songe (1) lui fit, dit-on, connaître les desseins de Dieu : il vit S. François conduisant ses enfants au crucifiement ; or, comme Jérôme lui aussi aspirait à monter sur une croix, le saint arrêta les bourreaux en leur disant : « J'ai besoin de celui-ci pour la chrétienté ». Jérôme de Jésus eut foi dans sa mission, et c'était une foi agissante, que la vision ou les intentions pouvaient excuser.

Valignani écrivait l'année suivante (2) que le zélé franciscain était rentré au Japon le 5 août avec le Père Gomez ; son compagnon avait été arrêté : pour lui, déguisé en japonais, il avait échappé aux recherches. Quatre mois après son débarquement, survint un message de Daïfu Sama, successeur du tyran, ordonnant de l'amener en sa présence : « Quand je vis interceptés tous les moyens de fuir, écrivait le P. Jérôme à ses confrères de Manille (3), je crus l'heure venue de m'acheminer vers la mort de la croix et de sortir par cette voie des épreuves de la vie. On me conduisit donc devant le prince. Il me demanda comment j'avais échappé à la persécution précédente. Je lui répondis que Dieu m'avait délivré pour que je pusse aller à Manille et en ramener de nouveaux confrères, et que j'étais rentré pour encourager les chrétiens, tout en conservant le désir de mourir en croix, afin de jouir de la gloire éternelle. L'empereur sourit, et me regardant avec bienveillance : « Ne craignez pas, me dit-il ; ne vous cachez plus et ne changez plus d'habit ; car je vous veux du bien, et désire vivement voir les castillans

---

(1) Marcellino da Civezza, *op. cit.* p. 1016.
(2) 16 oct. 1598. *Epist. Jap. msc.* 1590-99, 5 et 20 oct. 1599.
(3) Pagès, t. II, p. 2.

visiter mes ports du Kwanto et faire le commerce avec mes sujets ». Je lui fis comprendre, ajoute le franciscain, qu'il serait nécessaire de faire sonder les ports, afin d'éviter l'accident, qui avait perdu le San-Felipe. Il approuva mon conseil. A cet effet il envoie au Gouverneur des Philippines un gentilhomme de Sakaï, porteur du présent message.... C'est un dessein de la Providence, que je vous prie de favoriser, afin que nous rentrions en possession du couvent de Miyako. L'empereur m'invite à l'accompagner, pour visiter les ports qu'il promet de nous ouvrir et pour faire choix d'une maison ».

En vérité, on l'avait prévu, certains franciscains de Manille ne se laissaient arrêter ni par les volontés de Philippe II ni par les décrets de Grégoire XIII ; le désir de donner son sang pour la gloire du Christ crucifié l'emportait chez le Père Jérôme de Jésus sur toutes les considérations de la prudence chrétienne.

3. Des lettres de l'évêque Louis de Cerqueira nous extrayons quelques détails, qui nous montrent le zélé franciscain sous un aspect peu favorable ; il était visionnaire : « Nous rentrerons au Japon, avait-il dit, quand le roi et le Pape et Dieu ne le voudraient pas ». Son esprit exalté lui faisait dire des choses qui tenaient de la folie : ses emportements contre les missionnaires jésuites dépassaient toute mesure : il les accusait de ne pas prêcher la croix et le Christ crucifié. Contre ces déplorables excès ses supérieurs étaient impuissants : l'évêque de Manille lui avait retiré la permission de prêcher (1). Arrivé à Miyako, il publia, sans approbation de l'Ordinaire, une *Doctrine chrétienne*, établit la fête de S. François comme fête de précepte et fit vénérer sur les

---

(1) Cerqueira. 20 nov. 1604. *Epist. Jap. msc.* 1600-10.

autels les reliques de ses frères, martyrisés deux ans auparavant (1) ; par des récits de miracles controuvés, il risquait d'ébranler chez les néophytes la foi aux miracles de l'Évangile. Louis de Cerqueira s'en plaignait dans une lettre au Pape (2) ; mais dans un *Postscriptum* il remerciait le Seigneur d'avoir appelé à lui le fougueux missionnaire » (3). Il reste cependant, ajoutait-il, deux de ses compagnons, qui ignorent absolument la langue ; et sans aucun doute, il en viendra d'autres des Philippines ».

Il suffit de lire la lettre de Cerqueira au P. Bermeo, commissaire de l'Ordre de St François au Japon (4), pour se convaincre que si l'évêque se montrait opposé à la venue des franciscains des Philippines, c'était par obéissance au Saint-Siège. Trois ans après l'arrivée du Père Jérôme, Clément VIII permit enfin (5) aux religieux franciscains, dominicains et augustins, l'accès de la mission, mais à la condition expresse qu'ils ne vinssent ni de Manille, ni du Mexique, ni des autres pays relevant de la couronne d'Espagne ; le roi Philippe II avait insisté sur ce point. Il leur était permis d'aborder sous pavillon portugais par la voie Lisbonne-Goa-Macao. Encore était-il requis que l'archevêque de Goa, dont l'évêque du Japon était suffragant, les approuvât et leur assignât la partie de la mission, confiée à leur zèle ; arrivés au Japon, ils étaient soumis à l'évêque. Ces stipulations étaient très opportunes, irréprochables au point de vue politique, qui préoccupait Philippe II ; elles

---

(1) Cerqueira au recteur de Manille. Chiji 28 fév. 1600. *Epist. Episc. Jap. msc.*

(2) 5 oct. 1601. *Ib.*

(3) Le 28 sept. d'après Valignani [lettre 24 oct. 1601] ; le 6 oct. d'après *Ann. min.* 1601. n. 81.

(4) Nagasaki 19 oct. 1603. Elle fut publiée par L. Pagès en 1821, telle qu'elle se trouve aux archives de l'Espagne. *Annexes, l. cit.*, p. 33-41. Les historiens ne doivent pas l'ignorer.

(5) *Onerosa pastoralis*, 12 déc. 1600. *Synopsis* citée, p. 215.

étaient très sages au point de vue des intérêts religieux, qui préoccupaient le chef de l'Église. Mais si le Pape levait enfin les obstacles qui arrêtaient les grands ordres religieux dans leur désir de coopérer à la conversion des japonais, la réserve qu'il ajoutait, et qui visait à exclure les religieux fixés aux îles Philippines, rencontra une résistance, que l'on voudrait pouvoir excuser par la bonne foi, mais qui ne laissa pas d'avoir de regrettables suites.

La lettre de Cerqueira était conçue dans un esprit de grande modération et d'une charité toute chrétienne. Au P. Bermeo (1) l'évêque exprimait le souhait que sa venue au Japon fût heureuse et utile à la plus grande gloire de Dieu : « Je me réjouis, disait-il, d'apprendre les bons désirs de Votre Révérence et ses bonnes intentions de garder l'union, la charité et la conformité avec les Pères de la Compagnie de Jésus. Nos Pères de Manille m'ont fait connaître les éminentes qualités de votre Révérence et les excellents rapports qu'elle a toujours conservés avec eux... Je ne crains pas pour ma part d'affirmer qu'aucun autre ne se serait conduit avec plus de douceur, de modération et d'égards envers vos religieux que je ne l'ai fait jusqu'ici, mais je ne fais que mon devoir et ce que je ne puis en conscience omettre de faire... Pour le bien de la paix, tout en refusant la juridiction, je dissimule, laissant les religieux s'accommoder avec leur conscience ».

Comme il ne pouvait être question en pays de mission d'employer les moyens de coercition, auxquels l'autorité ecclésiastique avait recours ailleurs, l'évêque devait se contenter de protester ; par charité, il continuera de dissimuler.

---

(1) D'après Melchiorri [*Ann. Minorum*, 1603, n. I] son compagnon était le Bx Louis Sotelo.

4. « Cette année-ci, écrivait en 1602 Valignani, il est arrivé des Philippines 20 religieux de divers ordres. Daïfu Sama en est très mécontent : nous craignons une nouvelle persécution ». « Les religieux de S. Dominique sont au royaume de Satzuma, à Koshiki. Ils reconnaissent l'évêque, et en attendant un bref, ils apprennent la langue (1).

« Ils ont été mal inspirés de venir là, écrivait aussi Cerqueira, car le seigneur ou Yakata de Satzuma (c'était Shimazu) est l'ennemi de l'empereur ; et nous courrons de grands dangers, si Daïfu Sama vient à savoir que les espagnols de Manille engagent au profit d'un autre seigneur des relations de commerce dans cette province. Si le *Yakata*, païen des plus opiniâtres, demande des religieux aux Luçons, ce n'est que par intérêt, pour attirer les navires de leurs nationaux ». « Les augustins sont venus, avec des lettres du gouverneur des Philippines, sur le territoire de Kato (Higo) ; après plusieurs jours d'inquiétude, ils se sont vus rejetés par ce seigneur, persécuteur des chrétiens, et se sont rendus à Usuki, dont le gouverneur est aussi grand ennemi de notre sainte religion ». « Les franciscains sont venus au nombre de huit, se fondant sur les promesses du frère Jérôme ; mais ils n'ont reçu aucune faveur de Daïfu Sama, et ils sont fort désappointés : au Kwanto ils ont une espèce de chaumière, et l'on dit qu'ils attendent des navires des Luçons » (2). « Tout cela, ajoutait Valignani, constitue de grands dangers pour la mission. Il est vrai, nous ne suffisons pas ; mais nous voyons de nos yeux que ces religieux des Philippines ne peuvent que nuire, témoin la persécution de 1597. Il y a des chrétiens qui perdent la foi et même qui apostasient ; mais la raison en est la dureté et la puissance absolue de

---

(1) 24 déc. 1602. [*Epist. Jap. msc.* 1600-10] ; 24 oct. 1602, au vice-provincial, S. J. à Manille. *Ib.* Voir *L'Année dominicaine*, 1893, juin. p. 3.
(2) Cerqueira, 22 oct. 1602. Pagès II, p. 21.

leurs seigneurs, qui les persécutent et leur confisquent leurs biens, et non pas l'abandon où l'on nous accuse de les laisser ».

L'évêque (1) regrettait aussi qu'en une seule année, malgré les prohibitions, (on n'avait pas encore reçu le bref de Clément VIII), il fût venu des Philippines 8 franciscains, 5 dominicains (2) et 3 augustins. « L'empereur décédé, ajoute-t-il, avait cependant fait savoir qu'il ne voulait plus ces religieux, et son successeur est, lui aussi, hostile à notre sainte foi. Parmi les persécutions locales et l'exil de tant de chrétiens du Higo leur arrivée est fort inopportune ».

Le bref de Clément VIII accordait l'accès des ordres mendiants, mais par la voie portugaise, et « lorsqu'il serait nécessaire de recourir à eux » (3) : Qui, mieux que l'évêque, pouvait et devait juger de la nécessité de les appeler au secours ? « A cet égard, écrivait-il (4), la raison commande qu'on s'en rapporte à ceux qui sont à pied-d'œuvre et dont la conscience porte charge d'âmes ; or, je déclare que leur venue à cette heure est funeste. »

Pour ne pas multiplier les citations sur ces regrettables dissentiments, ajoutons que leur droit parut si peu assuré aux religieux des Philippines et leur conscience s'y trouva tellement intéressée, qu'ils sollicitèrent un bref, coupant court à toutes discussions, et ils obtinrent enfin en 1608 (5) le droit qu'ils s'arrogeaient depuis quinze ans. Ce bref confirmait la validité des deux brefs précédents et justifiait abondamment l'opposition faite jusqu'alors par l'évêque.

---

(1) 1 janv. 1603. *Epist. Episc. msc.*
(2) Les Pères François de Moralez, Alphonse de Mena, Thomas du S. Esprit, Thomas Fernandez et un frère Jean de la Abadia. Les trois premiers seront martyrs. Le daïmyo les vénérait, dit une lettre du 10 mars 1608 [*Année dominicaine* citée plus haut] comme des *Shaninofin* [?] contempteurs du monde.
(3) *Cum necessitas postulaverit.*
(4) Lettre du 22 octobre 1602. Pagès, II, 23.
(5) *Sedis apostolicae providentia*, 11 janv. 1608. *Synopsis citée*, p. 245.

Copie authentique n'en arriva que bien plus tard dans la mission même. En mars 1612 (1) Cerqueira annonçait que les vaisseaux, arrivés par la mousson de juillet, lui avaient apporté le bref « arraché par les religieux au Roi, à l'intervention du conseil des Indes de Castille ». «Je m'abandonne, ajoutait-il, à la Providence et à ses desseins sur nous. Ne tardez pas de négocier la nomination d'un coadjuteur avec droit de succession, de peur que dans l'éventualité de mon décès l'Église ne demeure longtemps sans pasteur. Je suis heureux, ajoutait-il, des bonnes nouvelles que vous me donnez sur ce prêtre japonais Antoine (2) : il sera le bienvenu. Il faut pourvoir en effet à ce qu'il y ait un clergé séculier ; au cas où il faudrait choisir un vicaire capitulaire, c'est aux prêtres séculiers que reviendrait ce choix, encore qu'il soit impossible de le choisir parmi eux ».

De son côté le supérieur des missionnaires jésuites écrivait à Rome : « Quoique certaine clause rende le bref subreptice, nous l'acceptons sur l'ordre de votre Paternité : la raison le demande, et d'ailleurs le travail nous accable ; et toutefois je tiens pour certain que l'arrivée de beaucoup de religieux de Manille sera funeste (3).

Plût à Dieu que les religieux des quatre ordres eussent du moins vaqué à la grande œuvre de la conversion du Japon dans une commune entente et sous l'autorité du seul évêque constitué, avec toute la prudence que requérait une situation essentiellement instable ! Mais on pouvait se défendre d'une pareille illusion en voyant comment certains d'entre eux se montraient antipathiques aux portugais et dévoués aux intérêts commerciaux des castillans.

D'une part, comme nous l'a appris le frère Jérôme, Daïfu Sama désirait nouer des relations avec les Philippines : ce

---

(1) Nagasaki, au Général S. J *Epist. Jap. msc.* 1611-19.
(2) Ant. Araki, élevé et ordonné à Rome [Bartoli IV, 16 et 34].
(3) Valentin Carvalho. Nagasaki, 26 oct. 1612. *Epist. Jap. msc.* 1611-19.

qui n'étonne pas si l'on se souvient de ses prétentions de conquérant (1) ; d'autre part le gouverneur de Satzuma accueillait des offres commerciales de la part du gouverneur des Philippines et celui-ci faisait des démarches analogues auprès du daïmyo du Higo. La susceptibilité jalouse de l'empereur devait s'en offenser.

Un franciscain (2) lui promit de faire aborder tous les ans un vaisseau castillan à ses ports du Kwanto : en retour, il obtint la faculté de se fixer à Yedo. Cependant, les pilotes castillans, trouvant ces ports d'un accès difficile et dangereux, préféraient aborder aux ports voisins ; c'est ainsi qu'il en arriva plusieurs au Kinokuni. Daïfu Sama se crut joué et s'irrita. Pour l'apaiser on lui offrit de laisser remorquer les vaisseaux jusqu'aux ports du Kwanto par des barques japonaises ; mais quelques anglais, qui séjournaient à Yedo avec William Adams, prétendirent que c'était là une plaisanterie ; ils se firent forts d'y amener les vaisseaux sans aucun secours de ce genre. Les castillans furent assez fiers pour refuser ce parti : « On m'a donc trompé et on me trompe encore, dit le souverain ; mais je suis le maître absolu et je puis mettre la main sur tout ce qui entre dans les ports du Japon. »

Recevant un jour la visite de quelques castillans, religieux et autres, Daïfu Sama leur demanda, avec plus d'irritation que de malice, combien de vaisseaux ils avaient fait venir des Philippines. L'un d'entre eux répondit qu'il en était venu plusieurs, mais qu'ils étaient affrétés pour les Moluques et chargés de munitions de guerre. Cette réponse inconsidérée confirma le souverain dans ses préventions : « Ce n'est pas l'or et l'argent qui les attire », reprit-il, et il donna ordre au gouverneur du Kinokuni de faire embarquer aussitôt tous les castillans, sans exception. Comme les religieux

---

(1) Livre I, § 5. p. 24. Voir Steichen, op. cit. p. 301-303.
(2) *Tre lettere* 1603-05, p. 146-150.

de Yedo relevaient du couvent de Miyako, il manda le gouverneur de la capitale ; et celui-ci, faisant preuve de zèle, fit entourer ce couvent de gardes : c'était l'indice d'un bannissement imminent. Les bonzes s'en réjouirent et voulurent fermer aussi l'église des jésuites dans la ville haute, parce qu'elle n'avait pas été autorisée. Daïfu Sama ne le permit pas : il se montra bon prince et laissa Miyako en paix (1) ; les trois églises demeurèrent ouvertes ; mais les franciscains jugèrent prudent de se vêtir à la japonaise et de ne donner aucun prétexte à l'irritation des bonzes.

5. Il y avait, comme on l'a entendu, en 1605 une petite colonie anglaise à Yedo ; plusieurs années auparavant Valignani avait signalé la présence de ces nouveaux explorateurs. Nous croyons intéressant de publier les premières informations japonaises sur leur arrivée dans la belle mission. Elles datent de l'année 1600 et nous montrent combien les missionnaires redoutaient les navigateurs anglais et hollandais, ennemis de l'Église de Jésus-Christ.

« Je ne sais, écrivait Valignani (2), ce que nous veulent ces anglais, qui nous importunent ici : il semble qu'ils veuillent envahir les ports dans tout l'Orient ; car voilà deux ans que 3 ou 4 de leurs vaisseaux vinrent aux Moluques et à Tidori, et cette année-ci dix autres vinrent à la Sonde ; d'autres abordèrent à Dachem, (Acheen, Sumatra) où, selon les ordres du capitaine de Malaca, ils furent mal reçus ; à

---

(1) *Ib* . p. 149-150.

(2) Nagasaki, 20 oct. 1600. [*Epist. Jap. msc.* 1600-10.] Les archives anglaises mentionnent les capitaines Jackman et Pet., chargés en 1580 d'aller au Japon, où ils trouveront des chrétiens, jésuites de plusieurs pays, et peut-être quelques anglais, qui pourront les informer. « Daigne Dieu favoriser leurs tentatives, tenant à sa gloire et à l'honneur de son royaume.» Amen. [*Calendar of State papers. Colonial East.-Indias* 1513-1616. p. 147]. Elles mentionnent nombre de documents, complétant Hakluit l'historiographe de la Compagnie des Indes orientales, et concernant le Japon [1602-04-12-16 ; nn. 150, 303, 336, 338, 616, 668, 694, 820-5, 1158, 1180.]

la onde ils s'achetèrent et chargèrent une grande quantité de piments et de clous de girofle, et s'en retournèrent au pays. Ces courses font peur aux Indes. Cette année-ci, un vaisseau anglais ou hollandais vint jusqu'au Japon, et il se rompit sur les côtes du Bungo : Daïfu Sama le confisqua et le fit conduire à Sakaï, d'où il l'envoya vers ses royaumes du Kwanto avec toute l'artillerie et les marins. Nous ne savons pas jusqu'à présent ce qu'il en a fait ou veut faire. Mais nous soupçonnons qu'il l'envoie là avec l'intention de le mettre en bon état et de l'expédier vers le Nouveau-royaume (Mexique) conformément aux promesses que lui fit le frère Jérôme. Cependant comme celui-ci n'est pas rentré cette année au Japon et que son ambassade ne reçut pas bon accueil à Manille, comme d'ailleurs la révolte des gouverneurs oblige Daïfu Sama à commencer la guerre ici-même, nous ne savons ce qui adviendra des vaisseaux et de son équipage. En attendant, je crains que les Japonais ne commencent à se servir d'artillerie et n'en fassent un usage bien funeste. Voilà les détails que nous donne le Père Jean Rodriguez, qui réside au Bongo. »

« Le voyage du vaisseau a duré 22 mois et a coûté la vie à plus de cent hommes ; il n'en reste que 24 ou 25. Le Père Morejon qui a causé avec eux à Osaka, m'écrit : « Je suis allé les voir dans la maison qu'ils occupent, et vous rapporte ce que j'ai pu comprendre ; leur pilote (1) est un anglais d'une quarantaine d'années, fort entendu en mathématiques et en pilotage. Ils viennent de Hollande et Zélande, envoyés par les États confédérés et par le prince d'Orange, Guillaume de Nassau. Les États ont décidé de chercher un passage vers la Chine, le Japon et les Moluques par le

---

(1) Il se nommait Adams. Sur Adams, Pagès donne d'intéressants détails, 1re partie, p. 33 etc. Tome II, pp. 109, 110, 161, 168, 216-221, divers documents tirés de Purchas et de Rundall. Il mourut au Japon en 1620.

82 PERSÉCUTION GÉNÉRALE DE 1614. CAUSES ET DÉBUTS.

Nord-Est (1) ; à cet effet en 1593 et les deux années suivantes ils envoyèrent quelques vaisseaux qui arrivèrent jusqu'au 82ᵉ degré ; mais la rigueur du froid les empêcha de poursuivre leur exploration. Sans faute, dit le pilote, ils persévéreront dans leur dessein, parce qu'ils veulent ce commerce de drogues avec la Chine. Les anglais, dit-il, poursuivent le même projet et prétendent découvrir une voie plus courte par le Nord-Ouest (2) ; ils rencontrèrent les mêmes obstacles et ne purent passer plus loin. Ce pilote possède une mappemonde, très bien gravée, où le Japon est représenté bien distinctement avec les noms des royaumes ou villes de Bungo, Tossa, Meaco, Fitaché, Kigo, etc. Il savait par nos *lettres annuelles* que le peuple japonais est un bon peuple et que nos Pères y faisaient beaucoup de chrétiens. Il ajoute que les États de Hollande, voyant l'insuccès des premières explorations, formèrent une autre flotte, dont cinq vaisseaux allèrent par le détroit de Magalhâes, et dix par le cap de Bonne-Espérance. Votre Paternité comprend les embarras que nous créeront ces marchands, s'ils continuent leurs expéditions : Que Dieu nous aide ! car je vois que le monde nous jette dans de grands dangers ! » (3)

---

(1) « Por riba de Biarmia e de Fin de Marca ». [détroit de Bering].

(2) « Isla de Gotlandia, terra de Labrador ». Cfr. les documents du *Record Office* indiqués plus haut.

(3) D'après les relations anglaises Adams arriva avec 6 hommes le 16 avril 1600 et subit bien des avanies ; un moment il craignit d'être mis en croix (*) avec ses compagnons ; comme hérétique, il ne pouvait pas s'attendre à être mieux traité que les catholiques ni à être favorisé par les missionnaires espagnols ; mais il prit le parti d'exciter le monarque contre eux et il se rendit très favorable. En 1613, comme le vaisseau de Richard Cocks arborait selon l'usage le pavillon national, ordre fut donné d'en ôter la croix ; le capitaine fit agir Adams pour justifier et maintenir l'usage. Cocks raconte un fait attesté par nos relations : un franciscain, pour confondre Adams et les hollandais et prouver la fausseté de leur culte, annonça qu'il renouvellerait le miracle de S. Pierre marchant sur les eaux ; des multitudes accoururent à Yedo pour être témoins du miracle. Ce fut une tentative téméraire, dit Cocks (**), et ce fut un scandale que les supérieurs ne laissèrent pas impuni : sauvé de la mort, le présomptueux religieux fut renvoyé à Manille et puni par l'évêque.

(*) T. c. nᵒˢ 545, 698, 813.
(**) Décembre 1614, t. c. p. 352.

Ce n'est pas le lieu de faire l'histoire des États confédérés de Hollande, qui joueront un si triste rôle dans l'œuvre de la civilisation de Japon. Ces États, malheureusement soustraits par la révolte religieuse du XVIe siècle à l'unité chrétienne et catholique et à l'autorité de leur souverain légitime Philippe II d'Espagne, s'élevèrent à une grande prospérité commerciale et devinrent un moment la première puissance maritime du monde. Les commencements furent modestes : en 1594 sous l'inspiration de Plancius, J. Huyghen, Linschooten et Balthazar de Moucheron, ils équipèrent quatre vaisseaux pour découvrir par le nord la route la plus courte des Indes ; ils ne réussirent pas, non plus que les deux années suivantes : l'hivernage de la Nouvelle-Zemble, auquel Valignani fait allusion, a été raconté par Tollens, et forme une page bien connue de la littérature néerlandaise. Ils réussirent mieux par le cap de Bonne-Espérance ; en 1595, le voyage prit 446 jours, en 1598 il ne prit que la moitié de ce temps. Les efforts isolés et les concurrences se réunirent sous la devise *L'Union fait la force* (1) et en 1602, fût constituée la célèbre Compagnie des Indes orientales (V. O. C., *Vereenigde Oost-Indie Compagnie*) toujours en lutte et souvent victorieuse contre l'Espagne et plus tard contre l'Angleterre, jalouse de son monopole. En 1610, patronnée par le gouvernement et soumise au *Conseil des Indes*, elle conquit successivement sur le Portugal Amboine, l'île de Formose, Ceylan, Malaca et exerça contre le commerce de Goa et de Macao une lutte de corsaire, bien funeste aussi à la mission.

« En vérité, écrivait le Supérieur (2) en 1602, nous pouvons appeler cette chrétienté l'enfant de nos douleurs,

---

(1) *Eendracht maakt macht*. Les flamands disaient : *is* ou *heeft macht*. Voir : *La Belgique sous la domination française*. Louvain 1895, t. I., p. 227, n° 18.

(2) Pasio, Nagasaki, 1 déc. 1602 et 3 oct. 1603 : *Epist. Jap. msc.*, 1600-10.

filius doloris. Voici trois ans que les vaisseaux qui devaient nous apporter d'Europe les subsides et secours indispensables, nous ont fait défaut : les uns ont fait naufrage, les autres ont été saisis par les corsaires hollandais ou anglais. Et nous avons un personnel de 900 Pères, frères, catéchistes ou élèves à entretenir. Quel crève-cœur de congédier nos étudiants et de les rendre à leurs familles ! Ils nous supplient de les garder : ils s'offrent à jeûner toute l'année, à nous rendre les humbles services des domestiques. Depuis 4 ans, tout subside du Souverain Pontife nous fait défaut. » (1)

---

(1) Et dans ces circonstances, qui se présentèrent périodiquement, aux Philippines l'esprit de rivalité qui animait les castillans contre les jésuites portugais, leur faisait porter contre les missionnaires des accusations indiscrètes. Elles se perpétueront et formeront contre la Compagnie de Jésus une calomnie, aussi odieuse qu'injuste (*). C'est le lieu de l'examiner.

Les constitutions de S. Ignace permettent, on le sait, aux collèges de la Compagnie de posséder des biens-fonds et des revenus pour l'entretien des étudiants et professeurs de l'Ordre. A défaut de fondations, le Saint-Siège autorisa les jésuites du Japon à faire valoir les subsides de Rome ou de Lisbonne, en achetant à Macao la soie de Chine et en la revendant par intermédiaires à Nagasaki. Le Père Jean Rodriguez, après lui le P. Vieira et en 1611 le Bienheureux Charles Spinola étaient préposés à cette procure. Nous n'en disconviendrons pas : l'achat et la vente des soies de Chine procuraient des bénéfices notables. Le Père Rodriguez, chargé de pourvoir à d'immenses besoins, eut la réputation d'être habile, au point que le Taïko [Hideyoshi] le pria et le força de négocier pour lui (**) ; le Bx Charles Spinola regretta qu'on eût poussé un moment la condescendance jusque là. Valignani s'en préoccupa : il ne suffisait pas en effet de constituer deux, trois collèges, un ou deux séminaires, deux maisons de noviciat et d'attendre, comme des oiseaux qui se tiendraient sur leur branche, que du ciel tombât la nourriture de ce personnel. Voici comment il exposa la situation. (***)

« Le roi de Portugal Sébastien avait fondé un revenu perpétuel de 1000 ducats d'or (****) ; ce n'est que difficilement et avec un retard de plusieurs années que cette rente nous est servie de Malaca ; de plus à Goa, sur les espèces servies, on fait une perte de 30 pour cent : ce qui réduit les 1000 ducats à 700. Même perte sur un revenu analogue, fondé sur une propriété du collège de Bazaïm [Indes].

« Le Pape Grégoire XIII attribua aux collèges et séminaires de la mission une rente de 4000 ducats, et Sixte-Quint en ajouta 2000. Ces 6000 ducats ne furent payés qu'une seule fois. Grégoire XIV fit cepen-

(*) Durr, S. J., *Jesuiten-fabeln*. Voir aussi Charlevoix. Ouvrage cité, l. X, t. IV, p. 337.
(**) Cerqueira, 23 mars 1603, au P. Aquaviva. [*Epist. Episc. msc.*] Ch. Spinola. juillet 1612, 21 mars 1613. [*Epist. Sin. et Jap. msc.* 1611-19, et 1611-18].
(***) *Catal. Jap. et Sin. vice-prov. msc.* janvier 1603.
(****) Les ducats d'or du Portugal, de Rome et de l'Espagne valaient de dix à douze francs.

Les explorations entreprises par la Compagnie des Indes orientales constituaient pour la chrétienté du Japon un danger bien plus grave que la présence des religieux des

---

dant payer les arriérés de la fondation de Grégoire XIII. Clément VIII supprima cette fondation pendant quatre ans, et en 1602, il la réduisit à 4000 ducats d'Espagne.

« Si vous considérez les pertes que nous font subir partout les naufrages, vous comprendrez que nous ne recueillions qu'une petite partie de ces revenus. Cette considération fit solliciter du Saint-Père l'autorisation de recourir à des amis, qui de cet argent, absolument insuffisant pour l'entretien de nos collèges et séminaires, achètent la soie de Chine à Macao et la revendent au Japon. C'est là notre revenu le plus assuré, et il est bien insuffisant; il nous faudrait 1200 ducats par an. Il y a quatre ans, le vaisseau fit naufrage, et cette année-ci deux vaisseaux de pirates hollandais ont, dans le port même de Macao, confisqué les marchandises déjà chargées sur le vaisseau portugais; ce qui entraîne pour nous seuls une perte de 22000 ducats (*). Nous avions fait au reste une grande perte par la mort de notre principal bienfaiteur, l'amiral Augustin. Il a donc fallu réduire les dépenses, diminuer le personnel et appeler à notre aide quelques seigneurs chrétiens ».

En temps de persécution, le nombre et les ressources de ces bienfaiteurs allaient diminuant : il fallut emprunter ; or, au Japon l'intérêt d'emprunt s'élevait à 20 ou 30 p. cent. La situation était peu enviable. Entendons le témoignage de cet admirable Charles Spinola, que nous verrons immolé pour le nom de Jésus-Christ après vingt années de travaux et souffrances. Après avoir été six ans missionnaire à Miyako, il avait été nommé procureur de la mission ; en 1613, il demandait pour la seconde fois au Général de l'Ordre d'être délivré de cette charge, si distrayante et si pénible à son zèle : « Elle est moins lourde, écrivait-il, depuis que Votre Paternité a défendu de faire valoir l'argent de nos amis, japonais ou portugais : ce qui nous exposait à bien des ennuis, à des plaintes et à un travail considérable, sans aucun profit et souvent avec perte notable de nos revenus. J'avais écrit plusieurs fois à ce sujet ; le résultat a été qu'il nous reste beaucoup de dettes ». Le saint ne fut pas exaucé, et cinq ans plus tard (**) il annonçait lui-même le noble motif que le faisait se dévouer à la procure du Japon : « Les années précédentes, je demandai avec beaucoup d'instances d'être déchargé de cet office de procureur, à cause des grandes préoccupations bien plus qu'à cause des travaux qu'il comporte ; cependant je me suis offert au P. Visiteur pour rester en charge jusqu'à ce qu'il puisse me nommer un successeur qui s'acquitte bien de la procure. Je désirais achever de payer nos dettes et laisser un capital, dont les revenus suffisent à maintenir l'unique collège qui nous reste [Macao] et nos missionnaires dispersés, et j'espère en Notre Seigneur qu'en peu d'années, s'il me prête vie, j'y parviendrai ; d'ailleurs, avec cet office de procureur, j'ai le temps d'entendre les confessions des japonais et de cultiver une bonne partie de cette chrétienté de Nagasaki. Je demanderai aussi à Votre Paternité qu'elle veuille bien laisser dans sa charge le P. Georges de Gouvea, notre procureur à Lisbonne, parce que, grâce à son expérience et à son dévouement, il a fort bien traité nos affaires, payé les dettes que nous avions en Portugal, et qu'il nous aide tous les ans de généreuses aumônes. Je me rappelle d'ailleurs que le Père

(*) Voir lettre à Cecil, 16 août 1604 dans *Calendar. Colonial*, n° 338.
(**) Nagasaki, 6 oct. 1618.

Philippines. Nous avons dû constater de ce dernier chef quelques dissensions assez regrettables entre les missionnaires. Mais l'évêque Cerqueira mesura d'un seul coup d'œil les calamités qu'entraînera l'intrusion des hollandais. En 1609, il en prévint le roi d'Espagne (1) : « Ils se sont répandus dans les mers de cette extrémité du monde, et ils n'auront aucun repos avant d'avoir anéanti le commerce des portugais avec le Japon, et par une conséquence nécessaire la chrétienté de cet empire ». En vain essayera-t-on de les faire considérer comme des rebelles à l'autorité de leur roi, comme des corsaires pillant même les jonques chinoises et japonaises. Daïfu Sama et les daïmyo, qui ne s'intéressaient qu'au commerce, verront dans la faveur accordée à ces rebelles un moyen de soustraire leur commerce à la piraterie (2). « La protection des flottes espagnoles seule, ajoutait l'évêque, pourra maintenir notre œuvre contre les hollandais. »

Alexandre Valignani avait coutume de dire que les changements de procureur sont la ruine des provinces ». (*)

Le commerce et le négoce des jésuites au Japon, on le voit, sont une de ces accusations qui peuvent atteindre peut-être un membre isolé, mais qui ne sauraient atteindre l'Ordre. Assurément, les missionnaires menaient une rude vie et se contentaient de l'insuffisante nourriture du peuple japonais : on pourrait recueillir des témoignages de la pauvreté et de la misère où ils vivaient le plus souvent ; la sainte pauvreté des franciscains était le sort de bien des missionnaires jésuites. Mais tous les religieux sans exception durent, en faveur de leurs églises et de leurs missionnaires persécutés, chercher des ressources analogues à celles que procurait le Bx Charles Spinola. Aux calomnies répandues contre les jésuites on put en 1636 (**) opposer le témoignage de L. Martinez de Figueiredo et des marchands de Macao, attestant que le bref d'Urbain VIII (***), qui renouvelait les anciennes prescriptions canoniques au sujet du commerce, atteignait tous les Ordres religieux au Japon.

(*) Pagès, I. p. 460. Note sur les revenus S. J. du Japon en 1620 et les arriérés qui les réduisent à un tiers, suffisant pour 150 pères, frères, catéchistes, etc.
(**) Avril 1636. *Testimonia Macaensia* de ceteris religiosis idem negocium exercentibus.
(***) *Ex debito pastoralis*, 22 février 1633. *Synopsis* citée, p. 337.

(1) 10 oct. 1609. Publiée par Pagès, II, pp. 95-98 ; *ib.* Cerqueira les accuse d'avoir fabriqué une lettre de Maurice de Nassau à l'empereur. Cocks raconte [*Colonial*, 10 mars 1620, p. 557] leurs vantardises au sujet de « leur roi, le plus grand et le plus puissant des rois » et les railleries des anglais présents à ce discours devant le Shogun.

(2) Cfr. *Information* envoyée par le P. Valentin Carvalho à la cour de Madrid 1615, 8 février [Pagès, t. II, p. 164]. Le facteur de Hirado délivrait aux jonques une bannière aux armes de Hollande.

Hélas! le résultat sera bien différent. La grande puissance espagnole, dont les vastes colonies faisaient la richesse, ne se trouvera pas en état de protéger sa marine contre les flottes hollandaises et anglaises. Le Portugal ne sera pas même en état de venger les insultes faites à ses ambassadeurs. Seule, la Compagnie des Indes se maintiendra au Japon, après en avoir expulsé les marchands portugais, espagnols et anglais : au prix de quelle humiliation, nous le dirons plus loin.

L'anglais Adams eut l'art de s'insinuer dans les bonnes grâces de Daïfu Sama ; après avoir séjourné avec sept ou huit compagnons à Yedo, il obtint en 1609 pour son pays l'accès du port de Hirado ; les missionnaires, pour l'éloigner, lui offrirent le retour dans sa patrie ; il refusa leur offre, qu'il n'avait d'ailleurs aucun espoir de voir agréer par le Souverain ; ils essayèrent sans succès de le ramener à la foi de ses ancêtres (1). Quant à prêcher le « Pur Évangile » de Calvin, ni lui, ni les hollandais ne s'en préoccupaient. Les anglais promirent de ne point faire d'apostolat et de ne point baptiser ; de ce côté, la mission n'avait rien à redouter : le témoignage de l'apostolat et du martyre ne fut jamais l'apanage d'aucune secte protestante ; leur mobile n'était que celui d'une concurrence commerciale, animée par la haine de l'Espagne et de la vraie Église de Jésus Christ : les anglais engageront les japonais à s'emparer de Manille ; ils ne renieront pas le Christ, mais se diront chrétiens anglais et se vanteront d'avoir expulsé les jésuites de leurs pays (2).

L'hostilité sectaire aura une grande part de responsabilité dans la décadence des missions du Japon. La rupture de l'unité religieuse fut sans doute en Europe un grand malheur pour l'Église et pour la civilisation chrétienne ; elle le fut

---

(1) *Tre lettere annue* 1603-06. Milano Locarni 1609, p. 165.
(2) 1 janvier, Cocks, *Colonial* cité, 1617.

surtout dans l'extrême Orient, pour le peuple japonais, que ses grandes qualités prédisposaient si bien à être prochainement le héraut de l'Évangile.

6. Revenons à l'histoire de la mission.

Vers 1609, elle offre un déplorable incident. Le navire japonais du daïmyo Jean d'Arima hivernait en 1608 au port de Macao. Une rixe s'éleva entre l'équipage et les habitants de la ville, et il y eut des morts. André Pessoa, commandant du vaisseau de commerce portugais, fit reconnaître et signer aux japonais que leurs compagnons étaient seuls coupables (1) ; mais de retour dans leur pays, les japonais se démentirent et portèrent leurs plaintes à la cour de Surunga. L'empereur fut profondément irrité : il donna ordre de saisir le vaisseau du capitaine portugais. Le daïmyo recourut au Père Pasio et à l'évêque afin qu'ils amenassent Pessoa à se rendre chez eux, jurant qu'il ne lui serait fait aucun mal. « Menteur, écrivait-on en 1612, Jean avait l'intention de le mettre à mort et de confisquer les marchandises ». Sa démarche ne réussit point (2). Tout japonais, ajoutait-on, a trois cœurs : il en a un qu'il ouvre à tout le monde, et un second qu'il ouvre à ses amis ; il tient le troisième fermé.

Au commencement de janvier 1610, à son entrée à Nagasaki, le navire fut donc cerné, sur l'ordre du daïmyo, par des jonques montées par plus de douze cents japonais. Pessoa se défendit vaillamment, mais après trois jours de combat, ainsi que l'écrivait Cerqueira (3), la grande voile étant incendiée, il mit le feu aux poudres et fit sauter le vaisseau. Presque tout le chargement, de la valeur d'un million d'écus, fut englouti par la mer : quelques portugais, qui se sauvaient à la nage, furent massacrés.

---

(1) Pagès, I, p. 166.
(2) *Ordinationes pro Japonia*, msc. Arima, 25 fevr. 1612.
(3) Nagasaki, 5 mars 1610, au Pape. [*Epist. Episc. msc.*]

Jean d'Arima rendit compte au Souverain de l'exécution de ses ordres : ce lui fut un titre à la faveur impériale, et son fils Michel, chrétien comme lui, reçut en mariage une des petites-filles de Daïfu Sama.

Le scandale fut grand parmi les fidèles ; car le fils du daïmyo d'Arima répudiait sa femme légitime pour épouser une païenne. Les suites furent déplorables pour le père et pour le fils : Jean, poussé par l'ambition, voudra étendre ses États, et un chrétien, Paul Daïhachi, servira son ambition par des moyens illégitimes, qui lui attireront une sentence de mort ; quant au daïmyo Jean, il sera exilé et plus tard condamné à faire le *harakiri* : heureusement il aura fait pénitence, et fidèle à la foi, il refusera de se donner la mort ; il sera décapité. Son fils deviendra persécuteur des chrétiens dans cette belle province d'Arima, où la religion était si florissante.

Ces conséquences, l'évêque ne pouvait les prévoir ; mais, dans la relation qu'il envoya au Pape (1), il constate avec douleur et inquiétude qu'à cette occasion un religieux des Philippines, pour favoriser ses nationaux et flatter l'empereur, l'a engagé à rompre avec les portugais de Macao et à réserver le commerce aux castillans, qui serviraient mieux ses intérêts. « Quelle triste perspective, ajoute Cerqueira, pour notre nation qui depuis soixante ans a entretenu ici des relations de commerce ! Quel sombre avenir pour notre mission ! »

Il nommait ce religieux : « C'est un homme de peu de jugement, écrivait-il ; il a exhorté Daïfu Sama à affréter un vaisseau de commerce pour la Nouvelle-Espagne ».

Les documents inédits que nous avons sous la main amènent ici sur la scène de l'histoire vraie un religieux

---

(1) 6 mars 1610. *Epist. Episc. msc.*

franciscain, qui eut la gloire du martyre, et cette gloire efface devant le Juge souverain les fautes de la fragilité humaine. Mais l'histoire ne doit et ne peut dissimuler ces fautes, quand elles ont leur influence sur les événements qu'elle raconte.

Le Père Louis Sotelo, natif de Séville, aborda au Japon en 1603. A Miyako, « son zèle infatigable et les merveilleuses ressources de son industrie » (1) excitèrent l'admiration de son confrère Didace de S. François ; celui-ci regrette de ne pouvoir donner sa biographie complète, il n'en donne même aucun détail. Il faut cependant l'avouer, l'industrie de Sotelo en certains cas ne pouvait recevoir l'approbation ni de l'Évêque ni de ses supérieurs.

En 1609, Rodrigue de Vivero, ancien gouverneur des Philippines, s'étant embarqué pour le Mexique, fut jeté par la tempête sur les côtes du Japon. Reçu avec tous les honneurs dûs à son rang, il vit le prince héritier à Yedo, l'empereur à Surunga et se trouvait encore au Japon, quand survint le désastre du vaisseau de Pessoa. De Miyako, Vivero envoya le Père Sotelo à Surunga, afin d'entamer des négociations en faveur du commerce castillan ; il s'y rendit lui-même à cet effet et réussit assez bien, mais sans pouvoir obtenir l'exclusion des portugais et des hollandais (2). Un navire construit par l'anglais Adams le conduisit au Mexique ; Sotelo l'accompagnait.

L'année suivante, 13 juillet 1611, une ambassade espagnole, conduite par Nuño de Sotomayor et Sotelo, vint du Mexique, apportant de riches présents ; mais le faste et l'appareil militaire qu'elle déploya déplurent à Daïfu Sama.

Simultanément à peu près, se présentèrent à la cour une

---

(1) Victor Bernardin de Rouen, ouvr. cité. p. 388 ; il donne la relation du P. Didace.
(2) Pagès, I, pp. 175-178 ; 188-190.

ambassade portugaise et les envoyés de la Compagnie Orientale des Indes. Les trois nations obtinrent les mêmes conditions : le Souverain refusa seulement aux portugais les indemnités réclamées pour l'attaque livrée à leur vaisseau à Nagasaki (1).

Quant à Louis Sotelo, il continua de s'employer aux négociations commerciales du Mexique ; mais, en 1612, les premiers essais furent malheureux. Nous avons cité plus haut (2) une lettre de l'évêque, où il est fait mention du religieux franciscain ; une autre lettre nous renseigne simultanément sur un projet des marchands hollandais, et sur Louis Sotelo, en quête de nouvelles aventures. Cerqueira écrivait donc en novembre 1612 au roi Philippe III (3) :

« Il y a deux vaisseaux hollandais à Hirado. Les capitaines sont allés à la Cour ; ils veulent demander un renfort de soldats japonais (4) : ils ont, disent-ils, 6 ou 7 vaisseaux aux Moluques, deux au Japon et deux pataches en construction à Patane ; en y ajoutant les 13 vaisseaux partis de la Hollande, ils iront conquérir Manille et puis châtier Macao par le fer et le feu : « D'ici à un an et demi, disent-ils, des Moluques jusqu'ici, tout appartiendra ou à la Hollande ou à l'Espagne ». De plus ils élèvent à Hirado des bâtiments, où ils s'approvisionnent de froment, de riz, de biscuits, de poisson, viande et vin du Japon, dépensant des millions de taëls. On a prévenu de tout cela le capitaine-général de la flotte du sud, à présent à Macao, et le gouverneur des Philippines, afin de les mettre sur leur garde. Au moment

---

(1) *Ib.* p. 202-203.
(2) Livre II, p. 89.
(3) Nagasaki, 15 nov. 1612. *Epist. Sinae et Japoniae msc*, 1611-19. En grande partie publiée par Pagès, II, p. 102.
(4) Ils présentèrent de fausses lettres, sous le nom de Louis de Nassau, 11 novembre 1611. [Voir Pagès, *ib.*, p. 163.] Elles mettaient l'empereur en garde contre les prêtres qui hantent ses États pour en préparer la conquête et y semer des germes de révolution [texte *ib.* p. 93].

où j'écris, nous apprenons à Nagasaki que le roi, sur le fait de cette demande de renfort, aurait répondu : « Et voilà donc votre grande puissance, dont vous parlez toujours ? vous avez besoin de nous ? Vous paraît-il bon que je vous donne des troupes contre les rois mes amis ? Je vous préviens que vous avez à respecter les vaisseaux qui viennent faire ici le commerce. « Est-ce bien vrai ? continuait l'évêque ; les japonais excellent dans la dissimulation ».

« En octobre, j'écrivais à Votre Majesté au sujet de la persécution actuelle, et j'assignais comme cause immédiate l'irritation du roi contre deux seigneurs chrétiens (Jean d'Arima et Daïhachi). A présent on dit qu'il y a une autre cause, la raison d'État : un capitaine espagnol, venu l'an dernier de la Nouvelle-Espagne comme ambassadeur du vice-roi, vint prendre port au Kwanto, où le roi et le prince son fils tiennent leur Cour, le roi à Surunga, les fils à Yedo ; il était en compagnie d'un religieux franciscain des Philippines, nommé frère Louis Sotelo, prenait les profondeurs, sondait les ports. Et encore qu'il eût permission de le faire, cependant depuis lors, un certain anglais ou hollandais, qui a ses entrées à la Cour, fit comprendre au Souverain que c'était l'indice d'une attaque prochaine. Celui-ci dissimula pour le moment, mais il se confirma dans l'opinion que se formèrent les japonais en 1596, lorsqu'aborda le galion San-Felipe, que les missionnaires étaient les avant-coureurs de la conquête. De là, la défense qu'il a faite à tout noble de suivre la loi chrétienne. On s'explique ainsi que jusqu'ici on n'ait pas rendu aux franciscains l'église et le couvent qu'ils avaient à Yedo, qu'on les ait exilés ainsi que les dominicains, de Miyako et que le seigneur du royaume de Kinokuni les ait fait partir pour Nagasaki. Le commissaire des franciscains, frère Pierre Baptiste, et un religieux de S. Dominique ayant accompagné l'ambassadeur de Manille à la Cour, le roi sachant ce qu'ils venaient demander, ne les voulut pas recevoir et ne les laissa pas même entrer dans la forteresse où il réside.

« Un pilote anglais, qui est au Japon depuis quelques années et qui est très bien reçu du roi, homme très intelligent mais hérétique déclaré, lui montra sur une mappemonde les contrées d'où les religieux avaient été chassés. « Ce ne sera donc pas chose nouvelle, fit le roi, si je les chasse à mon tour ». Les hollandais (ce devaient être de fins puritains) ont dit aussi que les religieux ne prêchent pas l'Évangile, tel que le Christ l'a enseigné et légué au monde, mais qu'ils y ajoutent ce qui leur plaît.

« Ajoutez l'accident survenu au vaisseau de plus de 400 tonnes, que les castillans ont construit à Yedo pour le commerce des japonais avec la Nouvelle Espagne : les japonais y avaient dépensé plusieurs millions de taëls. Il partit du port d'Uraga aux premières vêpres de S. François (3 octobre) ; mais avant le matin il donna sur des roches et coula à fond ; la cargaison fut perdue ou fort endommagée ; trois japonais y perdirent la vie. Quant au frère Louis Sotelo, qui était sur le vaisseau, ses supérieurs, il y a quelques années déjà, avaient voulu le renvoyer à Manille, parce qu'ils n'approuvaient pas ses entreprises de commerce ; il faudra bien en venir là. C'est lui, dit-on, qui prétendait venir avec une mitre dans cette mission du Kwanto (1). Nous ne savons comment le roi a pris cet accident de navire ; mais certes il ne l'a pu prendre de bonne part : car il avait un gros intérêt dans l'expédition ».

L'évêque, on l'entend, prête à Louis Sotelo des visées ambitieuses. Dieu seul juge des intentions et les condamne ou les approuve. Toutefois si les entretiens ou les lettres du

---

(1) Pagès supprime cette dernière phrase [II, p. 105] et le laisse supposer en pointillant.

religieux démontraient qu'il rêvait de faire ériger un nouvel évêché au Japon, on excusera aussi l'évêque d'avoir signalé ce projet au roi d'Espagne, ou de lui avoir rappelé ce qu'il savait peut-être déjà ; ce projet était en effet bien extraordinaire et en ce moment peu réalisable. Un simple regard sur le martyrologe montrera qu'à l'époque où Sotelo demandait au Pape d'établir quatre évêques, choisis dans les quatre ordres religieux (1), les évêques n'auraient pas plus que les religieux pu échapper aux recherches ; alors déjà, comme l'écrira cinquante ans plus tard le dominicain Victorius Riccio (2), « le Japon avait tellement fermé ses portes qu'il était comme impossible que les ministres de Jésus-Christ y pussent entrer ».

D'autres lettres de Cerqueira nous feront connaître la situation en 1612, et les lettres de deux missionnaires italiens nous permettront de juger les desseins de Sotelo. Les deux missionnaires jésuites seront martyrs comme lui, et la sainte Église les honorera tous les trois sur nos autels ; car ils donneront au Christ le plus grand témoignage d'amour, celui de leur vie. Mais, avant de les considérer dans la gloire du martyre, il est permis et très avantageux à la piété chrétienne de voir les saints dans la réalité de leurs faiblesses. Un historien (3) récent « ne comprend pas, pourquoi Bartoli a voulu détrôner Louis Sotelo du piédestal de gloire, où l'a placé l'ordre franciscain ». Aujourd'hui que l'Église a reconnu son martyre, nous n'avons pas plus que Bartoli une semblable intention ; c'est son martyre et sa sainte mort

---

(1) Pagès, II, p. 152.
(2) Voir Arnauld, t. XXXIV, p. 622. Dans sa *Morale pratique*, il est avec les adversaires des jésuites sur la question du clergé indigène : il admettait aussi l'accusation réfutée par le P. Brou : « le péché des missionnaires ». La suite de cette histoire montrera, à tout lecteur capable de réfléchir, si des prêtres et des évêques japonais auraient pu sauver l'Église.
(3) L. Tasso da Fabriano. *Storia di 45 martiri giapponesi.* p. 272.

qui l'ont placé sur un trône de gloire. S'il a ambitionné une mitre, Dieu le lui a pardonné ; et qui oserait d'ailleurs le déclarer coupable ? Son intention était peut-être bonne et excusable par les illusions de l'amour propre : nous ferons effort pour l'excuser. D'autres imprudences, inspirées par son zèle, étaient désapprouvées, on le verra, par ses supérieurs : l'Ordre de S. François n'en fut pas responsable.

7. Toutes les lettres de Cerqueira depuis le mois de mars 1612 signalent la persécution, entrecoupée de quelques trèves (1). A la cour d'Yedo (2), on recherche les chrétiens : on inscrit sur les listes 14 nobles. On les dépouille de leurs biens, on défend de les accueillir, et comme Nagasaki est le refuge des persécutés, le gouverneur de ce port, Sahiôe (3), signifie la défense à l'Évêque. Ils partent pour l'exil avec leur famille, réduits à vivre de la charité. 600 à 700 autres fidèles, sujets de divers seigneurs de la cour, subissent la même peine.

Daïfu Sama et son fils se radoucissent cependant et laissent debout notre résidence de Miyako, ville basse ; les franciscains perdent celle de Yedo. Les dominicains sont chassés du royaume de Buzen (Kokura). Ailleurs encore quelques gouverneurs inquiètent les fidèles.

Cerqueira écrivait au Général de la Compagnie (4) : « Je trouve deux sujets de consolation : en premier lieu, la persécution n'est pas la conséquence de quelque faute de nos Pères et ne les empêche pas de poursuivre l'œuvre de l'Évangile. Alors même que dans la cour de Surunga le roi actuel persécutait et exilait les fidèles, d'autres japonais

---

(1) 1 mars, 1 juillet, 10 octobre, 15 novembre 1612, 5 octobre 1613. *Epist. Episc. msc.* Cfr. Bartoli, III, chap. 53-70.
(2) Pagès, I, pp. 239-242, Appendice du martyrologe, nos 15-22.
(3) Hagesawa Sahiôe, apostat [Steichen, 325].
(4) 10 oct. 1612. *Epist. Episc. msc.*

demandaient à être instruits et recevaient le baptême. La vérité est que la foi s'est déjà tellement répandue dans ces royaumes du Japon, que le démon ne pourra plus l'étouffer, à moins que Dieu dans ses jugements secrets ne lui en laisse le pouvoir : si ardent est le feu de l'Esprit Saint dans ces âmes ! En second lieu, le Seigneur a été grandement glorifié par la force et la constance de nos martyrs ; un petit nombre a faibli et donné des gages apparents de renonciation devant les juges ; le grand nombre a résisté, et beaucoup ont été privés de leurs biens, et envoyés en exil ; ils sont venus en Higo et à Nagasaki, ayant à peine des vêtements ; de ceux qui ont fléchi, beaucoup se sont déjà relevés et font pénitence publique. »

Ces premières persécutions ayant pris fin, l'évêque écrivait au roi Philippe III (1) : « Les deux mêmes princes continuent à régner et sont les maîtres absolus du Japon ; tout demeure dans la même paix dont nous avons joui constamment depuis qu'ils sont en possession de l'empire. La persécution s'est apaisée dans la région du Kami qui est la partie principale du pays : ainsi à Osaka et à Fushimi, cités impériales, les jésuites et les franciscains, à Sakaï, ville de commerce, et à Miyako les jésuites seuls continuent de vaquer en paix à leurs ministères, et la chrétienté s'y maintient avec le même fruit qu'avant la persécution. A Nagasaki, les quatre Ordres religieux et les prêtres indigènes travaillent sans obstacle. Les dominicains dans le Hizen, les augustins et les jésuites au Bungo, ces derniers au Fokoku, à Hiroshima, et dans les îles du Higo accomplissent en paix leurs ministères. A Surunga même le vieux souverain a cessé la persécution. Elle s'est accrue au Chikuzen et au Chikugo, où trois résidences de jésuites et en particulier celles de Hakata et

---

(1) Au Roi, 5 oct. 1613. Pagès, II, p. 106. Voir Murdoch, op. cit. p. 598.

Yanagawa ont été détruites. Le gouverneur de Nagasaki, ardent ennemi des chrétiens, nous laisse ici la paix ; mais il a allumé et excité la persécution sur les terres d'Arima. »

Ici, c'était le prince apostat Michel qui sévissait contre les fidèles ; il donna un édit de mort contre ceux qui s'inscriraient comme chrétiens. Ce fut le signal d'un concours extraordinaire ; les fidèles venaient par milliers se préparer joyeusement au martyre par la réception des sacrements. A Ariye, Shimabara, Takaku (1) et Kuchinotsu, les laboureurs ne se mettaient plus en peine d'ensemencer leurs champs : « C'était inutile, disaient-ils, ils allaient quitter ce monde et ne recueilleraient pas la moisson » ; les plus tièdes revenaient à la pratique de leur religion ; les femmes stimulaient l'ardeur. On recula devant ces démonstrations de foi, et l'on ne fit que peu d'exécutions. Damien Matzuyama avec sa femme et ses cinq enfants furent exilés et se construisirent une cabane à l'écart ; Jean Risai et Michel Isuki avec femme et enfants, d'autres familles considérables furent réduites à la même indigence : la charité chrétienne les aida : deux Pères japonais, Julien Nakaura et Louis Niabara, trois frères japonais et quatre catéchistes étaient chargés de les visiter.

A Ariye, 1500 chrétiens se firent inscrire. Ici, Michel, depuis quinze ans l'âme de douze congrégations et Mathieu son frère, ayant été les organisateurs de la résistance, furent décapités. A Arima, Léon Kita Kizayemon, Thomas Fiebioie, son frère Mathias, sa femme Marie et ses deux fils, Juste et Jacques, subirent la même peine. Le cruel apostat fit décapiter deux enfants de huit et de six ans, ses deux frères, nés du même père que lui. Enfin, le sept octobre 1613 le Seigneur donna à cette même église 8 glorieux martyrs,

---

(1) La presqu'île de Shimabara, d'après Steichen [p. 401] portait aussi ce nom.

brûlés vifs pour la confession de leur foi. « Je ne saurais, écrivait l'évêque (1), vous dire la ferveur de cette chrétienté ; on voit bien que l'Esprit divin réside là. Quand on sut à Takaku que ces huit victimes étaient condamnées au bûcher, d'innombrables chrétiens accoururent de toutes parts ; on en porte le chiffre à 25 et à 3o mille ; tous s'offraient au martyre, hommes, femmes, enfants ; la plupart, habillés comme en un jour de fête, demandaient la grâce de mourir pour le nom de Jésus. Ne l'obtenant pas, ils assistèrent avec la plus grande dévotion au supplice de leurs frères dans la foi. Ils récitaient le *Credo* et d'autres prières ; plusieurs tenaient des cierges allumés, en l'honneur des saints qui faisaient leur entrée dans la gloire céleste. Le vent attisant les flammes, la mort fut prompte ; on déroba les restes des corps brûlés, pour les porter à Arima (2). C'est une grande prédication, un grand exemple pour tout le peuple japonais ».

C'était aussi une expiation, ou du moins une réparation magnifique du scandale donné par l'apostasie du prince d'Arima.

Mais la persécution affligeait déjà plusieurs autres provinces de cette belle chrétienté japonaise. Ce n'était pas le cruel martyre du feu, c'étaient la confiscation et l'exil qui dans le Higen (Kumamoto, Ongawa, Uto, Yatsushiro), le Chikuzen, le Bungo (Funaï, Usuki, Takata et Notzu), à Hiroshima (Aki), ailleurs encore, éprouvaient la fidélité des chrétiens.

Le Japon traversait donc une situation pleine de périls, et, comme l'évêque l'écrivait au Pape (3) « s'il avait été jusqu'alors possible d'élever à la dignité sacerdotale un petit nombre de natifs, dont sept formaient le noyau d'un clergé

---

(1) Cerqueira, 1 juillet 1612. *Epist. Episc. msc.*
(2) Jean Takendomi et sa femme Marthe ; Léon Fayachinda, Adrien Takafashi et sa femme Jeanne : trois enfants : noble et riche famille.
(3) 20 mars 1613. *Epist. Episc. msc.*

paroissial à Nagasaki, on était bien loin de pouvoir organiser les institutions diocésaines. D'une heure à l'autre tout change, tout se bouleverse au Japon. Du temps du saint roi du Bungo, dom François, on avait cru pouvoir fixer une résidence épiscopale à Funaï (1), et le premier évêque Pedro Martinez avait pris le titre d'évêque de Funaï ; mais les révolutions et les guerres civiles avaient rendu ce séjour incompatible avec la sécurité dont doit jouir la dignité d'un prince de l'Église ; c'est à Nagasaki que lui-même avait dû résider : là, à la faveur du commerce portugais, la liberté était mieux assurée : de là, il parcourait, en temps de paix, les diverses provinces pour administrer le sacrement de confirmation ».

Personne, si ce n'est quelques religieux castillans, n'avait cru à la nécessité, à l'opportunité de constituer un nouveau siège épiscopal (2). Personnellement Sotelo fut d'un avis contraire. Le Père de Angelis croyait savoir que le zélé franciscain « se mourait du désir d'être évêque du Japon : un jour, écrivait-il (3), à l'occasion d'un bon conseil que je lui donnais pour le bien de cette chrétienté, il se fâcha et me dit : « Je vous aurai bientôt fait partir tous du pays ». Il ne supportait pas les portugais ». Avec ces dispositions et avec ce désir, inspiré peut-être par un zèle indiscret, Sotelo était tout prêt au martyre.

En effet, à Yedo même, la persécution éclata de nouveau, fort violente, et il se trouvait là. Le 16 août 1613, huit chrétiens de Yedo (4) et des environs sont décapités ; le lendemain, quatorze chrétiens d'Asakusa subissent la même peine.

---

(1) Aujourd'hui Oita, chef-lieu d'une préfecture.
(2) L'histoire de L. Sotelo, racontée par Mr Steichen [pp. 304, 340, 344, 381, 387] ajoute bien des détails qui corroborent nos documents inédits.
(3) 30 nov. 1619. « O qual morria pera ser Bispo de Japão... logo nos avia de fazer buttar todos de Japão ».
(4) Voir appendice n° 20-22.

La sentence portait : « Ceux qui ont violé la loi de son altesse et reçu la loi des Pères, et qui sont les chefs de certaines confréries, seront châtiés ainsi ». Le 7 septembre, il y eut cinq nouvelles exécutions. Il restait des fidèles en prison, et parmi eux Louis Sotelo.

Un mois plus tard, l'évêque envoyait de ce glorieux martyre de 27 chrétiens d'Yedo une relation destinée à l'édification ; il y joignit un supplément réservé au Général de la Compagnie, où il assignait la cause de cette recrudescence assez inattendue de la persécution ; car, après avoir exilé de nombreux fidèles de Yedo, le Shogun s'était calmé ; avec la prudence, qui avait sauvé plus d'une situation compromise, on pouvait espérer du répit. Mais Sotelo, dont la présence était utile aux relations de commerce projetées avec le Mexique, demeurait là, alors que les autres franciscains étaient expulsés.

« Pour ne pas nuire aux religieux de S. François, écrivait l'évêque (1), je n'ai pas nommé dans ma lettre, puisqu'elle sera rendue publique, le religieux qui a été cause de cette persécution si violente. C'est le frère Louis Sotelo, homme d'un caractère remuant, se mêlant de ce qui ne le regarde pas, et ami d'innovations. C'est lui qui tenta d'ouvrir et ouvrit en effet ce commerce nouveau du Japon avec la Nouvelle-Espagne, si plein d'inconvénients ; c'est lui qui, contrairement à l'ordre de ses supérieurs, voulut s'embarquer dans le navire japonais qui se rend là ; c'est encore lui qui projeta, d'une façon inopportune et sur des raisons si peu fondées, l'ambassade de Masamune vers Sa Majesté le Roi et Sa Sainteté le Pape. Or, contre la volonté de ses supérieurs, qui voulaient l'avoir sous la main et le retenir à Nagasaki, afin de l'embarquer au mois de mars pour Manille

---

(1) 7 oct. 1613. *Epist. Episc. msc.*

et mettre fin à tous ses projets, Louis Sotelo allait à découvert en pleine ville de Yedo, visitant et aidant les chrétiens, sans l'agrément de son supérieur ; c'était au point que le Père commissaire de l'Ordre lui fit enlever furtivement son missel, en sorte qu'il ne lui fût plus possible de célébrer la messe et que l'affluence des chrétiens n'excitât pas la colère du Shogun : on espérait par cette privation de la sainte messe le ramener au Kami (Osaka ou Fushimi) et empêcher son départ pour le Mexique. C'est Louis Sotelo qui, malgré les récents édits, construisit à Asakusa une chapelle pour les lépreux. Il fut dénoncé pour ce fait au Shogun et arrêté avec les chrétiens ; nous ignorons jusqu'ici son sort. Il se peut que pour l'exemple Dieu lui ôte la couronne du martyre. Les persécutions sont un glorieux témoignage en faveur de notre sainte religion ; mais celle du Shogun a pour conséquence que les vassaux de tout le royaume prennent peur et qu'au lieu de tolérer les chrétiens, ils les persécuteront à son exemple ».

8. D'après l'intéressante relation du Père Didace de S. François (1), ce fut par l'intervention de Masamune qu'on fit grâce au zélé franciscain, prisonnier à Yedo. C'est le moment de parler de ce protecteur de Sotelo. Qui était Masamune ? S'il nous est possible d'en croire un écrivain, qui ne savait que ce que Sotelo lui en apprit à Rome lors de son ambassade (2), Masamune était le plus puissant des seigneurs du Japon, roi d'Oshu (ou Voshu) et le plus grand soutien de l'empereur : il tenait une armée de 80,000 hommes, et pendant les trois mois qu'il passait tous les ans à la Cour, il étalait un luxe fastueux et d'immenses richesses ;

---

(1) Victor Bernardin de Rouen, ouvr. cité, t. II. p. 351.
(2) Scipion Amati, dans l'exposé qu'il lut au Pape Paul V, et qui fut imprimé. *Solenne Ambasceria di L. Sotelo*, reproduit par Marcellino de Civezza, op. cit. VII, 2, appendice, cfr. dans *Ann. Min.* 1615, n. XXI.

son fils et sa fille avaient reçu en mariage deux des enfants de l'empereur. Le compagnon de Sotelo, le franciscain Pierre de Burgillos, ayant guéri la femme de Masamune, celui-ci devint l'ami et le protecteur des franciscains et invita Sotelo à prêcher la foi dans son royaume d'Oshu. Le 23 novembre 1611 il donna à ses sujets pleine liberté religieuse, détruisit à Sendaï le grand temple de Matsushima (1), et, comme l'ajoute un autre historien (2), les principales pagodes. N'ayant pas assez de collègues pour recueillir la moisson d'âmes (3), Sotelo, sur la demande du prince, se décida à se rendre en Espagne et à Rome : le prince désirait un évêque et des missionnaires franciscains de Castille. Survint à Yedo la persécution de 1613. Encore que Sotelo fût l'ami de l'empereur et qu'il lui eût persuadé de préférer l'amitié des castillans à celle des hérétiques hollandais, il fut arrêté avec 27 frères du tiers ordre : ceux-ci furent exécutés ; mais un courrier de Masamune arriva à temps pour délivrer le franciscain de la mort. Sotelo put délivrer aussi 1800 chrétiens par l'influence du même roi. Avec deux autres franciscains, un capitaine de la garde, Hase Kura et 60 samuraï, il partit le 28 octobre 1613, porteur de présents et de lettres de Masamune pour le Provincial des franciscains du Mexique, pour les habitants de Séville sa patrie, pour le roi Philippe III, le Général des franciscains et le Pape Paul V.

Ce récit demande à être complété pour répondre aux exigences de la vérité historique. Il paraîtra peu vraisemblable dans plusieurs de ses détails.

Sotelo n'était pas encore rentré au Japon, lorsque le bienheureux Jérôme de Angelis, jésuite italien, de résidence

---

(1) Cfr. Chamberlain, *Handbook* cité, p. 498.
(2) L. Tasso da Fabriano, p. 272 et suiv.
(3) Dans un mémorial au Pape [Pagès, II, p. 144, n. 14], Sotelo relève, mais sans aucun détail, ses succès dans l'Oshu.

depuis cinq ans dans les États de Masamune, écrivait en 1619 une lettre où il expose sous un tout autre jour l'entreprise du franciscain. Masamune n'était d'ailleurs ni le plus puissant des seigneurs du Japon, ni roi de tout l'Oshu. Cette province, la plus étendue du Japon, était partagée entre sept seigneurs, dont les revenus et la puissance sont connus (1).

Donc, « pour dégager et décharger sa conscience », ainsi qu'il s'exprime (2), le missionnaire écrit : « Cette ambassade est une invention de Louis Sotelo, qui se meurt du désir d'être évêque du Japon et ne souffre pas les portugais. Par le moyen d'un serviteur de Jean Goto chrétien, il persuada à Masamune de construire un vaisseau de commerce pour la Nouvelle-Espagne, où il lui montrait des gains considérables à réaliser. Quand le vaisseau fut construit, il voulut lui faire persuader d'envoyer des ambassadeurs en Espagne et à Rome ; mais Goto hésita à se charger de cette proposition auprès de Masamune : « Je ne m'embarque pas, reprit Sotelo, si le prince n'envoie pas d'ambassade ». Masamune accorda comme ambassadeur un certain Hase Kura, fils d'un de ses sujets, décapité jadis pour vol. Il lui remit des présents et laissa écrire à Sotelo tout ce qu'il voulut ; car lui-même ne savait pas ce que c'est qu'un évêque. Je suis bon témoin, car voilà cinq ans que je suis ici. J'y trouvai deux cents chrétiens de petite condition ; notre Père Jacques Carvalho s'adjoignit à moi, il y a deux ans. En septembre 1618, arriva le P. Galvez de l'Ordre de S. François. Loin d'être catéchumène, Masamune ne croit qu'à la vie présente : en dehors de sa femme, qui ne vit pas avec lui, il tient trois cents concubines et beaucoup d'enfants... (3) Voyez

---

(1) *Relatione*... 1619-1628. Roma, Zannetti, p. 202. Pagès, I, p. 379, note.
(2) « Pera descargo de sua consciencia ». Lettre du 30 nov. 1619. *Epist. Jap. msc.*, 1619-24.
(3) « Dos quaes usa achar à sodoma ».

donc si on peut le dire catéchumène ou plutôt démon. Suffit. Le frère Louis Sotelo cherchait une ruse inavouable pour être évêque du Japon, et voilà pourquoi Notre Seigneur ne l'aide pas.

« Masamune se fera-t-il chrétien ? Dieu le sait : *secundum praesentem justitiam* il n'est pas en voie de le devenir. Eh ! quel besoin y a-t-il ici d'un évêque, et d'un évêque castillan ? L'unique évêque du Japon ne pouvait sortir de Nagasaki ; s'il y en avait plusieurs, il y aurait danger de schisme. Les castillans ne sont donc pas contents de la concession du Pape : il leur a donné l'entrée de la mission ; ils veulent avoir un évêque de leur nationalité » (1).

L'ambassade de Sotelo eut un commencement de succès. Après avoir été magnifiquement accueilli au Mexique, à Séville, à Madrid, où Hase Kura fut baptisé, et à Rome (2) où quelques-uns des japonais ses compagnons reçurent aussi le baptême, Sotelo crut un moment être nommé cardinal-légat : mais une pareille promotion parut inacceptable (3). Le Pape, dans un bref (4) aux fidèles du Japon (27 décembre 1616), promit d'ériger un séminaire au royaume d'Oshu, dès qu'un évêque y serait établi ; car il ne pouvait encore, ajoutait-il, accorder un archevêque ; il concéda aussi des indulgences aux confréries des stigmates de S. François. Quant à Sotelo, désigné évêque d'Oshu, la question de sa consécration épiscopale fut recommandée au roi Philippe III ;

---

(1) Comparez avec cette lettre *privée* celles que Sotelo faisait écrire au nom de Masamune. Cfr. Pagès, II. pp. 121, 135. Il faut croire tout au moins que la simplicité du futur martyr fut dupe de la dissimulation du prince.

(2) Voir *Missions Catholiques de Lyon* [1876, p. 433] la lettre de M. Langlois : ce missionnaire découvrit à Sendaï le parchemin du 20 novembre 1615, décernant à Hase Kura le titre de patricien romain.

(3) Deux cardinaux s'y montrèrent fort opposés, Zapata et Bellarmin. Le P. Tasso montre peu de modération lorsqu'il appelle « Vili nemici e perfidi invidiosi » et compare à Caïn ceux qui contrarièrent les désirs de Sotelo.

(4) *Litterae nomine.* [*Ann. Min.* 1616, n. III].

mais, lorsqu'il repassa par l'Espagne pour s'y faire consacrer, de tristes nouvelles étaient venues : la persécution s'étendait déjà à tout le Japon : tous les missionnaires, sauf un petit nombre, qui demeuraient cachés, étaient rentrés à Macao ou aux Philippines. « Le Nonce et le Roi (ainsi s'exprime l'historien de l'Ordre de S. François) jugèrent qu'il fallait remettre à des temps plus favorables l'accomplissement des désirs de Masamune et du Souverain-Pontife. Louis Sotelo, fort affligé de ces retards, insista, mais inutilement, sur la nécessité d'envoyer de nouveaux missionnaires. En 1617, il reprit avec ses compagnons le chemin de son Église. Arrivé à Manille l'année suivante, on l'empêcha de retourner au Japon ; mais le P. François Galvez franciscain fut chargé (1620) de porter les présents et les lettres du Pape à Masamune » (1).

Que se passa-t-il au Japon pendant ces cinq années ? Le chapitre suivant nous fera connaître les épreuves de cette chère chrétienté. Pour ne pas nous écarter de la question présente, serait-il vrai, comme nous l'apprend le B^x Charles Spinola que les relations de Louis Sotelo avec Masamune entrent pour une part dans les causes de la persécution ? Le 18 mars 1614 il écrit au Général de l'Ordre (2) : « Il me

---

(1) *Ann. Min.* 1616, III-V Sur Masamune, cfr. *Relatione* citée, 1619 21, p. 202.

(2) *Texte original.* Nagasaki, 18 mars 1614.

Muyto Rdo en Xo Pe nosso, Pax Christi.

Estou vendo o sentimento que ha de ter V. P. quando ouvir o socesso desta nova perseguição mayor de quantas houve te agora em Japam, e como estamos todos ajuntados neste collegio de Nangasaqui, e condennados a desterro pera Macao, ainda que como se differe a hida ate otubro pode ser que haja alguá mudança tanto mais que se descubrio huã conjuração contra o Sr da Tenca de Tonos muy principaes, que se recolherão en seus reinos .A qual se for por diante, pode ser que haja mudança no governo, et nos ficaremos mais descansados ; porem e muy grande lastima ser destruidas tantas igrejas e casas, e desterrados tantos christãos por sospeita que se alevantem e se unão com os de Manilha, pois viram que os que vieram da nova espanha logo se uniram com o Date que he tono poderoso na parte do leste et prometerão de fazer venir nãos a seus portos, e agora descubriose ser elle hum dos con-

semble voir la douleur qu'éprouvera votre Paternité, quand elle apprendra qu'une nouvelle persécution s'est élevée, plus grande que toutes celles qui ont précédé, et comment nous nous trouvons tous rassemblés dans ce collège de Nagasaki, condamnés à aller en exil à Macao. Il est vrai, comme le départ est différé jusqu'au mois d'octobre, il peut y avoir encore changement, d'autant plus que l'on a découvert une conjuration tramée contre le seigneur de la Tenka par des seigneurs des plus puissants, qui se sont retirés en leurs royaumes. Si elle réussit, il se peut qu'il y ait un changement de Souverain et que nous soyons plus tranquilles. Néanmoins c'est grande pitié que tant d'églises et de maisons soient détruites, tant de chrétiens bannis, d'autres par faiblesse tombés dans l'apostasie. Et tout cela, paraît-il, parce qu'on craint que les chrétiens ne se soulèvent et ne s'unissent avec ceux de Manille, depuis que l'on a vu ceux qui vinrent du Mexique s'unir bientôt avec le Date, puissant seigneur de l'Est, et promettre de faire venir des vaisseaux dans ses ports; or, à présent, on a découvert qu'il est un des conjurés. Et comme auparavant il a été procédé au sondage des ports et qu'il s'est fait d'autres choses qui vous ont été écrites, on se confirme tous les jours davantage dans la persuasion déjà ancienne que sous couleur de christianisme nous prétendons conquérir le Japon ; cette accusation est accréditée par les hollandais et les anglais, qui vinrent l'an

---

jurados, e como precedeo o sondar dos portos e outras cousas que se escreverão à V. P., se vão confirmãdo cada dia mais na sospeita antigua que com cappa de christandade pretendem conquistar Japam ; o qual fizeram mais creivel os olandeses e ingreses que o anno passado vieram a estas ilhas a fixar commercio e fabricar feitorias, os quaes pretendem fazer nos odiosos pera estarem mais livres.

Mr Murdoch, op. cit. p. 598, cite un extrait de lettre de Cerqueira, 5 oct. 1613, à Aquaviva : « L'empereur soupçonne une alliance entre les espagnols et Masamune ; j'ai averti le roi d'Espagne ; veuillez informer le Pape de la portée réelle de cette ambassade. Il est à craindre que, si elle a le succès désiré, elle ne compromette les intérêts de la foi et l'autorité du S. Siège ».

passé en ces îles pour y établir des factoreries ; ils veulent nous rendre odieux pour être plus libres ».

De fait, en 1613 (1), une nouvelle factorerie s'était établie à Hirado, où se fixèrent huit anglais avec trois interprètes japonais et des serviteurs ; pleine liberté était accordée à l'Angleterre d'envoyer des vaisseaux à tous les ports. Adams ou Th. Smith, gouverneur de la compagnie *East-India*, cherchèrent-ils à écarter les portugais et les espagnols ou du moins les missionnaires catholiques ? Ils ne purent au moins s'affliger de les voir persécuter.

Quoi qu'il en soit, il suffisait bien que Masamune envoyât une ambassade nombreuse en Espagne et qu'il cherchât à nouer avec elle des relations commerciales, pour exciter la jalousie de l'empereur et faire naître dans son esprit des soupçons de conspiration contre lui et son fils (2). N'y avait-il pas là un motif d'expulser les castillans ? Et quelle imprudence commettait le P. Sotelo en flattant la cupidité de Masamune !

Une relation postérieure montre combien il se faisait illusion sur les dispositions religieuses de ce prince : « L'empereur, écrivait-on encore en 1622 (3), le Shogun et tous les grands du royaume prirent en mal l'envoi d'une ambassade ; ils soupçonnaient que Masamune avait fait alliance avec le roi d'Espagne et que sous peu, avec le secours de l'étranger et de nombreux chrétiens, il voudrait se

---

(1) Le traité et la lettre de Daïfu Sama à Jacques I, dans Pagès, op. cit., II, p. 109-111. *It.* 1e partie, p. 248.

(2) Mr Steichen [pp. 343, 349-353] montre le gendre de Masamune, Tadateru, 6e fils de Daïfu Sama, aspirant au shogunat, et Sagamidono [Okubo Tadachika] conspirant avec lui et d'autres daïmyo pour renverser le monarque. Dans la maison d'un conjuré, on trouva le plan des conspirateurs, et des lettres invitant les espagnols à prêter main forte. Nous verrons Sagamidono faire du zèle contre les chrétiens pour se faire pardonner son opposition : dans l'entretemps, l'habile monarque s'emparera de la forteresse d'Odowara, apportenant à Sagamidono.

(3) Girolamo Majorica, de Macao, 6 oct. 1622. Imprimé dans *Relatione* 1619-21. Roma, Zannetti, 1624, p. 202.

faire empereur. Pour ôter ce soupçon, Masamune résolut d'exiler tous les chrétiens de ses États : il tarda cependant de le faire jusqu'au retour de l'ambassade. A peine eut-il appris qu'elle était arrivée à Nagasaki, que, sans tarder, il exhala sa haine contre les chrétiens. Il fit trois édits : le premier objet de sa colère fut l'ambassadeur (Hase Kura) ; nous ne savons si ce dernier a montré du courage ; on dit qu'il s'est déshonoré ; peut-être a-t-il usé d'équivoque pour ne point perdre la faveur du prince. Quoi qu'il en soit, Dieu l'a déjà jugé, devant le tribunal de qui il a été appelé depuis peu ».

Sotelo, nous le verrons plus loin, fut jusqu'à la veille de son martyre dans la plus étrange illusion sur les sentiments de Masamune à son égard : c'était un parfait païen. Avant cela, et peu après avoir quitté le Japon, il put savoir que deux mois après son embarquement un décret de persécution bannissait tous les religieux.

A peine la chose est-elle croyable : le supérieur des jésuites, Valentin Carvalho, croyait savoir qu'en effet les religieux des Philippines méditaient, comme le prétendait Daïfu Sama, des projets de conquête et qu'ils y poussaient le roi Philippe. Était-ce par zèle pour le maintien de la foi que l'on songeait à faire la guerre au persécuteur ? « Je ne sais, écrivait Carvalho (1), par quelle voie je le déconseillerais au Roi ; la chose est impossible ; le seigneur de la Tenka est assez puissant pour lever une armée de 500.000 hommes, très bons soldats et dont le mousquet ne manque pas le but » (2). Il était peu probable que Philippe III favorisât des projets de nouvelles conquêtes ; mais les aspirations des castillans se trahissaient, comme nous l'avons vu, auprès du daïmyo d'Oshu et elles étaient commentées par les ennemis de l'Espagne.

---

(1) Nagasaki, 26 oct, 1612. *Epist. Sin. et Jap. msc.*, 1611-19.
(2) Dès avant l'arrivée de S. François-Xavier, les japonais avaient appris des portugais à fabriquer des fusils à mèche.

9. Ceux-ci exploitèrent vers l'époque du départ de Louis Sotelo, deux autres griefs, qui fournirent à Daïfu Sama des prétextes, ou des excuses plutôt que des raisons, pour persécuter la foi.

C'était un usage chrétien devenu très cher aux Japonais, de vénérer et de traiter avec respect les corps de ceux qui étaient décédés dans la paix du Seigneur : temples de l'Esprit-Saint, sanctifiés par les sacrements, réservés pour la résurrection glorieuse, ils ne laissaient point profaner ces dépouilles saintes : ils avaient au plus haut degré le culte des morts et des reliques. Or dès qu'une exécution de chrétien avait eu lieu, ils s'empressaient, mais souvent s'efforçaient en vain, de soustraire les corps des suppliciés aux injures de l'air ou aux dents des carnassiers. Les païens voyaient là un outrage aux lois et aux volontés du Souverain. L'affluence et l'attitude des fidèles autour des bûchers d'Arima (1) furent dénoncées au Shogun.

On lui dénonça aussi un fait analogue, mais plus susceptible de commentaires perfides. En novembre 1613, un chrétien de Nagasaki (2) ayant contrevenu à la loi, qui défendait d'acheter de l'argent en lingot, non marqué du coin de État, fut mis en croix, en même temps que cinq païens étaient exécutés par le glaive. Dans la foule, accourue au lieu du supplice, il se trouva des chrétiens : quand le coupable eut été transpercé d'un double coup de lance, ils se mirent à genoux et le chapelet en main ils recommandèrent l'âme du supplicié. Cette piété inspirée par la charité, fit scandale et donna lieu aux murmures des païens : honorer ainsi des scélérats, c'était à leurs yeux mépriser la justice et le Souverain.

---

(1) Le 7 octobre 1613. Voir plus haut, p. 97.
(2) Jirobioye.

Un courtisan, l'un des principaux favoris de l'empereur (1), avertit par lettre un chrétien de Miyako, que rapport en avait été fait à la Cour : « Son altesse avait sévèrement blâmé les prédicateurs de la loi chrétienne, et bien qu'il soit vraisemblable qu'il ne fera pas châtier les chrétiens, ajoutait le courtisan, il me parait inutile et dangereux d'adhérer à une loi que son altesse a en horreur... Informé par les marchands venus de Miyako, le Souverain procédera peut-être contre tous les religieux, parce qu'il n'admet pas qu'ils propagent cette religion ».

Sahiôe (Hagesawa Sahiôe), gouverneur de Nagasaki, se trouvant alors à la Cour, écrivit sur le même sujet au recteur du collège de Miyako : « Le Souverain, disait-il, s'est écrié que ce doit être une loi diabolique, celle qui persuade de pareilles choses, et que ceux qui la promulguent, commettent un grand crime. Cette parole m'a fait grande peine ; j'ai voulu vous envoyer ce courrier pour vous faire connaître la situation » (2).

Tout en accusant les marchands anglais et hollandais d'avoir envenimé la colère du roi, le Père Gabriel de Mattos ne laisse pas d'attribuer à Sahiôe une grande part dans la décision prise par Daïfu Sama : « Cet ennemi, qui dissimulait ses sentiments dans sa lettre, dit-il, avait par ses entretiens porté jusqu'à la fureur de la colère un cœur déjà enclin à nous condamner. Il fut d'ailleurs chargé lui-même d'exécuter la sentence ».

Après tout (nos lettres y reviennent souvent) le grand ennemi de la foi fut le démon, dont les monarques voluptueux se firent les trop dociles instruments. « Il plut à la Providence (ainsi s'exprime le P. de Mattos) de lui laisser employer une

---

(1) Goto Chorza ou Chosaburo. Voir Pagès, II, p. 111. La lettre est de janvier 1614. *Lettera annua,* 1614, p. 8.
(2) *Lettera annua,* 1614, déjà citée, p. 7.

ruse de guerre plus puissante que toutes celles qui l'ont fait échouer dans ses desseins jusqu'aujourd'hui : il a persuadé au Souverain que, s'il ne bannissait pas en masse tous les ouvriers apostoliques, sous peu il perdrait son royaume du Japon » (1).

La fierté japonaise pouvait-elle craindre sérieusement pareil danger ? La chose paraît peu probable ; mais assurément, le Japon avait moins à craindre des États-unis de Hollande que de la puissance espagnole. Les Shogun se bórneront à entretenir des relations commerciales avec les États-unis : les marchands hollandais ne seront une menace ni pour l'indépendance, ni pour la religion nationale du peuple japonais. Celui-ci demeurera pendant trois siècles en dehors de l'action civilisatrice de l'Occident.

Le 27 décembre 1613, on commença à dresser les listes des chrétiens de Miyako, Fushimi, Osaka et Sakaï. « Nous ignorons les raisons de cette enquête, écrivait le P. de Mattos (2), mais trois ou quatre jours plus tard nous reçumes la lettre de Sahiôe qui nous faisait part de la colère du roi. Le Père recteur de Miyako résolut de se rendre auprès du Souverain pour dissiper son erreur et rendre compte de la conduite des chrétiens ; mais, arrêté par une visite du vice-roi, il envoya un frère japonais à la Cour pour prier Sahiôe de faire entendre la vérité et nous rendre le Souverain favorable. Il n'en voulut rien faire et reprocha même au frère d'avoir osé venir à la Cour en de telles circonstances : il répondit par lettre au Père recteur « qu'il n'était plus temps d'intercéder en notre faveur, parce que le

---

(1) Dans une *Relação do sucesso que nossa santa fe teve...* envoyée à Philippe III en 1616, l'auteur réunit les faits exposés plus haut et considère comme causes de la persécution 1º la conduite des deux seigneurs chrétiens ; 2º le commerce des Philippines au Kwanto, commenté par les hérétiques ; 3º les démonstrations d'Arima ; 4º le zèle de Sotelo à Yedo.

(2) *Lett. ann. del Giappone...* 1614. Roma Zannetti, 1617, p. 11-12.

Souverain lui avait commandé de chasser du Japon tous les missionnaires, et que pour lui il exécuterait ces ordres de telle sorte qu'il n'en resterait plus un seul ».

» Cette réponse si dure n'empêcha pas le Père recteur d'essayer encore de pénétrer à la Cour ; tout fut inutile : Sahiôe gardait les entrées du palais. Donc, pendant que nous attendions les décisions de la Cour, voilà que le 11 février (1614) arrive à Miyako le décret fixant un terme de cinq jours pour notre départ de la capitale vers Nagasaki. »

Ce fut le signal de la persécution générale.

10. Presque au moment où l'édit de bannissement se publiait, l'évêque Louis de Cerqueira était mourant. Malade depuis trois mois à Nagasaki, il avait célébré une dernière fois la sainte messe le 2 février 1614 ; il mourut le 20 à l'âge de 62 ans. Son corps fut déposé dans le caveau de l'église des jésuites à côté des restes vénérés des huit martyrs d'Arima. Les franciscains, les dominicains et les augustins assistèrent en grand nombre à ses funérailles ; dans les quatre paroisses, à l'hôpital et dans la maison de Miséricorde on célébra des services solennels (1).

C'était une grande perte pour la mission. Cerqueira, sur le point de mourir, avait confié l'administration de son Église aux soins du vice-provincial des jésuites, Valentin Carvalho : avant l'expiration des huit jours déterminés par le droit canonique, les sept prêtres séculiers, dont quatre avaient charge d'une paroisse (2), reconnurent le vicaire-administrateur. Désormais, veuve de son pasteur, l'Église du Japon sera de fait gouvernée par le supérieur des

---

(1) *Ib.* p. 179.
(2) Laurent, curé de S. Pierre ; Michel, de Ste Marie ; François, fils de Toan Morayama, curé de S. Antoine ; Clément et Jean.

jésuites. Didace Valente, jésuite portugais, sera désigné évêque de Funaï (8 janvier 1618) ; mais « dans l'impossibilité à cause de la persécution, de se rendre à son Eglise », ainsi que s'exprimera le Souverain Pontife (1), il résidera à Macao : à lui, et, si le siège vient à vaquer ou, en son absence, au Provincial comme administrateur, le Saint-Siège communiquera les pouvoirs d'usage.

Est-il nécessaire de dire qu'au milieu même des persécutions, des difficultés et des compétitions de pouvoir se feront jour ? Signalons-en quelques-unes. En novembre 1614, quelques religieux suggérèrent aux prêtres japonais de déposer l'administrateur qu'ils avaient reconnu. Le Supérieur des Dominicains empêcha le Père François de Moralez d'accepter la charge dont on prétendait déposer le Provincial des jésuites et mit une prompte fin à ce commencement de schisme (2). Quant à ce jeune clergé indigène si inconstant, l'archevêque de Goa, François de Christovâo, primat des Indes, lui fit comprendre (3) qu'il n'avait pas le droit d'annuler le choix qu'il avait fait et attesté par écrit, qu'au surplus l'administrateur, le Père Carvalho, avait eu raison d'exiger l'observation des décrets du Concile de Trente concernant le culte des reliques. Un franciscain avait exposé à la vénération des fidèles les reliques d'une martyre récente (4) avant que sa cause eût été canoniquement examinée par l'évêque : « Votre Paternité comprendra, écrivait un missionnaire (5), s'il était opportun d'élever nos jeunes japonais à la dignité sacerdotale, et cela pour pouvoir dire qu'il y ici un clergé. L'évêque les avait ordonnés con-

---

(1) Brefs, 27 oct. 1626. *Syn. act. S. S. in causa S. J.* Paul V, nn. 182, 203 ; Urbain VIII, nn. 49, 56. Valente fut consacré à Lisbonne le premier dimanche du carême 1618 ; il était à Macao en novembre 1619.
(2) Pagès, II, p. 114.
(3) 25 avril 1615. [*Epist. Episc. msc.*]
(4) « Serva de Dios Joanna ».
(5) J. B. Porro, au Général, 15 fév. 1615. [*Epist. Jap. msc.*, 1611-18.]

trairement à l'avis des hommes les plus entendus. Or, ils n'ont rien fait pour cultiver cette chrétienté, se contentant de vivre grassement dans leurs paroisses de Nagasaki. Et voilà qu'ils ont donné scandale en se révoltant contre le Vicaire-Général ».

Il y eut des dissentiments sur d'autres points de juridiction (1) : « Il n'y a rien d'étonnant à cela, écrira plus tard (2) le P. Didace de S. François, supérieur des franciscains ; à l'origine même de l'Église, il y eut des disputes : S. Paul nous l'apprend dans sa lettre aux Corinthiens (3) ; les chrétiens d'alors disaient, les uns : nous sommes les chrétiens de Paul ; les autres : nous sommes les chrétiens d'Apollo ; d'autres : nous sommes à Céphas ; d'autres encore : nous sommes au Christ. Le Christ est-il divisé ? demandait l'Apôtre ; est-ce Paul qui a été crucifié pour vous ? ou est-ce au nom de Paul que vous avez été baptisés ? » Et le franciscain reprochait aux fidèles du Japon de se partager en chrétiens de S. François, chrétiens de S. Dominique ou de S. Augustin, et chrétiens de la Compagnie ; il les exhortait à maintenir la charité et à respecter les droits et les privilèges de l'Ordre séraphique ; il n'oubliait pas de relever les gloires de S. François d'Assise et des 42 saints que l'Ordre comptait déjà alors ; il faisait même ressortir le grand nombre de franciscains, devenus évêques, cardinaux et même Souverains Pontifes. Quant à la Compagnie de Jésus, il insistait moins sur ses mérites : « Elle n'est établie que depuis 80 ans », ajoutait-il. (4)

---

(1) Bref d'Urbain VIII à l'évêque Didace Valente : *Exponi nuper*, 27 févr. 1627. *Synopsis* cit. n. 63.
(2) Cette lettre japonaise aux fidèles de Sendaï et des environs [1628] a été trouvée dans une famille de cette ville, traduite et communiquée à la Propagande par le R. P. Ligneul, président du Séminaire de Tokyo.
(3) I Cor., I, 12.
(4) Nous donnons ce curieux document en appendice, laissant le lecteur juger de l'esprit qui le dicta.

Certainement, l'esprit de corps et aussi l'amour-propre, qui ne meurt pas même dans les plus grands saints, expliquent cette émulation sans en justifier les écarts. Il serait futile d'essayer même de justifier les missionnaires jésuites à ce point de vue : le succès de leur entreprise jusqu'en 1593 les exposait aux illusions de l'amour propre ; ils ne se montrèrent ni toujours justes, ni assez prévenants envers des religieux, qu'ils avaient espéré tenir éloignés de ce beau champ d'apostolat.

Il existe un autre document, dont l'authenticité est vivement contestée (1) et qui les accuse d'avoir en Espagne empêché la consécration épiscopale de Louis Sotelo (1616) et son accès au Japon (1619) ; les informations fausses sur Masamuné le prétendu catéchumène, et l'impossibilité ou l'inopportunité de la création de nouveaux sièges, peuvent justifier cette opposition (2). Le document porte d'autres accusations, plus ou moins confirmées par la lettre du supérieur des franciscains, que nous publions en appendice. Ce document, que l'on attribue au Père Sotelo, a été publié (3) ; nous ne nous arrêterons pas à en discuter l'authenticité : qu'il soit l'œuvre du franciscain ou de Collado, qui le porta à Rome, pour le fond il porte des caractères suffisants de véracité ; nous observerons seulement qu'il est daté du 20 janvier 1624 et que le martyre n'eut lieu que le 25 août

---

(1) Wading l'attribue au B^x Louis Sotelo sur la foi d'un imprimé de Venise de 1680. Bartoli le réfute [*Asia*, 2^a parte, l. 4, c. 30 et 78] et donne des arguments auxquels Arnauld [t. 32, p. 282] ne reconnaît pas leur valeur. La question fut longuement discutée par la Propagande en 1628-29 ; le 3 décembre elle décida de ne plus s'en occuper. — Le P. Daniel [*Entretiens de Cleandre et d'Eudore*, 5e entretien] accuse le P. Collado d'avoir endossé un autre libelle aux franciscains : Quétif le réfute. Tasso da Fabriano [p. 340] a reçu du provincial des Alcantarins de Manille une copie authentique de l'original, conservé là au couvent. La question est de savoir si la pièce portée à Rome par Collado est signée par le Bienheureux.

(2) Les archives d'Espagne permettraient d'examiner cette question de plus près.

(3) Pagès, t. II, pp. 137-161.

suivant : Sotelo peut l'avoir écrit en prison à une époque où, comme nous le verrons en son lieu, il espérait encore être délivré par l'intervention de son puissant « catéchumène » (1); on n'écrit pas avec de pareilles dispositions en face de la mort et surtout du martyre.

---

(1) Ce qu'il écrivait le 13 novembre [Pagès, II, 308] ne contredit pas le témoignage que nous citerons : il a pu espérer être martyr en novembre, et les lenteurs de la justice ont pu faire renaître l'espoir de la délivrance.

APPENDICE I.

Résumé du catalogue de la Province S. J. en 1613

Avant la dispersion de 1614, les Jésuites avaient eu, ou simultanément ou successivement, en différents États de l'empire 11 collèges complets ou commencés, 64 résidences, 2 maisons de probation et 2 séminaires (1).

Le catalogue inédit de la province, dressé en février 1613, signalait encore :

1º Le collège de Nagasaki : 30 prêtres, dont un Japonais Martinho do Campo, 27 frères, parmi lesquels 17 Japonais.

Six résidences dépendaient de ce collège : la maison de miséricorde, l'hôpital, Urakami, Fudoyama, Tone, Isahaya. Elles étaient desservies par 10 prêtres dont un Japonais, Sébastien Kimura, et 6 frères japonais.

2º Le collège et séminaire d'Arima, transféré à Nagasaki (Todos-os-Santos) : 6 prêtres européens et 6 frères japonais.

Cinq résidences en dépendaient : Takaku, Ariye, Kuchinotzu, Shiki, Kozura. Elles étaient desservies par 7 prêtres, dont un Japonais, Louis Niabara de Hirado, et 2 frères japonais.

3º La maison de Hakata : 3 prêtres, dont 2 Japonais, Julien Nakaura et Thomas Tzugi.

Deux résidences en dépendaient : Amaki et Yanagawa, desservies par 2 prêtres européens et 2 frères japonais.

4º La maison rectorale de Miyako et ses 5 résidences : Fushimi, Osaka, Sakaï, Fokoku et Hiroshima : dix prêtres européens et un Japonais, Antoine Ishida et 13 frères japonais.

5º Les résidences du Bungo, Notsu et Chinda : 3 prêtres européens et 2 frères japonais.

---

(1) Voir les noms dans Pagès, t. II, p. 428.

118 RÉSUMÉ DU CATALOGUE DE LA PROVINCE S. J. EN 1613.

En tout la province comptait 121 membres, dont 62 prêtres, parmi lesquels 7 Japonais, et 59 frères la plupart indigènes. De plus, il y avait 245 élèves du séminaire et catéchistes.

Après la dispersion et l'exil de février 1614, le catalogue renseigne 44 prêtres, réfugiés à Macao, parmi lesquels 3 Japonais, Martinho Campo, Luis Niabara, Thomas Tzugi ; parmi les étudiants, 8 scolastiques, dont 2 Japonais, Sixte et Constantin, qui sont avertis qu'ils seront ordonnés prochainement à Malaca. Le reste de la province, si florissante naguère, était dispersé aux Philippines, au Cambodge, à Siam, en Cochinchine.

Voici les noms des prêtres japonais, que nous avons rencontrés au cours de nos recherches :

Ant. Ishida, de Shimabara, martyr ;

Julien Nakaura, de Nakaura [Omura] martyr ;

Louis Niabara, de Hirado ;

Martin do Campo, de Hasami [Omura] ;

Mancie Harabaiashi, du Bungo, décédé 20 mars 1615 [Pagès, I, 303] ;

Sébastien Kimura, de Hirado, martyr ;

Thomas Tsugi, de Sonogi ;

Sixte Tokuun [Ijo ?] d'Urakami ;

Didace Yugi [ou Giki lett. 1615-19, p. 337], martyr ;

Martin Moan, ordonné à Manille ;

Michel Minioye, [Pagès, I, 671] ;

Pierre Kassui, d'Imi [ib. 686, 850] ;

Michel Matsuda, de Shigi [Cordara H. S. J. 1624, p. 331] ;

Romain Nishi [Cardim, *Batalhas*] ;

Jules, mort au Cambodge en 1624 [*ib.*] ;

Jules Kaseri, [*ib.*] ;

Augustin Vota ou Ota [Pagès, 753], à Manille, martyr ;

Pierre Marquez, de Nagasaki, matre japonica ;

Ignace Sanga, à Macao, vers 1685 ;

Barthélémi da Costa, *it.*

Michel Shukani [Cordara, H. S. J. 1620, p. 233] ;

André Tomonaga [Pagès, 353, 358] ;

Antoine Gietaku [*Lett. ann.* 1615-19, p. 363] ;

Didace Rioshei [Pagès, 392] ;

Michel Pineda, 1633 [*ib.* 791] ;

Paul Saito, martyr, 1633, [*ib.* 793] ;

Sept prêtres séculiers [Pagès, 315] ;

Thomas Araki, ordonné à Rome ;

Thomas des Anges, à Macao [Pagès, II, 381] ;

Jean Megusaki [*ib.* I, 794] ;

Thomas de S. Augustin [*ib.* 719, 768];

Didace de S. Marie, dominicain, [*ib.* 787] :

Michel de S. Joseph [*ib.* 840] ;

Jean de la Croix [*ib.* 769] ;

Louis Sasanda, martyr franciscain ;

Vincent de la Croix [*ib.* 821] ;

et d'autres religieux des 3 autres Ordres.

APPENDICE II.

(Cfr. p. 114, note 2)

II. Lettre du P. Didace de S. François, Supérieur des Franciscains aux Chrétiens de l'Oshu. 1628.

Traduction d'une lettre adressée en 1628 à plusieurs communautés chrétiennes du Japon par le Père Diego de S. François, Supérieur des Franciscains dans ce pays (1).

« Je prends la liberté de vous écrire une lettre, cette fois voici pour quel sujet. Le Père Frère François administre la Confirmation : or j'ai entendu dire que quelques uns d'entre vous ont des doutes sur l'autorisation que nous avons à cet effet, et qu'en conséquence il a été décidé en conseil qu'on ferait examiner les Pères de S. François par les Pères de la Compagnie, et que, s'ils avaient le dessous, on ne les laisserait pas s'établir à Wakamatse. Or pour administrer la Confirmation, nous avons bien sûr, entre les mains, l'autorisation écrite du Pape ; je puis la montrer devant tous les chrétiens : seulement comme vous ne comprenez pas le latin, nous prendrons pour témoin le Supérieur des Augustins, et, sous la foi du serment, nous éclaircirons la chose pour tout le monde ; soyez sans inquiétude. Si comme je viens de l'écrire, il a réellement été décidé en conseil par les anciens chrétiens de l'endroit, de ne pas laisser s'établir là les Franciscains, s'ils étaient vaincus, qu'on nous envoie vite un exprès, nous viendrons en personne, et nous aurons bientôt terminé cette affaire. Sans doute, nous aurions dû montrer nos pouvoirs aux Pères de la Compagnie, comme nous les montrons à ceux des autres

---

(1) La lettre originale, conservée jusqu'à ces derniers temps dans une famille japonaise de Sendai, a été envoyée avec traduction à la Sacrée Congrégation de la Propagande, le 29 mars 1886.

Sociétés : si nous ne l'avons pas fait jusqu'à présent, c'est parce que nous n'avons pas d'approbation à recevoir, ni d'examen à subir de leur part. C'est un fait connu de tous que, pour empêcher les autres ordres d'être envoyés au Japon, les Pères de la Compagnie ont multiplié les démarches auprès du Pape ; néanmoins c'est avec la permission du Pape que nous y sommes. Mais cela ne les a pas empêchés, toujours au nom du Pape, de nous défendre d'y rester ; nous avons en main le texte écrit de cette défense, nous pouvons le montrer.

En outre, le Supérieur actuel de la Compagnie, le Père Borjirino (1), n'est pas le remplaçant du Supérieur pour le Japon. Et nous, nous sommes le Supérieur de tous les religieux des deux ordres de S. François au Japon. Je le dis ici pour prouver qu'à ce titre encore nous n'avons pas de contrôle à recevoir des Pères de la Compagnie. Mais, dit-on, le Père Borjiniro (sic) a charge de remplacer l'évêque, et, à ce titre étant notre Supérieur, il a droit d'exiger que nous lui montrions l'autorisation que nous avons du Pape pour administrer la Confirmation. A quoi je réponds que, nous remplaçant le Pape, nous n'avons rien à montrer à personne comme à notre Supérieur. Cependant comme la matière est grave, s'ils veulent vérifier nos pouvoirs, qu'ils montrent d'abord ceux qui les autorisent à remplacer l'Évêque ; alors nous montrerons aussi les nôtres. La raison en est bien simple : il y a une défense formelle du Pape aux Pères de la Compagnie de remplacer l'Évêque ; ils seraient fort embarrassés de montrer aux Supérieurs des autres ordres un écrit du Pape qui les y autorise ; aussi depuis dix ans (2) que je suis Supérieur de S. François je n'ai encore jamais vu cet écrit. Donc, quoiqu'ils fassent profession de remplacer l'Évêque, nous n'avons aucun tort pour ne pas leur avoir montré l'authentique des pouvoirs que nous tenons du Pape. Qu'ils montrent d'abord leurs privilèges écrits en forme, et avec tout le respect que nous pourrons, nous leur présenterons aussi les nôtres.

Je prévois assez que cette affaire va devenir un sujet de dispute entre nous ; aussi j'y mets toute la réserve que je puis, je ne parle que pour faire connaître nos raisons, et parce qu'il n'y a pas moyen autrement. Dans ce cas, puisque la nécessité nous y oblige, il ne faut voir dans la dispute qu'un embarras de plus venu du diable. Du reste dès le temps de

---

(1) André Palmeiro était Provincial.

(2) C'est en 1618 que le P. Diego a été nommé Supérieur. Cette lettre doit donc avoir été écrite en 1628.

S. Paul les chrétiens disputaient déjà : il n'y a rien de surprenant qu'il en soit de même aujourd'hui. C'est absolument comme dit S. Paul dans son Épître aux Corinthiens, Chap. I : parlant des chrétiens d'alors, il rapporte : « Moi, je suis un chrétien de S. Paul, dit l'un, moi d'Apollon, moi de S. Pierre, moi de Jésus-Christ. » Et S. Paul les reprenant sévèrement de ces contestations leur dit : « Est-ce que N. S. J.-C. est partagé en plusieurs ? Est-ce que S. Paul a été crucifié pour chacun de vous, ou bien est-ce au nom de Paul que vous avez été faits chrétiens ? oui ou non ? Voilà comme il les châtie : or ses paroles conviennent tout-à-fait aux chrétiens du Japon. Parmi eux aussi l'un dit : Moi, je suis un chrétien de la Compagnie, moi je suis de S. François, moi de S. Dominique, moi de S. Augustin », et tous ensemble ils ne font que disputer. Moi qui remplis ici le ministère de S. Paul, dans les mêmes sentiments que lui, voici le conseil que je vous donne : Ce n'est pas non plus au nom de la Compagnie, ni au nom de S. François, que vous avez été faits chrétiens, tous tant que vous êtes ; c'est au nom de Jésus-Christ que vous avez été baptisés, je suppose ; par conséquent, jusqu'à la fin vous êtes des chrétiens de Jésus-Christ, et non des chrétiens de la Compagnie non plus que de S. François. Ne passez donc plus votre temps à contester ; vous êtes tous doués d'intelligence ; pour vous mettre d'accord, voici une considération que je soumets à votre jugement.

La Compagnie, si recommandable qu'elle soit, c'est une société nouvelle, elle n'a que deux saints canonisés, Saint Ignace et Saint François-Xavier. Elle compte sans doute dans son sein un grand nombre de savants distingués, et elle a annoncé l'Évangile dans beaucoup de pays. Mais outre cela quel bien a-t-elle fait ? c'est à ses membres eux-mêmes qu'il faut le demander : enfin établie seulement depuis quatre-vingt ou quatre-vingt-dix ans, a-t-elle dix mille prêtres, c'est beaucoup. Sous tous ces rapports, l'ordre de S. François n'est pas inférieur à la Compagnie. D'abord il est fondé depuis quatre cents ans ; ensuite son fondateur est S. François, le seul parmi les saints, c'est un fait connu de tout le monde, qui ait reçu l'empreinte des cinq plaies de N. Seigneur Jésus-Christ. Le nombre des saints canonisés dans l'ordre est de vingt-quatre, vous le savez, S. Antoine, S. Bonaventure, S. Louis Evêque, S. Bernardin, S. Diègue, Ste Claire, Ste Isabelle : comme vous les connaissez, je ne les énumère pas jusqu'au dernier. Quant aux bienheureux, combien y en a-t-il ? je ne saurais le dire. En outre, de ce même ordre sont sortis quatre Papes, des Archevêques et des Évêques en très grand nombre, des savants remarquables, il va sans dire, il serait même impossible de les compter. C'est assez de citer S. Bonaventure, Archevêque, Cardinal et Docteur de la Ste Église, Alexandre de Hales, Nicolas de Riraricardo (1). Scot : ces grands hommes sont les maîtres des savants d'aujourd'hui, ce sont les livres qu'ils ont écrits que les docteurs de nos jours étudient sans cesse. Après ceux-là combien y en a-t-il eu d'autres ? je l'ignore.

Parmi les religieux de cet ordre, on compte une foule de rois : S. Louis, roi de France, S. Louis, Évêque, le fils aîné de Hongrie, Ste Isabelle, fille du roi de Hongrie, et, sans remonter si loin, il y a dix ans seulement que le roi d'Espagne, Dom Philippe, a fait profession dans l'ordre de S. François : il est encore actuellement vivant. La fille de l'empereur d'Allemagne, dona Margarita, est religieuse déchaussée de Ste Claire. Quant aux princes ordinaires, on n'en parle même pas. De plus l'austérité et la sévérité de l'ordre sont chose connue : c'est pour cette raison que depuis longtemps déjà, plusieurs Papes ont permis aux religieux des autres ordres de passer dans celui-ci ; tous les jours il y en entre quelques uns. On quitte les autres ordres, pour venir chez nous, comme on quitte le monde pour entrer dans les autres ordres. Les autres ordres ont des propriétés, de l'argent ; le nôtre ne possède absolument rien. Prêcher l'Évangile est aussi une des fonctions de notre ordre ; dans nos règles et constitutions est écrite cette obligation de prêcher partout l'Évangile : voilà pourquoi nous sommes dans le monde entier. On sait que le nombre des prêtres dans les trois ordres fondés par S. François est plus considérable que celui de tous les autres ordres ensemble.

Nous ne disons point ces choses dans l'intention d'exalter notre ordre, mais seulement afin de ne pas perdre, nous et notre ordre, la considération dont nous avons besoin. L'honneur de l'ordre et celui des prêtres, c'est l'honneur de Dieu même, c'est aussi le vôtre à tous. La preuve, c'est que Dieu, par son prophète, dit en parlant des prêtres : « Celui qui écoute l'enseignement des prêtres, c'est moi qu'il écoute : celui qui méprise les prêtres, c'est moi qu'il méprise ». Si donc les prêtres qui vous enseignent, tous tant que vous êtes, sont déconsidérés, vous-mêmes que vous en revient-il ? est-ce une recommandation pour vous d'être leurs disciples ? Comprenez bien les choses : les prêtres de l'ordre de

---

(1) Ne serait-ce pas Ricardus de Mediavilla [Middleton], un des quatre grands docteurs franciscains ? Ou Nicolas de Lyra *et* Richard de Middleton ?

S. François ne sont point au-dessous des prêtres de la Compagnie, et ne le leur cèdent point ; faites y bien réflexion, je vous prie. Cependant s'ils ne sont pas au-dessous, ils n'ont pas non plus la prétention de s'élever au-dessus : comme prêtres, tous ont même dignité. Tous indistinctement, pour vous enseigner l'Évangile, nous exposons notre vie, nous endurons des peines de toutes sortes ; nous ne sommes point venus de si loin, parce que nous n'avions pas de quoi manger chez nous, ni pour nous distraire, ou nous divertir ici. Pas plus tard que demain, ne serons-nous pas pris et brûlés, nous n'en savons rien. Pesez bien ces raisons, et ne pensez plus mal ni des prêtres de la Compagnie, ni des prêtres de S. François ; tous sont disciples de Jésus-Christ. Quant aux querelles et contestations habituelles parmi vous, considérez que c'est là une ruse du diable, pour empêcher le bien. Entendez plutôt ce que Dieu vous dit : Soyez unis, et que votre union soit le signe auquel on vous reconnaisse pour ses disciples.

J'aurais voulu vous écrire plus brièvement, mais dans un sujet de cette importance, je ne l'ai pu. Cependant quelle que soit cette lettre, elle ne contient pas un seul mensonge. Inutile de dire que vous pouvez la montrer à qui vous voudrez, à Sa Sainteté le Pape même, si bon vous semble, parce qu'il n'y a pas un mot dedans qui ne soit vrai.

Avec beaucoup d'égards et de considération

Le 16me jour du quatrième mois

Le Supérieur de S. François
Frère Diego de S. François.

Aux Communautés chrétiennes de

Ishidzumi   Hiwata   Owara   Yoshioka   Maeno
    Narita   Numada   Godo   Nagashiba

Epistola haec [gallice et japonice] fuit missa ad S. Cgnem de Prop. una cum epistola autogr. Vi. Ai. Osouf d. Tôkió d. 19 April. 1886 ad Card. Simeoni Pm S. Cgis d. Pr. F. in qua dicit illam epistolam japonicam fuisse inventam a Dño Drouart de Lezey missionario in Sendai apud familiam quandam ejsd. urbis.

Traduit sur le texte original par M. Ligneul, Miss. du Japon Septent. Tôkió, le 29 Mars 1886.

P. M. Osouf, Ev. d'Arsinoë, Vic. Apost. du Japon Septent.

LIVRE III.

Persécution sanglante.

1614-1625

1. Persécutions locales, confréries du martyre
2. Nombre des chrétiens vers 1614
3. L'édit dans le Kami — 4. Les exilés ; Juste Ukundono
5. La situation religieuse au sud du Japon
6. Guerre civile : fin de Hideyori
7. Hidetada successeur de Iyeasu (Daïfu Sama)
8. Persécutions locales, en 1618 persécution générale
9. Martyrs européens
10. Attitude des puissances. William Adams
11. Les daïmyo chrétiens
12. L'évêque du Japon, Valente
13. Activité et souffrances des missionnaires
14. Les martyrs (1613-25) Le B^x Louis Sotelo
15. Le Japon presque inaccessible

Nous ne croyons pas qu'il y ait, dans l'histoire dix-neuf fois séculaire de l'Église, un seul peuple qui puisse offrir à l'admiration de l'univers chrétien des annales aussi glorieuses et un martyrologe aussi étendu que le peuple japonais. Nous allons essayer de suivre ses luttes et ses victoires pendant l'espace de près d'un demi-siècle. Le détail en serait long, et donnerait grande édification aux chrétiens japonais de notre époque ; sans entrer dans l'infini détail de cette longue et cruelle tragédie, nous dresserons du moins la liste des exils et des martyres, soufferts pour le saint nom de Jésus ; dans quelques épisodes nous trouverons sujet d'admirer l'héroïque constance des fidèles et le dévouement de leurs missionnaires, que la crainte ne saura arrêter et que la charité poussera à toutes les saintes industries du vrai zèle et au sacrifice de leur vie pour maintenir les pacifiques conquêtes de la croix.

1. Nous avons eu l'occasion de montrer les heureuses dispositions des chrétiens japonais dans quelques provinces où la persécution les atteignit avant les décrets de 1614. Dès l'année précédente ils avaient formé en Arima des associations (kumi) sous la protection de Notre-Dame (1), dans le but spécial de se préparer par la prière et par de sanglantes flagellations à mourir pour la foi ; elles comptaient, après quelques jours, 3300 membres ; il s'en forma parmi les enfants de dix à douze ans, avec des règlements appropriés à leur âge : « Le feu de l'amour divin, écrivait l'évêque, s'est propagé bien au-delà d'Arima, dans les îles voisines du Higo. Ceux qui ont faibli une première fois ne sont admis dans ces confréries du martyre qu'après de légitimes satisfactions ».

C'est là, comme nous l'apprennent nos relations (2), qu'après la mort de l'amiral Augustin, Kato Kiyomasa son successeur au daïmyat, et Michel (Sukedono), l'indigne fils et héritier de Jean d'Arima, sévirent d'abord contre les fidèles. Non moins hostile à la religion, Mori (Terumoto) fit quelques victimes. Cependant jusqu'en 1614 la persécution

---

(1) Cerqueira, 5 octobre 1513. Pagès t. II, p. 108.
(2) de Valignani et Cerqueira, voir plus haut livre I, § 9.

fut locale et, si l'on fait abstraction d'une hécatombe (1) de cent martyrs (toute la parenté d'un généreux vassal chrétien de Mori), on ne compte pendant l'espace de quinze ans (1598-1612) que 28 fidèles mis à mort pour la foi. Sur près de 300 daïmyo, écrit Mr Steichen (1), quatre ou cinq à peine persécutaient les chrétiens.

Trente ans auparavant, Vilela et Frôës en avaient déjà fait la remarque : aussi longtemps que la foi serait tolérée par le pouvoir central, elle ne serait guère en butte qu'à des persécutions isolées, peu redoutables pour l'œuvre des conversions ; St François Xavier avait donc été bien inspiré, au jugement de Vilela, lorsqu'il avait conçu le dessein, exécuté par ses premiers successeurs, de répandre la foi dans le domaine shogunal : tout le Japon en effet, les daïmyo surtout, tenaient le regard fixé sur les provinces du centre. Avec son enthousiasme italien, Organtino célébrait les progrès de l'Église dans ce domaine, notamment à Miyako et Sakaï et croyait déjà voir tout le Japon suivre l'exemple de ces deux villes ; son enthousiasme, il est vrai, allait de pair avec une irréprochable prudence, et s'il eut la douleur de voir la persécution s'élever dans la capitale et faire six victimes parmi les missionnaires européens, il n'eut pas celle de voir dans la ville impériale de Yedo 25 chrétiens exécutés dans l'espace de quelques jours, leur missionnaire échappant à grand' peine à la vengeance du Shogun, et bientôt après la cause de l'Église mise en grand péril par l'édit de 1614.

2. Quel était en cette année là, après 65 ans de prédication évangélique, le total de la population chrétienne du Japon ? Au moment où une persécution générale va éclater,

---

(1) Voir livre I, p. 54.
(2) op. cit. pp. 290-294 et 435-439.

ce calcul offre de l'intérêt. Pour le faire, même approximativement, nous n'avons que des données incomplètes.

Rodrigue de Vivero y Velasco, gouverneur des Philippines, visitant le Japon et la nouvelle capitale Yedo en l'année 1610, portait le nombre des chrétiens à 1,600,000 (1). Quatre ans plus tard, un franciscain, le Bienheureux Richard de Sainte Anne (2) donnait le chiffre de 600,000, ajoutant qu'il restait à peine quelques provinces, où l'on ne rencontrât des fidèles. En 1626, la Propagande admettait encore le même chiffre. (3)

En attendant que de nouveaux documents inédits nous soient livrés par les archivistes dominicains (4) et franciscains et que nous y trouvions des renseignements plus détaillés, nous sommes réduits à nous former une opinion d'après les lettres des missionnaires jésuites : ils procèdent parfois par chiffres ronds, parfois ils indiquent plus exactement le nombre des adultes, baptisés dans chaque district (5) ; mais ils ne comptent pas les enfants baptisés dans les familles chrétiennes (6) ni tous les adultes baptisés par les catéchistes dispersés çà et là ou même par de simples fidèles ; en voici une preuve : c'est un fait intéressant qui confirme l'esprit de prosélytisme des japonais : en 1615, à un missionnaire, visitant les fidèles de Sumboki (Awa), on signale 200 japonais, convertis sept ans auparavant dans les domaines d'un petit seigneur (Satake-dono) par un chrétien de Fushimi, entré à son service ; baptisés par Pierre Fitomi, ils persévé-

---

(1) Pagès I, p. 190.
(2) Wading t. 35, p. 45. Lettre du 2 mai 1614.
(3) Pagès I, p. 640
(4) Plus haut [livre I, § 11, p. 61, n. 3] nous citons une lettre du P. Calaminio [bull. Ord. Praed.] qui nous autorise à exprimer ce souhait.
(5) Ainsi en 1614, au Chikugo 40, Urakami 50, Fodayama 50, Goto 60, Arima 77, Nagasaki [hôpital] 200, [collège] 400. En somme 877.
(6) « Non computati i bambini » lett. ann. 1615-19, p. 304., it. lett. ann 1619-21, p. 3. Le catholicisme, vol. préc. p. 270.

raient à merveille dans l'observation de la divine loi ; le missionnaire les confessa et les communia : ce qui leur fut une consolation ineffable : ils n'avaient jamais vu de prêtre. (1)

Or, après avoir indiqué en 1597 qu'ils avaient charge de 300,000 âmes (2), les jésuites signalent (3) de 1550 à 1598, 500,000 baptêmes d'*adultes*, de 1598 à 1614, en 16 ans 152,900 (4). Si nous ajoutons les enfants baptisés dans les familles déjà chrétiennes, nous n'aurons aucune difficulté à admettre le chiffre de 750,000 chrétiens, renseigné en

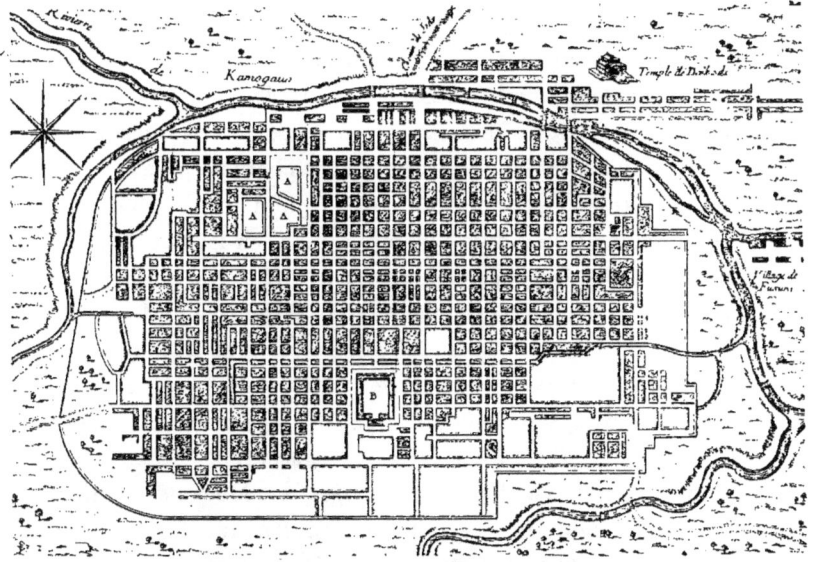

Miyako (Kyoto) au 18ᵉ siècle.

(Charlevoix II, 462)   A. *Quartier du Daïri* ; B. *Palais du Shogun*.

(1) *Lett. ann.* 1615-19, p. 86.
(2) Froës, *Relatione* citée, p. 51.
(3) Cardim, *Batalhas da Companhia de Jesus*, Lisboa, 1894, pp. 2-4.
(4) Ce chiffre correspond à la somme de ceux que donnent les *lett. ann.* de 1599-1607 et 1611-14 [3 années manquent] : 40000, 50000, 2375, 6630, 2280, 10000, 4500, 5500, 15000-2580, 4500, 4350, 877.

1605 (1). D'autre part, les franciscains, entrés depuis lors en plus grand nombre au Japon, comptaient (2) de 1611 à 1614, en trois ans, 15000 baptêmes. Mʳ Steichen se rapproche de la vérité, nous semble-t-il, en estimant à 1 million à peu près le nombre des chrétiens vers 1614 (3). Ce nombre, on le verra, augmenta encore au milieu des persécutions ; l'Église gagna plus de nouveaux fidèles (4) que les tyrans n'en livrèrent à la mort.

3. L'édit du 27 janvier 1614 fut d'abord exécuté à Miyako ; cette ville comptait 7000 chrétiens. Le gouverneur, d'un caractère très doux, (Itakusa Katsushige), aimait les religieux (5) ; craignant de surexciter la colère du souverain en lui révélant un nombre aussi considérable, il usa d'artifice. Ceux des fidèles, qui tenaient en location des maisons de païens, ayant été expulsés et réduits à chercher un asile dans les environs, sa liste de prescription ne portait que 4000 noms ; il la réduisit bientôt à 1600, en faisant rayer les noms des enfants et des serviteurs (6). Le recteur des jésuites, au lieu de renseigner 8 Pères, 6 frères et 20 dogiques, avait ordonné à la plupart de se disperser dans les faubourgs, se réservant de partir ostensiblement avec 2 Pères, 3 frères et 6 dogiques. Sept jonques furent mises à la disposition des exilés, le 22 février ; arrivés à Nagasaki, ils attendraient jusqu'en octobre le départ des navires vers Macao et Manille.

Un auxiliaire fut adjoint au gouverneur ; Sagamidono (Okubo Tadachika) n'était pas moins favorable aux chrétiens ; mais, ayant été compromis dans un complot (7), il

---

(1) Pagès I, p. 110.
(2) Wading l. cit.
(3) op. cit.
(4) Cardim en comptait [1ᵉʳ vol., p. 275] 25000 de 1614 à 1630.
(5) Voir Steichen, *op. cit.* p. 293.
(6) *Lett. ann.* de MDCXIV, p. 21.
(7) Voir note 2, p. 107.

jugea habile de répondre aux désirs du monarque en montrant du zèle : il détruisit les églises et les couvents et rasa tout le quartier de Matsubara, presque uniquement habité par des chrétiens ; il tenta de faire fléchir les plus courageux en les livrant à la risée ; il espérait que la considération et 'honneur du monde, si puissants sur l'âme japonaise, feraient des renégats ; il fit donc enfermer dans des sacs à riz et exposer sur la place publique de nobles dames, et parmi elles la sœur de Juste Ukundono ; mais les vaillantes chrétiennes subirent ces outrages, heureuses d'avoir part aux dérisions qu'a subies Jésus-Christ dans sa passion.

A Osaka, Ichinokami (Katagiri Katsumoto) somma les fidèles de se dénoncer eux-mêmes : il s'en présenta 300 ; comme le gouverneur n'en voulait arrêter que 50, les autres protestèrent ; le petit-fils du daïmyo Hachisuka Iemasa (1) s'empressa avec sa femme de s'adjoindre à eux ; mais ordre avait été donné de ne pas molester les grandes familles ; les satellites refusèrent de les conduire en prison.

A Fushimi et Sakai, les lettres annuelles signalent de généreux et riches chrétiens (2), que ni menaces ni promesses ne purent séduire : fiers soldats de leurs seigneurs païens, mais plus fiers soldats du Christ, et que rien ne faisait reculer. Leur courage devant les opprobres et devant la ruine de leurs espérances terrestres décidait 50 païens à embrasser leur religion. Quelles grandes âmes l'on trouva parmi ces néophytes japonais !

4. Au commencement d'avril, la sentence d'exil fut enfin portée contre 47 chrétiens de Miyako et 29 d'Osaka. De ces exilés, déportés au Tsugaru, dans la province la plus septentrionale du Japon, il nous reste des lettres, touchantes

---

(1) La famille survit dans le marquis de ce nom.
(2) Marc Mangabioye et Grégoire Takumia.

de foi et de générosité (1). « Condamnés à défricher des terres incultes, et novices dans le métier, le Souverain nous trouvera toujours disposés à subir ces travaux, pourvu qu'il nous soit permis de suivre la divine loi... Au milieu de cette immense calamité, supportée par amour pour Lui, le Seigneur Jésus nous fait la grâce d'une joie inénarrable ». Ils avaient eu la joie d'être accompagnés d'un catéchiste (2) ; ils eurent l'avantage d'être placés sous l'autorité d'un daïmyo chrétien (Tsugaru Nobuhira, Yetshundono). Cependant la famine s'ajouta à leurs épreuves : « Cette année-ci, il n'a pas germé dans le Tsugaru un seul grain de riz ; nous ne subsistons que de feuilles d'arbres et de racines : nous nous efforcerons de nous maintenir en vie jusqu'à la troisième lune de l'année prochaine, où quelque navire pourra nous apporter du riz ».

Depuis douze ans, à Kanazawa (Kaga) Juste Ukundono (3) avait obtenu l'établissement d'une résidence de la Compagnie de Jésus ; avec sa famille et celles du daïmyo Jean Naito Tokuan de Tamba et de son fils Thomas, il était le soutien d'une florissante chrétienté ; ils avait alors soixante ans. L'édit l'atteignit le 14 février. Le brave chrétien voulut partir pauvre, accompagné de sa femme, d'une fille que son mari abandonnait et de ses quatre petits-enfants. A cette famille et à celle de Naïto les fidèles de Miyako et d'Osaka, Hideyori lui-même, rendirent des hommages d'admiration ; comme ces manifestations inquiétaient le pouvoir, préoccupé des dangers d'une guerre civile entre ses partisans et ceux de Hideyori, les proscrits eurent ordre de se rendre par mer à Nagasaki. Ici providentiellement ils jouirent pendant quelques mois des bienfaits de la paix : les édits avaient été publiés, les onze églises et les couvents étaient fermés ; un

---

(1) Pagès II, pp. 118, 131.
(2) Kiusaï, dogique. *Lett. ann.* 1615-19, p. 89.
(3) Voir tome précédent pp. 136, 187, 195, 221, 235 et Steichen p. 353.

officier (Surungandono) avait été envoyé en l'absence de Sahiôe avec des troupes pour réprimer toute tentative de révolte ; mais il put faire savoir à Daïfu Sama qu'il n'y avait aucun dessein d'opposition aux décrets ; Gonroku, lieutenant de Sahiôe, usant d'une sage modération, autorisait le culte dans les maisons des notables et refusait aux bonzes l'autorisation de s'emparer des églises. Pendant le mois de mai, dominicains, franciscains, augustins et jésuites organisaient (1) des processions de pénitence, sans que le décret parût y faire obstacle.

La confrérie de la Miséricorde, très florissante, soulagea généreusement les souffrances des proscrits. Enfin au mois d'octobre (2) ils se rendirent en exil. A Manille le vice-roi Jean de Silva, l'archevêque, les religieux, tous les habitants leur témoignèrent la plus vive sympathie : « Nos japonais, écrivait-on de Macao (3), en apprenant les honneurs qu'on leur a rendus, nommément à Juste Ukundono, ont été touchés de tant de charité chrétienne ; lorsque quelques mois plus tard ils ont appris la sainte mort de ce grand chrétien à Manille (5 février 1615) et les solennelles funérailles qui lui furent décernées, ils ont éprouvé une profonde douleur, mais aussi une sincère reconnaissance ». Le vice-roi avait assuré des revenus à la famille du défunt et à tous les exilés (4). Le recteur des jésuites de Manille, Jean de Ribeira, les Pères de Ledesma et Fr. Calderon, par leur charité pour les exilés, méritèrent les remercîments du Général de la Compagnie (5).

---

(1) Pagès, t. II, pp. 430-437.
(2) *Lett. ann.*, 1615-19, pp. 36-40.
(3) Jean Ureman, Macao 13 déc. 1616, *ib.* p. 93.
(4) Sur Julie Nakashima et son couvent de Manille, voir Cordara, *Hist. S. J.* ad ann. 1629 n. 200.
(5) *Regist. litt. General.* — *Missio philippensis msc.* Les catalogues de Manille en 1614 portent les noms des PP. Melchior de Mora, Fr. Calderon, Pierre Morgon, Barth. Suarez, Garcia Garces et Séb. Vieyra, Didace Yuki, Mart. Moan, ordonnés ici — des fr. Vota, Matçuda, Andr. Saïto, Th. Figueiredo, Pierre Chiken — et de 5 décédés Math. Sanga, Saïto, Alvarez Ant., Fr. Critana et Paul Reoin.

5. Du Japon même, un missionnaire écrivait à ses confrères de Milan (1) le 1ᵉʳ octobre : « Jamais il n'y a eu pareille persécution : on détruit toutes les églises et tous les couvents ; tous les Pères sont bannis par édit royal. Les chrétiens se voient sollicités de toutes manières à abjurer la foi ; aux uns on confisque leurs biens et on les réduit à errer çà et là ; les autres subissent la mort : déjà 58 martyrs ont donné au Christ le témoignage de leur sang. Vous saurez les détails par les lettres communes des deux dernières années, et vous répandrez des larmes sur tant de souffrances des Pères et des fidèles, et vous comprendrez combien nous avons besoin de vos prières... Quelques-uns des nôtres se sont embarqués pour les Philippines, d'autres pour Macao ; vous supposez aisément leur douleur : ils s'offraient à demeurer au Japon au péril de leur vie pour le bien de la chrétienté ; mais nous sommes soixante : vingt furent choisis pour se disperser çà et là et pour se cacher, en vue de porter secours aux fidèles pendant cette cruelle persécution ; je suis, quoique indigne, l'un des vingt élus... Mes larmes m'empêchent d'en écrire davantage. Daigne le Seigneur prendre cette Église en pitié, de peur que les impies ne blasphèment et ne disent : Où est leur Dieu ! » Quelques mois plus tard le même écrivait au Général de la Compagnie (2) : « Votre Paternité sera consolée en apprenant que depuis le mois de novembre, où nous nous dispersâmes, il y a eu 45 martyrs en Arima ; il n'y en eut pas davantage parce que les satellites repoussaient les autres fidèles : « Nous n'avons pas renié », criaient-ils ; mais on étouffait leurs protestations en leur serrant la gorge. Au Kami, il y eut 3 martyrs. Ce qui nous fait de la peine, c'est que le Seigneur n'a encore appelé au

---

(1) J. B. Porro, 1 oct. 1614. [*Epist. Jap. msc.*] Il se recommandait à leurs prières et nommait 40 pères et frères qu'il avait connus.
(2) Id. 13 fév. 1615, *Ib.*

martyre aucun des nôtres. Nous vivons dispersés et dans un isolement où nous ne trouvons d'autre consolation que nos fidèles et la Sainte Messe ».

Parmi les martyrs des 22 et 23 novembre 1614 il y en avait cinq de la chrétienté, confiée à l'amour du Père Marc Ferraro, italien : « J'ai perdu cinq de mes bien-aimés, écrivait le pauvre Père (1) e il citait leurs noms, inconnus sans aucun doute à son correspondant de Naples, mais qu'il se plaisait à se redire à lui-même ; à Kozura Pierre Kivan, noble et fervent chrétien, était depuis seize ans mon fils en Jésus-Christ : le voilà mon intercesseur ; Georges Akafoshi (étoile vermeille) de Kumamoto en Higo, grand homme de guerre, avait pendant deux ans pris nos dépenses à sa charge, alors que le vaisseau et nos ressources furent capturés par les anglais ; les païens eux-mêmes ont admiré son courageux martyre ; il s'y était préparé par une retraite ; mon très cher Adrien, un des premiers chrétiens d'Arima, avait enlevé le saint corps de la vierge Madeleine, martyre avec sept autres chrétiens immolés dans le feu (2) ; Jean de Kozura offrait lui-même ses mains et ses pieds au bourreau qui devait les mutiler ; un cinquième avait eu la faiblesse d'apostasier d'abord, mais il fit pénitence pendant dix mois de prison et subit le martyre le 25 janvier ».

Nagasaki, où l'on comptait 50.000 chrétiens, jouissait encore d'une paix relative. Plusieurs missionnaires s'étaient embarqués, qui, d'intelligence avec quelques fidèles discrets, débarquèrent à une petite distance de la ville : « A quelques lieues de Nagasaki, écrivait le Père Jérôme Rodriguez (3), j'ai atterri avec plusieurs de mes frères. Nous sommes cinq, dont quatre Pères japonais (Antoine Ishida, Mancio Hira-

---

(1) 25 nov. 1615 au P. Spinelli Ant. Provincial de Naples [*Epist. Jap. msc.*]
(2) Voir plus haut, liv. II, p. 97.
(3) 17 mars 1615, [*Epist. Jap. msc.*]

baiashi, Sébastien Kimura et François Louis) cachés dans la ville et dans les environs ; les autres sont dispersés dans diverses provinces (au Chikuzen Fr. Eugenio, au Bungo Paul Navarro, au Takaku Jean de Fonseca et Julien Nakaura, au Kami Jérôme de Angelis, Christophe Ferreira, Balthasar de Torres, Benoit Fernandez et J.-B. Porro) (1). Nous nous habillons ou bien à la japonaise, ou bien selon les circonstances, à la façon des marchands et marins portugais. »

C'est Jérôme Rodriguez, qui exerça les fonctions de supérieur en l'absence du Provincial Valentin Carvalho. Au sujet de ce dernier le Bienheureux Charles Spinola écrivait au Général de la Compagnie (2) que « l'œuvre de destruction et de dispersion avait ébranlé son courage ; pieux, humble, affable, il était aimé de tous : mais il ne savait pas vaincre la peur ». Il mourra quinze ans plus tard à Goa.

Le Père Sébastien Vieyra, réservé à une glorieuse carrière, arriva en 1617 comme Visiteur ; avec lui, et même auparavant, plusieurs missionnaires des quatre Ordres furent assez heureux pour rentrer dans leur chère mission. Un saint zèle en amènera même dans la suite un grand, un trop grand nombre, qui ignoraient tout de la langue et des mœurs japonaises, et l'on se demandera avec Vieyra (3) pourquoi, sans pouvoir être d'aucun secours aux fidèles, ils venaient chercher le martyre, au risque d'exciter la colère des tyrans et d'entraîner le martyre d'un grand nombre, mais aussi beaucoup d'apostasies.

6. Les fidèles de Nagasaki sentirent l'espoir renaître dans leur cœur en voyant s'éloigner Sahiôe ; le gouverneur avait appris à Kuchinotsu que la guerre civile, redoutée depuis

---

(1) A Nagasaki vinrent encore Ch. Spinola, J.-B. de Baeza, J.-B. des îles i.e. Machado ou Tavora, Cam. Costanzo, etc.
(2) Nagasaki, 18 mars 1616 [*Ib.*]
(3) En 1632, voir Pagès I, 763, note 2.

quinze ans, venait d'éclater ; il dut rejoindre l'armée de Daïfu Sama (1) ; c'était une trêve à la persécution, l'exécution de l'édit était suspendue dans les provinces du Sud.

Notre sujet ne demande pas que nous nous engagions dans le détail de cette guerre civile. L'usurpateur avait jusqu'alors entouré le fils de Taïko Sama, Hideyori, des honneurs dus à l'héritier légitime, et l'avait laissé en paix à Osaka ; arrivé à l'âge de 80 ans, il décela enfin son projet et infidèle à ses serments (2) il voulut léguer le pouvoir à son propre fils, Hidetada. Il avait vaincu à Seki-ga-hara ses collègues du conseil, trop fidèles à la cause du jeune Hideyori ; son ambition chercha à ruiner toutes les espérances de son pupille et de ses partisans.

Auquel des deux compétiteurs les daïmyo et les samuraï chrétiens attacheraient-ils leur sort ? Il paraît bien, par le jugement qu'énonçait l'annaliste de Macao après la défaite du prétendant légitime (3), que la cause de la religion chrétienne n'était guère intéressée à son triomphe : « Encore qu'il se fût toujours montré bon et tolérant à l'égard des chrétiens et que pour cette raison, depuis l'édit, on crût devoir souhaiter le succès de ses armes, on reconnaît néanmoins aujourd'hui que c'est par un dessein de la Providence que sa cause a succombé ; sinon dès l'abord, après quelque temps du moins, et une fois bien établi sur le trône, il eût été, c'est très probable, plus cruel que Daïfu Sama lui-même ; en effet, depuis la défaite des trois tuteurs (à Seki-ga-hara), voyant qu'il ne lui restait que peu d'espoir du côté des hommes, il avait mis toute sa confiance dans ses idoles : il ne s'occupait avec sa mère qu'à reconstruire, avec les immenses trésors amassés par son père à Osaka, les temples démolis ; pour

---

(1) *Lett. ann.* 1615-19, p. 38.
(2) Voir liv. I, § 8, p. 46.
(3) *Lett. ann.* 1615-19, p. 24. Lettre d'Ureman, Macao, 13 déc. 1616.

les bonzes et les autres ministres de l'idolâtrie, il était prodigue d'argent ; il rétablissait à Osaka les processions tombées en désuétude et dépensait pour chacune 6000 écus d'or. Vainqueur, il aurait attribué son triomphe aux kamis et aux fotoques et leur aurait prouvé sa reconnaissance. Aussi disait-on parmi les bonzes que l'enjeu de la lutte n'était pas tant le trône de Hideyori que le culte national. A Miyako et ailleurs, il avait élevé en l'honneur de son père des temples où il le faisait honorer comme le nouveau dieu des batailles. Comprenant que la loi évangélique ne pouvait agréer ces folles superstitions, Hideyori se serait fait un devoir de la détruire. Aujourd'hui au contraire par la destruction d'Osaka, le culte des kamis et des fotoques est tombé en discrédit : « Nos dieux, disent les païens, sont des gueux, et le Taïko, le nouveau dieu des batailles, a été lui-même impuissant à protéger son propre fils. Daïfu Sama, dit-on, s'est moqué de ce nouveau dieu, et des kamis et des fotoques qui n'ont pu secourir son jeune rival ».

Quelque jugement que l'on veuille porter sur cette appréciation, désintéressée mais, comme on le verra, un peu précipitée, on ne peut méconnaître que les daïmyo et samuraï chrétiens, libres de se prononcer, ne se soient portés vers le camp de l'héritier légal de Taïko Sama. Si l'on s'en rapporte à Richard Cocks, alors agent de la compagnie anglaise à Hirado (1), les jésuites et les autres religieux, qui accusaient les anglais d'avoir poussé Daïfu Sama à la persécution, avaient la promesse de son compétiteur qu'ils auraient libre entrée au Japon et que les hérétiques seraient exilés. Sur d'autres points cet agent était trop mal informé pour qu'on accepte cet unique témoignage : les missionnaires au reste savaient à quoi s'en tenir quant à la

---

(1) 25 fév. 1616. *Calendar* cité, *Colonial East-India* 1513-1616, p. 461.

sincérité des païens et même de beaucoup d'amis. Le fait est que, d'après Mr Steichen (1), on peut évaluer à 3000 le nombre des chrétiens qui, sous la conduite d'Akashi Kamon, le beau-frère de l'amiral Augustin, prirent part à la célèbre bataille d'Osaka ; parmi eux se rencontraient les anciens samuraï de Juste Ukundono et d'autres du Gokinaï et du Fukoku ; leurs bannières portaient une croix et les images du Sauveur et de S. Jacques : deux franciscains, un augustin, deux jésuites et deux prêtres japonais faisaient fonction d'aumônier : l'un de ces derniers, François, fils d'André Toan Murayama, et un dogique (Michel Shuko) périrent dans la mêlée ; quant au Père jésuite Jean-Baptiste Porro, après avoir passé la nuit au milieu des débris fumants de la ville incendiée, il essaya de s'échapper et se dirigea vers le camp de Masamuné, qui combattait dans l'armée de Daïfu Sama ; comme il sollicitait un sauf-conduit pour Nagasaki, le « catéchumène » du Père Sotelo lui fit savoir par un serviteur qu'il en donnerait un aussitôt à tout étranger, sauf à un chrétien. Le missionnaire trouva meilleur accueil auprès des soldats du daïmyo d'Awa (Hachisuka Iemasa) (2) et d'un (keraï) vassal de Fukushima (Tsukuda Matayemon), l'un et l'autre fervents chrétiens (3).

Hideyori avait mis le feu à son palais et avec ses généraux demeurés fidèles, il avait fait le *harakiri*, seule façon d'échapper à un traitement ignominieux (5 juin 1616). Le vainqueur fit traquer partout ses adhérents : on les lui amena par troupeaux et on les égorgea ; par son ordre 400 forteresses furent rasées (4).

La lettre annuelle, qui nous fournit ces détails, donne

---

(1) Op. cit. p. 369.
(2) La famille survit dans le marquis de ce nom.
(3) Lettre du P. Porro dans Pagès II, p. 125.
(4) *Lett. ann.* 1615-19.

quelques témoignages du respect que le vainqueur savait témoigner à la vertu chrétienne. Parmi les fugitifs d'Osaka, la fille du général chrétien Akashi Kamon ayant été arrêtée par des soldats, se vit en danger de subir des outrages ; elle tombe à leurs pieds et tendant le cou demande la mort pour sauver son honneur, puis tout à coup se ravisant et se faisant connaître : « Menez-moi devant le Souverain », dit-elle avec une noble fierté. On l'y conduit : Daïfu Sama la reconnaît et lui donne la vie sauve : « Combien de frères avez-vous ? lui demande-t il. — Quatre, répond-elle ; le cinquième est entré en religion. — Mais vous êtes chrétienne, comme votre père, reprend le souverain ; eh ! bien restez chrétienne fidèle, et recommandez à votre Dieu l'esprit de votre père : il vient de périr ». — Il lui fit remettre des vêtements de soie, quelques ressources d'argent et un sauf-conduit. D'autres dames chrétiennes, femmes fortes, surent également commander le respect et sauver leur honneur dans le désastre d'Osaka (1).

7. Son rival une fois disparu et la guerre civile terminée, Daïfu Sama rentra au Suruga (Shizuoka), sa résidence habituelle ; Hidetada, son futur successeur, se fixa à Yedo. « De là, écrivait-on le 13 décembre 1616 (2), ils gouvernent pacifiquement l'empire ; dans l'opinion règne cependant une certaine inquiétude, parce que le Daïfu tombe en décrépitude et que le fils ne paraît pas être en état de porter le poids d'un gouvernement aussi étendu ; tant que vivra le père, la paix civile est assurée. ».

Deux ans plus tard (3) le Père Constanzo constatait que la paix n'était point troublée : le vieux monarque était

---

(1) *Lett. ann.* citée p. 73.
(2) *Ib.* p. 24 ; cette lettre est datée de Macao, où la nouvelle de la mort du Daïfu n'était pas encore arrivée.
(3) Macao, 28 déc. 1618, *ib.* p. 277.

décédé un an après la victoire d'Osaka (2 juin 1616), mais le Shoghun Hidetada son fils montrait de la fermeté et retenait auprès de lui les daïmyo les plus turbulents. Naguère Taïko avait été aussitôt après son décès élevé aux honneurs divins et proclamé dieu des batailles ; des honneurs semblables furent décernés à Daïfu Sama : un temple superbe fut construit en son honneur à trois journées de Yedo, sur le mont Nikosan, et en mai 1618 parmi de solennelles démonstrations religieuses il fut officiellement reconnu « Kami du pays où naît le soleil » (Hinomotodono Daïgugen). Le nouveau monarque se rendit ensuite à Miyako pour offrir ses hommages au Daïri (22 août), hommages purement honorifiques ; car le Daïri n'était plus qu'un personnage de parade ; le gouvernement effectif du Japon passait définitivement à la dynastie des Tokugawa.

Que pouvait-on espérer de Hidetada pour la religion chrétienne ?

On avait constaté, à l'occasion de son avènement, quelque adoucissement dans l'exécution des édits de 1614 ; mais le Père Costanzo, sans se faire trop illusion, écrivait en 1618 (1) : « Seigneur universel du Japon par la mort de son père, il a hérité de sa haine contre le christianisme ; aussi bien, peu après son avènement (septembre 1616) il a intimé à tous les gouverneurs de ne tolérer, ni à leur service, ni sur leur domaine, aucun chrétien. La persécution reprit donc dans la mesure où les dispositions personnelles des gouverneurs étaient favorables ou hostiles à notre sainte foi. Aucune exception n'était formulée pour Nagasaki ; on comprit cependant que dans ce port, où se tient l'unique grand marché du pays, on userait de ménagements, les habitants étant si enracinés et si fermes dans leur religion qu'ils lui sacrifieraient les avantages temporels et même la vie ;

---

(1) *Ib.* p. 280.

mais quant aux prêtres et aux religieux, on ne les tolérerait d'aucune façon : enlever aux fidèles leurs directeurs et leurs pères, ce serait le moyen naturel d'éteindre la foi. Si pendant ces trois années-ci (c'est la réflexion de l'annaliste) il n'y a pas eu de persécution bien vive, ç'a été parce que l'on croyait que tous les religieux avaient quitté le pays. Par malheur, cet interstice et cette apparence de bon vouloir de la part de quelques gouverneurs ont donné lieu à beaucoup de chrétiens d'agir plus librement et à découvert, en sorte que leurs ennemis, tout en procurant à plusieurs le bonheur de mourir pour le nom de Jésus-Christ, en ont pris occasion de nuire à la religion et aux intérêts de tous ».

8. C'est à partir de 1618 que la persécution devint plus générale. En effet, pendant toute l'année 1615, une quinzaine seulement de fidèles furent exécutés, parmi eux six pauvres lépreux, qui avaient accueilli et caché des fidèles de Tsuruza, et deux de ces derniers qui succombèrent aux tourments qu'on leur infligea ; à Yedo même, deux chrétiens, dont l'un avait ostensiblement reçu et abrité un Père franciscain (1).

En 1616, la persécution ne fit que douze victimes.

En 1617, au commencement de l'année japonaise (nouvelle lune de février), selon la coutume, le petit-fils de feu Barthélemi le daïmyo d'Omura fit la visite de cérémonie à la Cour d'Yedo ; il en revint avec ordre de faire une enquête sérieuse à Nagasaki et d'embarquer tous les missionnaires. Trois ans auparavant, on avait réussi à limiter le nombre de ceux qui partaient pour l'exil (2) ; réussirait-on encore à tromper les autorités ? Dès qu'ils eurent connaissance du péril qui les menaçait, les fidèles notables demandèrent conseil au Père Jérôme Rodriguez, supérieur des jésuites ; tous les

---

(1) *Ib.* p. 85.
(2) Liv. I, § III, p. 5.

missionnaires se mirent aisément d'accord pour aviser au moyen de sauver la chère chrétienté : 5 jésuites sur 33, 2 dominicains sur 6, quelques-uns des 10 franciscains s'embarquèrent (1) ; il fut décidé que les religieux restants renonceraient à porter l'habit de leur Ordre, et s'habilleraient à la japonaise ou se déguiseraient en marchands européens ; quelques-uns demeureraient cachés dans la ville même, d'autres dans les environs ; les fidèles, si on les interrogeait, avaient pour consigne de répondre que les missionnaires étaient partis pour l'exil et qu'on ne savait pas où il en pouvait rester. Hélas ! comme l'écrivait le Père Costanzo (2), partout au bon grain se mêle l'ivraie ; il y avait des renégats, et parmi les fidèles mêmes il y avait de mauvais chrétiens ; les officiers d'Arimandono, alors encore bien disposé, surent mettre en jeu la ruse et la dissimulation pour découvrir les missionnaires.

9. Le premier qui leur fut livré, le Père franciscain, Pierre de l'Assomption, avait été signalé à Kikitsu près de Nagasaki par un misérable traître, qui feignait de chercher un confesseur pour un mourant ; le religieux fut arrêté et conduit à la prison d'Omura (3) : « En attendant le bienheureux jour où je donnerai ma vie pour Celui qui le premier l'a donnée pour moi, écrivait-il à son supérieur, félicitez-moi de mon bonheur ». Il recommandait la charité, la cessation de tous différends, l'union en Jésus-Christ : la femme du geôlier, bonne chrétienne, lui transmettait en secret les lettres et ce qu'il fallait pour célébrer la sainte messe. Il était, ajoutait-il, « l'homme le plus consolé du monde ». Un jésuite, le Père Jean-Baptiste Machado, fut

---

(1) Bartoli, l. 4, c. 2.
(2) *Lett. ann.* citée p. 283.
(3) Pagès II, 169, donne deux lettres du martyr.

arrêté peu de jours après le franciscain ; envoyé par l'obéissance pour visiter les fidèles des îles de Goto, il entendait les confessions à Hanoko, quand il fut trahi et livré aux officiers *(bungio)* ; le 22 mai, il écrivait un dernier billet à un confrère (1) : « En ce moment même, mon Père, je reçois l'annonce de ma mort imminente ; je meurs pleinement consolé, puisque c'est pour l'amour du bon Jésus et en témoignage de sa sainte loi que je puis donner ma vie ; je lui rends grâces de ce bienfait, que je ne méritais pas, indigne fils que je suis de ma bien-aimée et sainte Compagnie de Jésus ».

Au moment où ils allaient être décapités, le gardien de la prison voulut étendre deux tapis devant les martyrs, afin que leur tête et leur sang ne touchassent pas le sol : ils refusèrent, en disant par un beau sentiment d'humilité : « Laissez nos corps rentrer dans la poussière ». Des centaines de fidèles furent les courageux témoins de cette immolation, et aucune crainte ne put arrêter leurs manifestations de respect pour les saintes reliques ; ils étaient accourus de Nagasaki, *à pioggia*, dit l'annaliste : il pleuvait des chrétiens ; le sang du Christ bouillonnait dans leurs veines, et à côté d'eux les renégats regrettaient leur apostasie, touchés par ce généreux sacrifice (2).

Deux jours après ce glorieux martyre, le Père Alfonse Navarrete, vicaire-provincial des dominicains, se crut inspiré de Dieu pour aller, sur les lieux même de l'exécution, consoler les fidèles et les encourager en donnant l'exemple ; il espérait aussi s'emparer des reliques des deux martyrs : par une pensée de zèle, il avait écrit une lettre au daïmyo Barthélémi d'Omura, dans l'espoir de réveiller le remords dans l'âme du persécuteur. Un Père augustin, Ferdinand

---

(1) *Ib.*, pp. 171-175, 5 lettres du Bienheureux.
(2) *Lett. ann.* citées p. 294.

de S. Joseph (1), et plusieurs fidèles de Nagasaki se joignirent à cette entreprise, et sur le chemin d'Omura des foules suivirent; les deux missionnaires avaient repris l'habit religieux et s'étaient fait ouvrir la couronne monacale ; ils célébraient la messe en pleine campagne, les confessions duraient des nuits entières, et la foule allait toujours grossissant. Le daïmyo, redoutant la vengeance qu'attirerait sur lui une contravention aussi bruyante aux ordres du Shogun, se hâta de faire arrêter les deux missionnaires : de Nagayo, à trois lieues de Nagasaki, il les fit conduire, d'une île à l'autre, jusqu'à l'île quasi déserte de Takashima ; ils y furent exécutés par le glaive avec un jeune chrétien, Léon, qui avait pu les suivre jusque là. La courageuse manifestation, vrai triomphe momentané de la foi, coûtait la vie à deux vaillants missionnaires (1 juin 1617); mais, comme l'écrivait le Père Orfanel, dominicain et futur martyr (2), « le témoignage de leur sang, plus persuasif que les discours, frappait de stupeur les païens et animait les fidèles à s'offrir au péril. Le Seigneur, ajoutait-il, avait voulu dans l'espace de quelques jours se choisir un religieux de chacun des quatre Ordres, afin d'encourager tous les missionnaires par la perspective d'un sort aussi glorieux ».

Le Père Sébastien Vieyra, supérieur des jésuites, écrivait à la fin de cette même année 1617 (3) : « La persécution devient plus vive, et çà et là d'une cruauté ingénieuse, mais qui ne lasse pas nos chrétiens ; on leur laisse la vie, mais on les mutile, et mutilés on les abandonne ou on les jette dans des prisons, où plusieurs meurent des suites de ces affreux traitements. Les bonzes sont désespérés de cette résistance,

---

(1) Pagès II, 175-182 donne des extraits de 6 de ses lettres, et de 3 lettres du Bx Alfonse. Le Bx Ferdinand avait échappé à la déroute [rota] d'Osaka.
(2) Ib. pp. 183.
(3) 17 déc. Epist. Jap. msc.

et ils voient avec dépit la foi se répandre davantage ; notre lettre annuelle vous apprendra que nos 33 Pères et frères ont encore gagné 1600 nouveaux fidèles. Cependant on condamne déjà ceux qui recèlent un missionnaire, et même les voisins qui ne dénoncent pas les receleurs : la moindre peine est la confiscation et la ruine ». A Kuchinotsu, après avoir subi la mutilation, une vingtaine avaient été décapités (1). A Tsuruga, six nobles seigneurs s'étant présentés aux autorités pour se déclarer chrétiens, furent marqués au fer rouge du signe de la croix : on leur coupa les extrémités des doigts et on leur énerva les jarrets ; ainsi mutilés on les porta au lazaret des lépreux, où deux martyrs succombèrent le jour même à leurs souffrances ; un troisième, Hara Mondo, capitaine des arquebusiers du Taïko défunt, traînera pendant six ans une vie de misère et de patience et mourra sur le bûcher (2).

A Nagasaki, les deux chrétiens qui avaient accueilli et hébergé le Bienheureux Alfonse Navarrete, avaient eu la tête tranchée : ils avaient espéré cueillir la palme avec lui ; ils ne la cueillirent qu'après avoir subi pendant cinq mois les rigueurs de la prison (3).

En octobre 1618, Vieyra annonçait encore une cinquantaine de martyrs (4), mais en compensation, 1200 baptêmes d'adultes : « Le monarque, ajoutait-il avec une fierté apostolique, est moins puissant contre Dieu et contre nous qu'il ne l'a été contre ses ennemis, les soutiens de Hideyori » (5).

Le supplice épouvantable du feu avait déjà fait des victimes en Arima (7 oct. 1613) et au Tsugaru (26 nov. 1616); mais dès

---

(1) 23 nov. 1614.
(2) Pagès cite les 6 martyrs 2 fois par erreur, p. 282 et 331. Voir *lett. ann.* citées p. 83-86.
(3) Leur lettre dans Pagès II, p. 190.
(4) 16 oct. 1618. *Epist. Jap. msc.*
(5) Osaka 15 sept. 1619. *Ib.*

1618 des bûchers se dressaient au Nagato (10 avril 1618) et à Nagasaki même (25 novembre 1618) ; cependant les généreux combattants du Christ surent démontrer que le feu de l'amour divin éteint les ardeurs des flammes : « Le jour de Ste Catherine, écrivait un missionnaire (1), douze chrétiens ont été brûlés vifs à Nagasaki, pour avoir débarqué ou hébergé un prêtre japonais, André le fils d'Antoine Toan, rentré de l'exil de Manille (2). Désormais il deviendra difficile à nos missionnaires de trouver un abri : la confiscation de leurs biens, édictée contre ceux qui se rendraient coupables de cet acte de charité, suffirait bien pour en diminuer le nombre ». Toute la famille subissait le châtiment infligé à son chef. C'est ce qu'objectaient certains ouvriers au Père Joseph de S. Hyacinthe : « Nous sommes prêts à mendier notre vie ; mais que deviendront nos femmes et nos enfants ? » Le futur martyr dominicain leur adressait deux admirables lettres, pleines de son âme apostolique et de son cœur de père : « N'écoutez pas ceux qui, pour vous faire renier votre chef, Jésus-Christ, vous parlent de sa miséricorde et vous promettent le repentir et le pardon. Ne croyez qu'aux paroles de vos Pères et de vos maîtres, aimez-les, consultez-les, sans distinction d'Ordres et sans prévention » (3).

La petite Rome, la ville toute chrétienne de Nagasaki vit pour la première fois, le 25 novembre 1618, ce spectacle horrible et qui ferait horreur aux mœurs japonaises d'aujourd'hui : trois époux chrétiens avec leur femme, l'une mère de deux filles âgées de moins de 16 ans, et une autre, mère de quatre enfants au-dessous de 10 ans, (le dernier ne

---

(1) J.-B. Porro, e Japonia fer. 4ª. Cinerum 1619. *Ib.* Martyrologe n° 70.
(2) De fait les mariniers avaient habilement amené 2 dominicains 2 franciscains et d'autres prêtres japonais [Pagès I, 279].
(3) Pagès II, 227-233.

comptait que 9 mois), en tout 14 enfants de la Sainte Église mourant dans les flammes. Mais combien d'autres atrocités nous révélera la suite de cette histoire, nécessairement trop abrégée ! Puissent-elles faire comprendre ce que ce beau peuple a subi de malheurs et perdu d'avantages temporels pour n'être pas entré trois siècles plus tôt dans la voie de la civilisation chrétienne !

Richard Cocks, le capitaine anglais, que nous avons déjà cité, écrivait (1) : « Ce gouvernement du Japon est la plus grande et la plus puissante tyrannie, que le monde ait jamais connue... Grand ennemi des chrétiens, l'empereur met à mort tous ceux qu'il découvre ; j'en ai vu martyriser à Miyako (2) 55 à la fois, et parmi eux de petits enfants de 5 ou 6 ans, brûlés vivants dans les bras de leur mère, qui criait : Jésus, recevez leurs âmes ! ...Il y en a beaucoup en prison, qui d'heure en heure attendent la mort ; car très peu retournent aux idoles ».

Le martyre, auquel assistait le capitaine anglais, eut lieu le 7 octobre 1619, et l'on comprend que la vue de cette exécution en masse lui ait arraché une protestation indignée contre la tyrannie. Sur les rives du Kamogawa à Miyako il vit, liés à des poteaux, espacés de quatre à cinq brasses, des fidèles de la capitale, du Bungo et de sept autres provinces ; au centre étaient les mères avec leurs petits enfants : l'une, Thecla, tenait dans ses bras une fille Lucie âgée de 4 ans et, liés à leur mère, deux fils Thomas et François, âgés de 9 et 10 ans ; elle pouvait voir à quelques pas plus loin, attachés à des croix, deux autres de ses enfants, Catherine et Pierre. Quand les bûchers s'allumèrent, on la vit, oubliant ses propres souffrances, caresser la tête et les visages de ses

---

(1) 10 déc. 1614, de Hirado et 10 mars 1620, de Nagasaki [*Calendar, Colonial* 1613-1616, p. 351 et 1617-21, p. 357].

(2) 7 octobre 1619.

enfants, pour essuyer leurs larmes et apaiser leurs plaintes ; suffoquée par la fumée : « Mère, lui disait sa fille, je n'y vois plus ». — « Invoque Jésus et Marie ! » lui répondait la généreuse martyre. Les fidèles qui assistaient à l'holocauste joignaient leurs prières à la prière des mourants et glorifiaient le Seigneur Jésus : les païens eux-mêmes ne purent contempler, sans les admirer, ces invincibles témoins du Christ.

Goroku, neveu de Sahiôe, était arrivé à Nagasaki en 1618 pour remplir provisoirement les fonctions de cet apostat, mort dans le désespoir (1). De nouveaux missionnaires avaient été envoyés des Philippines, saintement jaloux de la gloire des vénérables religieux, martyrs de Jésus-Christ : c'étaient deux dominicains, deux augustins et trois franciscains ; ils débarquèrent le 12 août. Quatre mois plus tard, le 13 décembre, deux troupes de satellites envahirent les maisons, où des traîtres avaient signalé la présence de prêtres ; les Pères Dominicains Ange Orsucci et Jean de S. Dominique furent arrêtés dans la maison d'un coréen, Côme Takeya ; à la même heure, on arrêta dans la maison d'un commerçant portugais, nommé Dominique Jorge, le Père Charles Spinola et le frère Ambroise Fernandez, de la Compagnie de Jésus. Avec les quatre religieux furent saisis un catéchiste des dominicains, Thomas, et les deux hôtes des religieux avec leur famille. Trois ans plus tard seulement, après une détention plus dure que la mort, les Pères Orsucci et Spinola feront partie d'une glorieuse troupe de 54 confesseurs de la foi.

Omura, Kobara, village peu distant de là, puis encore Omura furent pendant trois ans le théâtre de leur long martyre : « Les souffrances de ces geôles, écrivait Spinola (2),

---

(1) Pagès I, 386.
(2) Ses lettres de 1619, 1620 dans Pagès II, p. 200-203. Nous reproduisons dans le texte le dessin, tracé par le B^x Spinola, de la prison d'Omura.

sont plus cruelles que celle du feu » ; entassés dans une étroite enceinte, qui ne laissait à chaque prisonnier qu'un

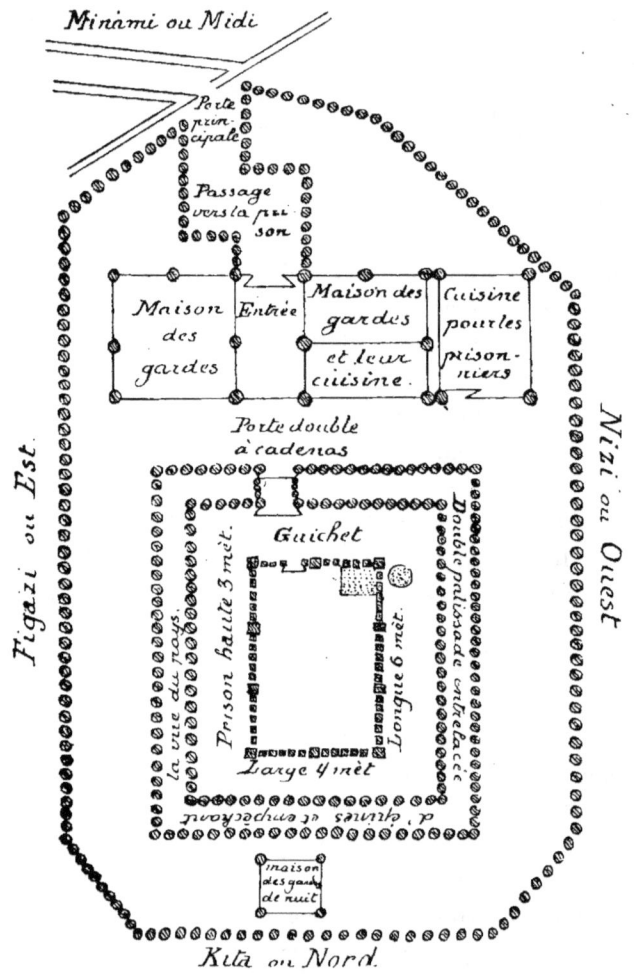

espace de deux, trois palmes, et où il était impossible de s'étendre pour dormir, en hiver exposés sur la cîme de la montagne au vent glacial, à la pluie, à la neige, en été sans défense contre les ardeurs du soleil, ils souffraient encore les inconvénients inévitables pour eux d'une rebutante malpropreté. Après quelques mois, le 19 mai 1619, le Père Jean de S. Dominique succomba ; le 7 janvier suivant, le frère Ambroise Fernandez y mourut de froid et de faim. Le Père François de Moralez, dominicain, après avoir subi la prison plus douce de Yukinoshima (1), y fut amené avec beaucoup d'autres religieux. Le nombre des détenus alla en 1621 jusqu'à 33. Or, l'amour de Jésus-Christ souffrant et la présence réelle de Jésus-hostie parvenaient à changer leurs souffrances en épreuves et leurs afflictions en délices : « On relève les gardes tous les jours, écrivait le Père Moralez, tous nous sont bienveillants et nous traitent avec charité (c'étaient assurément des gardes chrétiens) ; je ne changerais pas cette demeure contre les plus délicieux séjours du monde ». — « N'ayez aucune inquiétude, écrivait le Père Joseph de S. Hyacinthe, au sujet de nos épreuves et de la rigueur de notre prison ; car elle est pour nous une grande consolation et une faveur de la grâce divine » (2). Les prisonniers parvenaient à se procurer les divines consolations de la Sainte Eucharistie : « Le pain sacré, écrivait le Père Spinola (3), nous procure à la fois les forces du corps et de l'âme... Deux fois tout le monde a pensé que ma dernière heure était venue ; j'étais plein de joie de me voir mourir dépourvu de tout remède humain, et je ne me sentais pas d'allégresse en considérant que le Seigneur « était à la porte et m'attendait » (4). Mais de Nagasaki est venue la nouvelle que nous serions brûlés vifs, ce qui a fait naître chez tous les prisonniers une vive allégresse ».

---

(1) Sa lettre dans Pagès II, 197.
(2) *Ib.*, p. 229.
(3) 8 fév. 1620. *Ib.*
(4) Apoc. 3, 20.

Avant de recevoir cette heureuse nouvelle, les prisonniers purent avoir connaissance d'une exécution de 15 chrétiens près de Nagasaki.

Le bâtiment de Joachim Diaz Firayama, qui amenait des Philippines les Pères Louis Florès, dominicain, et Pierre de Zuñiga, augustin avec deux castillans séculiers, avait été capturé près de l'île Formose par les anglais ; ceux-ci abandonnèrent les quatre passagers à des corsaires hollandais, qui les jugèrent de bonne prise et les débarquèrent au port de Hirado. Les religieux avaient revêtu des habits séculiers, afin de ne pas compromettre le capitaine, qui acceptait la périlleuse mission de les transporter au Japon ; une fois pris et ensuite débarqués, ils ne voulurent pas trahir leur caractère de prêtre.

Des religieux des deux Ordres de S. Augustin et de S. Dominique, de concert avec quelques fidèles, essayèrent de les faire évader de la prison. Qui voudrait blâmer une tentative, inspirée par la charité ? Si elle réussissait sans détriment pour personne, l'Église du Japon pouvait se féliciter de gagner deux saints missionnaires. Mais une triple tentative (1) échoua ; or, c'était une chose inouïe, sous la tyrannique domination de cette triste époque, que l'on osât violer un décret et opposer quelque résistance à la volonté du monarque ou à l'exécution d'une loi ; la violence employée pour délivrer des accusés, des suspects, irrita vivement le Shogun Hidetada : il la considérait comme un attentat de lèse-majesté (2). Il donna de nouveaux ordres, plus sévères. Les deux religieux avaient souffert d'indignes tortures avant d'avouer leur caractère sacerdotal, mais à la fin, les témoignages les ayant convaincus, le capitaine et les

---

(1) Pagès I, 454, une du B[x] Richard de S. Anne, belge comme le P Florès ; une de Muñoz : p. 490 ; une du P. Collado. *Id.* II, 204-215. lettres de L. Florès et Pierre de Zuñiga.

(2) Pagès I, 495.

matelots de son équipage furent condamnés avec eux. Le 19 août 1622, à Nagasaki, au milieu d'une affluence de plus de trente mille spectateurs, parmi lesquels se dissimulaient trois Pères dominicains (1), douze japonais furent décapités et leurs têtes furent placées vis-à-vis des trois bûchers, préparés pour le capitaine et les deux missionnaires : « Oh ! s'écriait le Bienheureux Zuñiga en contemplant ces têtes de martyrs, oh ! fleurs de paradis ! ô âmes fortunées ! » Avant de se laisser attacher à son poteau, le capitaine, pour l'affermir davantage foulait et pressait le sol : « Oh ! mes frères, disait-il à la foule, ne faiblissez pas dans votre foi ! et que ceux qui sont tombés, se relèvent, confiants dans la grâce du Seigneur ». Le supplice du feu lent dura trois quarts d'heure ; mais la charité du Christ brûlait dans ces grandes âmes, elles se rappelaient la divine parole : « Nul ne peut donner un plus grand témoignage d'amour que celui qui donne sa vie pour le Christ ». Comme lui, ils mouraient parmi d'indicibles souffrances. Quant aux chrétiens, le spectacle de ce triomphe de la foi les fortifiait ; pendant cinq jours ils revinrent sur ce champ de victoire pour essayer, sous les yeux des gardes, de dérober quelques saintes reliques.

Une cohorte entière allait, quelques semaines plus tard, démontrer plus éloquemment encore que nul homme en ce monde n'a été aimé, comme Jésus-Christ l'est de ses vrais fidèles.

Le grand martyre, ainsi qu'on l'appela, eut lieu le 10 septembre 1622. Sur la sainte colline, la montagne des martyrs, en un même jour, 30 victimes devaient tomber sous le glaive, et parmi elles six enfants de moins de 12 ans : vraie boucherie de la part du tyran, mais sacrifice glorieux

---

(1) Collado, Vasquez et Castellet, ces deux derniers futurs martyrs.

au Seigneur, et sacrifice héroïque où des mères offraient ces êtres chéris au martyre avant qu'ils eussent offensé leur Dieu. La veuve du Bienheureux capitaine portugais Dominique Jorge était là avec son enfant, âgé de 4 ans. Ne l'apercevant pas : « Où est mon fils Ignace, que j'ai baptisé ? » lui demanda le Père Charles Spinola. Et, soulevant le petit et le présentant à bénir une dernière fois : « Le voici, mon Père, répondit la Bienheureuse Isabelle, il est avec moi : lui aussi sera martyr ». Et l'enfant fut décapité avec sa mère.

Restaient à immoler dans les flammes 25 autres martyrs, 9 jésuites, 6 dominicains, 4 franciscains et 6 laïques, parmi ces derniers une sainte veuve, Lucia Freitas, âgée de quatre-vingts ans.

En cette seule année 1622, le nombre des fidèles mis à mort pour le nom de Jésus-Christ s'élève à 127.

L'année suivante, le nombre en est évalué, selon Pagès, dans le seul domaine impérial (Yédo, etc.) à quatre ou cinq cents ; mais les mémoires de cette année nous font défaut ; notre liste ne fournit que 75 noms.

10. Plusieurs religieux, espagnols ou portugais, avaient déjà été mis à mort pour cause de religion ; après les quatre martyrs de 1617, le Père Jean de Ste-Marthe, franciscain, était décédé dans la prison de Miyako (16 août 1618) (1). Avec un Père jésuite japonais, Léonard Kimura, avait été exécuté un marchand portugais, Dominique Jorge ; un capitaine de vaisseau, Jérôme Diaz, avait été brûlé vivant. Tous ces faits étaient connus en Europe ; sans doute les missionnaires portugais étaient bien éloignés de prêter à leur nation des désirs ambitieux de conquête ; mais l'on pouvait se demander si de Macao, de Goa ou des Philip-

---

(1) Le 1er oct. 1618 le P. Pacheco écrivait de Takaku qu'il avait été décapité [*Epist. Jap. msc.* 1611-18].

pines surtout ne s'élèverait aucune opposition efficace contre la tyrannie croissante du monarque japonais. En 1597, nous avons vu le vice-roi des Philippines protester contre la saisie du San-Felipe et obtenir une bien légère satisfaction de la part de Taïko Sama. A présent laisserait-on impunément appliquer aux sujets de Philippe III des édits de plus en plus cruels? La civilisation européenne était-elle résignée à souffrir la violation du droit chrétien, du droit des gens ?

Il y avait peu à espérer à cet égard. Melchior Nuñez avait déploré, un demi-siècle auparavant, que l'unité religieuse des nations occidentales d'Europe fût rompue au grand détriment du progrès de l'Évangile : de Macao, aux portes de la Chine, où des âmes sincères se convertissaient à la foi chrétienne, il écrivait le 25 novembre 1569 (1) : « Si les princes d'Europe, au lieu de se diviser et de se quereller, voulaient étendre le royaume de Jésus-Christ et forcer le souverain de la Chine à donner aux missionnaires le droit de prêcher et aux natifs celui d'entendre la vérité, le peuple chinois se convertirait aisément ; nos mœurs et notre culte lui plaisent ». On pouvait exprimer les mêmes regrets au sujet de la belle mission du Japon. Mais les haines religieuses, sorties de la fausse Réforme, étaient trop vives pour rendre possible ce que l'on appelle le concert européen ; aujourd'hui que ces haines se sont calmées, un accord s'établit aisément entre les nations catholiques et les nations protestantes en vue de protéger, dans un pays infidèle, avec les intérêts commerciaux ceux de la civilisation et la liberté religieuse : une persécution, comme celle qui a sévi au xviie siècle pour le malheur du peuple japonais, ne serait plus tolérée : une démonstration navale des grandes puissances en aurait bientôt raison. Félicitons-nous en : c'est un progrès dont il faut louer la divine Providence.

---

(1) *Epist. Jap. msc.* 1565-79.

Hélas ! Si les rivalités commerciales entre les navigateurs hollandais et anglais allaient jusqu'à l'hostilité, parce que « les anglais avaient plus à souffrir des hollandais que des espagnols et des portugais » (1), elles ne les empêchaient pas de s'unir dans une haine commune contre les deux grands peuples catholiques. La haine de l'Église romaine et des « papistes » leur permettait de se désintéresser du progrès si consolant de la foi en Jésus-Christ, et même de se réjouir de l'exil des missionnaires : « On les chasse tous, écrivait Richard Cocks en 1614 (2) ; c'est une trop bonne nouvelle, pour que j'ose y croire ». Cette haine leur avait permis de livrer à la justice japonaise les Bienheureux Pierre de Zuñiga, augustin, et Louis Florès, dominicain, qu'ils avaient capturés sur la frégate espagnole en novembre 1620 (3).

Assurément le schisme et l'hérésie du XVIe siècle furent très funestes à la propagation de la foi. Restaient cependant les deux grandes puissances coloniales catholiques. Que feront-elles ?

Un missionnaire allemand, Adam Schall, si célèbre plus tard dans les annales de la Chine, se rendait (1618) alors même à la mission que lui assignait l'obéissance ; il avait atteint Goa, après avoir heureusement échappé aux corsaires, qui infestaient les mers des Indes orientales ; le 9 février 1619, il écrivait de là une lettre (4) indignée, où il s'étonnait de l'impunité de ces pirates : « Et le Portugal dort d'un profond sommeil ! ajoutait-il ; je ne conçois pas que les vaisseaux portugais soient réduits à tolérer ces corsaires d'Europe ». Le Père François Pacheco, jésuite por-

---

(1) Noël Sainsbury, éditeur en 1870 du *Calendar of State papers*, Colonial, 1617-21, p VI. Les hollandais de Hirado déclaraient guerre ouverte aux anglais, *ib.* p. 356.
(2) Hirado, 17 fév. *Calendar*, Colonial 1513-1616, p. 278.
(3) *Ib.* 1617-21, p. 397.
(4) *Epist. Jap. msc.* 1619-24.

tugais, gémissait aussi sur les ravages exercés par les navigateurs hollandais et anglais : « Et là-bas aux Indes, écrivait-il, on laisse faire ! » (1) Mais le Portugal pouvait-il intervenir efficacement ? Les vaisseaux castillans aussi bien que les vaisseaux portugais étaient à peine en état de se défendre contre les corsaires protestants (2).

L'Église sera seule à soutenir le courage de ses enfants, privée de tout secours humain. Le Pape Paul V avait dès 1616 adressé aux missionnaires un bref (3), dont la communication fut un encouragement paternel et une consolation pour leurs fidèles ; le Saint Père louait et bénissait leur constance parmi tant de tribulations.

En 1620 disparaissait l'homme que Valignani avait (4) redouté de voir paraître dans son cher Japon : William Adams. « C'est une grande et douloureuse perte, écrivait R. Cocks (5), à cause de la grande influence dont il a joui auprès de deux empereurs : il avait entrée libre à la Cour (6) et passait dans les audiences avant les rois japonais ». Adams n'était pas un incrédule, mais on ne voit pas qu'il ait jamais mis son influence au service de la mission ; bien plus, son hôte à Miyako, un chrétien Pierre Guzzano, l'accusait d'exciter le souverain contre les missionnaires (7), et ceux-ci dans leurs lettres énoncent le même grief. Il procura à son pays certains avantages commerciaux, mais il ne sut pas le protéger contre

---

(1) 5 mars 1618, de Takaku. *Epist. Jap. msc.* 1611-18.
(2) En 1620, le 10 mars, R. Cocks écrivait cependant que les Castillans avaient coulé le vaisseau amiral et deux autres vaisseaux hollandais.
(3) *Sacra religio*, 7 sept. *synopsis* citée., p. 277. Cfr. *Lett. ann.* 1519-21, p. 155.
(4) Plus haut, liv. II, § 5, p. 82.
(5) Hirado 14 déc. 1620, *Colonial* d. d. n. 930.
(6) Une lettre d'un neveu du P. Sébastien Vieyra au P. Valladeres témoigne que W. Adams eut au Japon deux filles, dont il céda la plus belle comme concubine au Shogun. Lui et un hollandais (Ayos *sic*) qui resta jusqu'en 1623 au Japon excitaient le Shogun à extirper la religion catholique. (*Collectanea msc.* Jap.).
(7) R. Cocks, 1 avril 1614, *Colonial* d. d. nº 707.

la concurrence déloyale des marchands hollandais, qui finiront par s'assurer le monopole du commerce. « Nous sommes chrétiens, disait-on, mais chrétiens anglais : no Popery ! » Nous n'hésitons pas à affirmer que la marine anglaise ne compte pas aujourd'hui un capitaine de vaisseau, qui voulût assister indifférent, comme Adams, aux souffrances de nos missionnaires.

11. Privée de toute protection efficace de la part des puissances européennes, l'Église pouvait-elle espérer quelque appui, quelque protection au Japon même ? Jadis plus d'un daïmyo chrétien l'avait protégée contre l'hostilité des bonzes ; mais l'unité monarchique, inaugurée par Nobunaga et Taïko Sama, fortifiée jusqu'à l'absolutisme par les Tokugawa, étouffait toute initiative et toute indépendance et rendait les daïmyo chrétiens impuissants. Dans son livre : *Les daïmyo chrétiens,* Mr l'abbé Steichen, des missions étrangères, a dressé la liste des soixante hauts personnages (les premiers missionnaires les tenaient pour des rois), qui embrassèrent la foi romaine (1), et il en nomme d'autres qui, sans aller jusqu'à faire profession de christianisme, favorisaient les fidèles ; parmi ces derniers, il en cite plusieurs qui, après avoir refusé de se prêter aux desseins de Daïfu Sama, firent volte-face et secondèrent les volontés de ses successeurs ; mais, parmi les daïmyo chrétiens eux-mêmes plusieurs succombèrent à l'amour des honneurs et des richesses, que leur procurait leur daïmyat : ambitieux au point de sacrifier le trésor de la foi et le service du vrai Dieu à un vain culte d'idoles, ils devenaient persécuteurs et, vrais apostats, ils se montraient plus cruels que les païens (tels Arima, Amakusa, Hirado, Goto, Saedi, Obi, Fakuoka, Tokushima, Tsushima,

---

(1) Dans cette liste il y en a 25 dont la famille est éteinte.

Omura, Hiroshima et Tsugaru) ; ceux qui demeurèrent fermes devant les promesses comme devant les menaces durent se retirer de la vie politique : tel jusqu'en 1620 le neveu de Hidetada, le daïmyo Yuki Tadanao, qui se fit baptiser cette année-là, en pleine époque de persécution (1).

« *Vac vobis divitibus* », disait le divin Maître (2), malheur à vous, riches, qui avez la seule consolation que vous cherchiez, celle des richesses et des honneurs, des plaisirs qui y sont attachés ! Le fils aîné de Nobunaga, comme le raconte Frôës, était aussi arrêté dans ses bons désirs par cet attachement aux biens passagers : « Si les Pères, disait-il, voulaient être un peu plus larges, en notre faveur, pour ce qui touche aux commandements, il y aurait beaucoup de conversions parmi les grands ; ce serait rendre service à la religion que de dispenser du sixième ; moi-même, je serais le premier à recevoir le baptême » (3).

Mr Steichen glorifie, et notre martyrologe cite en grand nombre, des keraï et des samuraï de haut rang, qui préférèrent la disgrâce, l'exil et une mort cruelle à la perte de la foi et du royaume céleste ; « leur martyre, dit-il, demeure comme une protestation en faveur des japonais de rang élevé ; il prouve que malgré la servilité de règle dans ce milieu, il peut s'y rencontrer des hommes capables de renoncer à tout plutôt que de transiger soit avec l'honneur, soit avec la foi » (4). Cette servilité, cet asservissement à la volonté ou au caprice d'un homme d'une part, et l'absolutisme du gouvernement de l'autre, avaient déjà été constatés par Valignani (5) qui faisait ressortir le contraste entre le

---

(1) Steichen p. 388 ; la famille survit dans les marquis et vicomtes Yuki.
(2) S. Luc VI, 24.
(3) *Lett. ann.* 1582. *Cartas de Japão*, t. II, p. 59.
(4) Op cit., p. 396.
(5) Voir P. Tacchi Venturi, S. J. *Il carattere dei giapponesi* 1906, Roma, *Civiltà cattolica* p. 40.

régime japonais et la féodalité du moyen-âge européen ; ici, la foi avait inculqué le principe que l'autorité vient de Dieu, mais qu'elle est subordonnée à la loi de Dieu, et le moyen-âge fut témoin en Europe de nobles résistances aux caprices de la tyrannie et de révoltes légitimes et triomphantes.

12. Au mois de janvier 1618, le Saint-Siège avait désigné le successeur de l'évêque de Funaï, Louis de Cerqueira (1) ; Didace Valente fut sacré à Lisbonne le troisième dimanche de carême et arriva en janvier 1620 à Macao ; en vain y attendit-il une occasion favorable pour pénétrer impunément au Japon. « Ne pouvant se rendre à son Église à cause de la persécution » (2) (ainsi s'exprimait le document pontifical), il fut chargé de l'administration de l'évêché vacant de Macao (3) ; il confia des pouvoirs spéciaux au vice-provincial des jésuites.

Lorsque le nouvel évêque débarquait à Macao, Louis Sotelo était à Manille (4), espérant toujours vaincre les obstacles qui arrêtaient son zèle : il faisait donner les saints Ordres à plusieurs dogiques de la Compagnie, heureux d'être reçus parmi les enfants de S. François et de le suivre un jour au Japon. (5) Cependant dans ses propres domaines, Masamuné son prétendu catéchumène déclarait la guerre aux chrétiens. Le 6 novembre 1620, six de ses sujets mou-

---

(1) *Synopsis actorum S. Sedis*, p. 281.
(2) Urbain VIII, *In specula militantis*, 27 août 1626. *Ib.* p. 317.
(3) *Ut animarum saluti*, 7 oct., *ib* p. 319.
(4) Jérôme Rodriguez, Macao, 15 jan. 1620. *Epist. Jap. msc.* 1619-24.
(5) Un Père japonais S. J Michel Minoes écrivant le 6 septembre 1627 de Madrid au P. Piccolomini, secrétaire du Général, le priait de favoriser à cet égard les désirs des *doijci* Th. Nixifori, Remi Kiusa, Pierre Rinxei, Denis Fuyen, Jean Kidera, Th. Juyen, Luis Kafuca, Jean Maki, qui savent le latin et sont aptes au sacerdoce, ayant servi longtemps dans l'espoir d'être reçus. Beaucoup d'autres, dit-il, ont été reçus et élevés à la prêtrise dans d'autres Ordres (*Epist. jap. msc.* 1625-39). En postscriptum il ajoute Rom. Nixi, fils d'un noble Don Jean, Aug. Ota et Jules, fils d'un prince Kogadono.

raient pour la foi. Deux d'entre eux étaient exécutés à Mizuzawa (1) ; 400 chrétiens leur faisaient cortège, en chantant des hymnes ; au lieu désigné pour le supplice, ils étendirent des nattes *(shibukami)* et les martyrs s'y agenouillant chantèrent eux aussi leur joie de mourir, puis après avoir prononcé trois fois les saints noms de Jésus et de Marie, ils offrirent leur tête au glaive. Les quatre autres fidèles furent décapités dans leur maison.

L'évêque Didace Valente, dans la relation qu'il donna de ce martyre, ajoutait que devant les menaces d'exil beaucoup avaient apostasié et parmi eux le chef de l'ambassade Hase Kura Rokuyemon. « Telle fut, dit-il, la déplorable fin de cette ambassade, aussi peu sérieuse que bruyamment vantée, du Père Sotelo ». L'évêque était-il bien informé au sujet de Hase Kura? on peut en douter : du même collège de Macao, un an plus tard (2) la lettre annuelle racontant la « nouvelle bourrasque dans les États du Masamuné » n'affirmait pas l'apostasie, mais « la mort de Hase Kura ; Dieu l'avait jugé : l'ambassadeur avait-il fait face ou dos ? on l'ignorait ; on disait qu'il s'était conduit honteusement ». Quoi qu'il en soit de la fin de son ambassadeur, Masamuné paraît encore en 1624 comme persécuteur (3).

13. La persécution, dont nous avons plus haut retracé quelques épisodes, n'empêchait pas les religieux des quatre Ordres d'exercer encore leur pénible ministère ; nous pourrions les suivre d'année en année dans les diverses provinces qu'ils visitent : ils ne pouvaient pas songer à abandonner les

---

(1) Valente 24 avr. 1621. *Epist. Episc. msc.* Voir appendice II, martyrologe, n° 90.

(2, Guill. Majorica de Macao, 6 oct. 1622, *lett. ann.* 1619-21. Selon la lettre attribuée à L Sotelo [Pagès II, 150] Hase Kura mourut pieusement, ayant converti beaucoup de païens et Masamuné pleura sa mort.

(3) Martyrologe n°s 135-148.

fidèles, c'est évident, mais on est surpris de voir quelle activité ils savent encore déployer ; nous les trouverions en 1620 et 1621 à Hirado (Ferreira), au Bungo (Boldrini), à Yedo (Benoît Fernandez), dans l'Oshu (de Angelis et Carvalho), au Higo (Gaspar de Crasto), au Bizen et au Chikoku (J.-B. Porro) ; les prêtres japonais parcourent plus librement le Chikugo (Julien Nakaura) et les provinces d'Omi, Mino, Owari, Kinokuni, Ise, Awa, Hokoku (Sixte Tokun d'Ijo, Didace Yuki, Martin Shikimi). Neuf jésuites étaient au service des fidèles de Nagasaki, cinq dans le Takaku ; cinq nouveaux missionnaires réussaient á débarquer à travers bien des dangers, dans des accoutrements invraisemblables (1), « vêtus comme des malandrins », dit l'annaliste.

A défaut d'autres renseignements (que l'on éditera, espérons-le), le martyrologe, que nous donnons en appendice, indique bien des villes, où des religieux d'autres Ordres exerçaient le saint ministère des âmes et où ils furent arrêtés et martyrisés. Le détail de ces excursions vraiment apostoliques intéresserait le lecteur, mais étendrait notre récit, outre mesure.

Nous ne pouvons cependant passer sous silence la double excursion apostolique (1620-1621) à l'île de Yezo. A l'occasion d'une visite aux exilés du Tsugaru, le Père jésuite Didace Carvalho passa à Matsumaye ; il y trouva parmi les ouvriers mineurs en quête d'or un certain nombre de fidèles, de ceux probablement que la persécution ou la mort, l'exil de leurs maîtres avaient poussés à se rendre dans ces froides régions du nord. L'île avait été si peu explorée que son confrère Jérôme de Angelis, s'y rendant après lui, se laissa dire que ce pays tenait au continent à l'est aussi bien qu'à l'ouest ; la

---

(1) *Lett. ann.* 1619-21, p. 157.

description, que lui en faisaient les naturels, lui aurait fait croire à une presqu'île, s'il ne s'était souvenu de l'avoir vue jadis en Sicile, représentée sur une carte ou mappemonde en forme d'île. La discussion qu'il envoyait sur ce postulatum géographique ne manquait pas alors d'un certain intérêt : il concluait que Yezo était plus probablement une île, mais dont l'étendue était fort exagérée (1). Le missionnaire s'était habillé en ouvrier, pour cacher son dessein véritable; pendant deux semaines il put donner aux pauvres fidèles le secours de son ministère. Iezo offrait un terrain très favorable au zèle évangélique, d'autant plus que l'autorité et l'action de l'empereur s'y faisaient moins sentir, encore que le gouverneur de Matzumaye reconnût le pouvoir central du Japon ; mais ni Carvalho ni de Angelis ne pouvaient songer à étendre leur sphère de prédication, au détriment des nombreuses chrétientés déjà fondées, dont ils avaient la charge dans les neuf provinces septentrionales de la grande île Nippon (2). Dans ces provinces, le Père de Angelis avait, dans l'espace de dix ans, baptisé 10.000 païens ; à Sendaï, il se donnait pour voyageur italien et parvenait à aider les pauvres brebis errantes, ses chers abandonnés. Le supérieur des franciscains, Didace de S. François, envoyait dans les mêmes provinces quatre Pères (François de Baragas, François Galvez, Louis Gomez et François de S. André) et un frère (Didace de la Croix) ; ce dernier baptisait en une seule année 700 personnes (3).

Il y avait, semble-t-il, en pleine période de persécution, trop peu de missionnaires pour l'abondante moisson qui les

---

(1) *Relatione del regno di Iezo*. dans *Lett. ann.* 1619-21, p. 217-232. La mappemonde de Florent van Langeren [1612] donne le Japon, sans l'île. La carte dressée pour Charlevoix par Bellin [1735] la donne comme presqu'île. La mappemonde de Cary [1816] est plus exacte.
(2) Jér. Rodriguez [*lett. ann.* 1624, p. 24] cite Fidandono, Caguicasu, Mogami, Nambu, Sungaru, Yechigo, Dewa, Sando, Yezo.
(3) Pagès I, 458.

sollicitait ; dans le sud même, parmi tant de difficultés, le nombre des baptêmes d'adultes était considérable ; les lettres annuelles des jésuites en marquent toujours des centaines (1). Pour une période de six années, où nous trouvons 300 japonais morts pour la foi, nous pouvons évaluer à plusieurs milliers le nombre de japonais gagnés à Jésus-Christ.

Cependant, comme l'écrivaient à leur correspondant Richard Cocks et Eaton, on était partout à la recherche des Pères (2) : « Vous seriez étonné en voyant comme on traque les missionnaires ; avant peu on en mettra encore quelques-uns à la broche (there will go some to the pot) ; à Yedo, dans chaque rue on lit des arrêtés, portant ordre de les dénoncer et menaçant de mort ceux qui les cachent, avec toute leur famille... « L'empereur, pour découvrir les Pères qui se déguisent en marchands, a envoyé des espions de tous côtés : il est si occupé de cet objet qu'il est inabordable pour nous ». « Il a, sous peine de mort, défendu à ses sujets de se faire chrétiens romains, et aux marchands étrangers de se fixer dans quelqu'une des grandes villes, de peur que les jésuites et les moines n'en profitent pour se cacher chez eux et pour enseigner secrètement la religion romaine ».

Que ne pouvait-on espérer d'un peuple qui, au milieu de tant de persécutions, donnait de nouveaux néophytes ? Et quelles âmes dévorées de l'amour du Christ que leurs missionnaires ! Écoutons leur récit.

Le Père Jean-Baptiste Porro (3), relatant les privations de ses frères et les dangers toujours imminents de mort, écrit à son Général : « Croyez-moi, Père, parmi vos enfants il n'en

---

(1) De 1617 à 1623, — 800, 1800, 1300, 1943, 1500, 1000, 2000, [60 à Osaka, 80 à Sakai, 200 par le P. Yuki, 114 par le catéchiste Alexis à Yedo].

(2) Yedo, 13 sept. 1616 *Colonial* cité d. d. n°s 1158, 1159, — Hirado 14 janv. 1617, d. d. n° 8.

(3) Ex Japonia, feria IV cinerum 1619. *Epist. Jap. msc.* 1619-24.

est pas de plus affligés, de plus éprouvés que nous ; nous sommes privés de toute consolation humaine ; nous n'avons ni cité, ni demeure, ni société, point d'autre Père pour nous avertir, nous consoler, nous diriger et nous soutenir, si ce n'est Jésus-Christ Notre-Seigneur : qu'Il daigne nous être propice ! Je me recommande, humblement agenouillé, à vos paternelles prières ». « Depuis six ans (1), à peine deux ou trois fois par an réussissons-nous à rencontrer quelqu'un de nos frères. Ayez pitié de nous ! pour supporter pareille vie il faut un corps de fer et l'âme d'un Saint Paul ». « L'assistant de Portugal (2) m'a envoyé l'opuscule du Père Bellarmin, *de gemitu columbae* ; sa lettre du 18 décembre 1618 a été une autre consolation bien précieuse ; je l'en remercie. L'Évêque nous a envoyé de Macao une belle aumône pour nos pauvres chrétiens exilés ». « Les enfants de la Compagnie (3) sont ici comme des oiseaux chassés de leur nid ; leur Père doit les suivre du regard et de loin les consoler dans la dispersion et l'exil ».

Les deux lettres que le Général avait adressées aux missionnaires avec la nouvelle de la béatification du vénérable Louis de Gonzague avaient aussi relevé et fortifié les courages. Le Père Julien Nakaura, l'un des quatre japonais envoyés jadis à Rome, remerciait à son tour l'assistant du Portugal (4) d'une lettre, qui avait été pour lui et pour ses chrétiens une indicible consolation : elle lui rafraîchissait les doux souvenirs de Rome et de la charité du Saint-Père : « Me voici caché à Kuchinotsu par la sainte obéissance depuis l'année de la persécution. Dans cette région du Takaku et dans ce port, il y a eu 21 martyrs, sans compter ceux qui furent tourmentés au point de languir et de mourir dans de longues

---

(1) 2 fév. 1621. *Ib.*
(2) Le Père Mascarenhas.
(3) Même date au P. Vitelleschi.
(4) 25 sept. 1621, *Epist. Jap. msc.*

souffrances. La persécution ne cesse pas, elle ne laisse ni un jour, ni une heure de trêve..... On vient m'avertir que je dois chercher un autre abri, parce que le seigneur d'ici fait des perquisitions. Daigne notre divin Sauveur nous accorder la grâce de persévérer ! » « Le B^x Pierre Vasquez, de l'Ordre de S. Dominique (1), pour assister les prisonniers à la veille du martyre et leur conférer les saints sacrements, se déguisait en satellite japonais avec deux sabres à la ceinture et réussissait à pénétrer dans la prison. Un Père augustin japonais se mit, sous l'habit de palefrenier, au service d'un persécuteur, et pendant plusieurs années il profita de la nuit pour secourir les chrétiens ; il mourut martyr en 1637. (2)

Tel missionnaire habitait depuis 62 jours (3) une tanière, où l'air et la lumière ne pénétraient que par une ouverture de deux palmes de large, suffisante à peine pour lui permettre de réciter le saint office ; on lui portait la nourriture en secret, de peur de révéler sa présence aux enfants ou aux serviteurs païens. Quand toute la famille était plongée dans le premier sommeil, il quittait sa retraite, et vers l'aube du jour il arrivait à la chrétienté, où un catéchiste l'avait appelé. « Impossible de nous montrer pendant le jour, (ajoute-t-il) ; on nous soupçonnerait rien qu'à notre couleur : sous ce rapport nos Pères persécutés en Angleterre ont l'avantage sur nous : leur teint n'indique pas un étranger ». Les missionnaires du Japon pouvaient s'attendre tous les jours à être arrêtés ; comme le Bienheureux Edmond Campion, ils disaient : *Anima mea in manibus meis semper* (4), et la pensée continuelle de la mort et du martyre les délivrait de tout sentiment de crainte (5).

(1) Pagès II, 252, sa lettre.
(2) *Ib. I*, 768, 772.
(3) *Lett. ann.* 1615-19, p. 34.
(4) Ps. 128.
(5) Edm. Campion S. J., *Decem rationes*, édition Tyrnau, p. 129.

« L'enfer semble avoir été déchaîné, écrivait le Père J.-B. Porro (1) : sans répit jour et nuit on nous traque ; mais les martyres sont un spectacle où se fortifient ceux qui ont faibli. Si Notre Seigneur accorde quelque relâche à la persécution, il y aura des conversions sans nombre. Nous allons prêcher dans des provinces, où l'on n'avait pas pénétré jusqu'ici ; que l'on nous envoie donc de nouveaux missionnaires, et qu'on les choisisse de petite taille, afin que nos chrétiens puissent mieux les cacher ».

14. La lettre annuelle, qui informait les jésuites d'Europe au sujet des travaux de leurs confrères du Japon, en 1624, débute en ces termes (2) : « Quoique le Shogun (Hidetada) ait transmis son titre et son pouvoir à son fils (Iemitsu), il n'y a aucun changement dans la situation ; le fils nous hait autant que le père : depuis décembre 1623 jusqu'à la fin de novembre 1624, il a fait mourir dans les tourments 165 chrétiens, dont 8 religieux, de S. Dominique, de S. François et de la Compagnie (3).

« La persécution commença à Yedo, la capitale actuelle et siège de la Cour ; mais elle s'étendit, au point que dans les alentours il n'y a lieu habité par des chrétiens où elle n'ait sévi plus ou moins rigoureusement. Beaucoup furent mis à mort, beaucoup jetés en prison, beaucoup envoyés en exil ; d'autres se cachaient et quittaient leur maison, pour n'être plus en danger, parmi les païens, de renier leur foi ; d'autres enfin se montraient prêts à souffrir n'importe quelle mort, animant ainsi les faibles, tels qu'il s'en rencontre toujours, à confesser généreusement la foi en Jésus-Christ... Le gouvernement procède avec une rigueur extraordinaire à la

---

(1) Harima, 6 oct. 1821, *Epist. Jap. msc.*
(2) Jérôme Rodriguez, de Macao, 28 mars 1625. *Lett. ann.* 1624, Roma, Zannetti 1628, pp. 150.
(3) Notre liste donne 285 noms. Voir appendice II, nos 132-176.

recherche des religieux. Tout cela explique que nous n'ayons pas fait grande récolte et qu'il n'y ait eu que quelques milliers de baptêmes ; mais nous espérons qu'arrosée du sang de tant de martyrs, la terre japonaise nous donnera une plus belle moisson les années suivantes ».

(Charlevoix V, 484)

Yedo (Tôkyo) au 18e siècle.

L'annaliste raconte ensuite le martyre de 50 chrétiens (4 décembre 1623) près de la ville impériale. Cette glorieuse troupe (car elle offrait l'aspect d'une petite armée bien rangée) eut l'honneur d'être guidée au combat par trois nobles commandants : en tête du cortège funèbre, le

Père Jérôme de Angelis S. J., à cheval, suivi de 16 condamnés marchant à pied ; puis, à cheval aussi, le Père François Galvez, franciscain, suivi d'un même nombre de soldats du Christ ; enfin, à cheval et suivi de 17 condamnés, l'ancien capitaine de Taïko Sama, Jean Hara Mondo (1). De nombreux satellites escortaient cette belle troupe jusqu'au lieu du supplice. Ici cinquante poteaux avaient été dressés, et autour, mais à une brassée de distance de chaque poteau, étaient disposées des fascines. Une foule innombrable, et parmi la foule beaucoup de grands personnages, alors présents à la Cour, remplissaient le vaste champ et couvraient la montagne voisine. Les 47 fidèles, et parmi eux un frère jésuite japonais, furent attachés aux poteaux, les trois chefs demeurant à cheval. Les bûchers furent allumés : alors on entendit les courageux athlètes répéter à grands cris les saints noms de Jésus et de Marie, et le Père de Angelis prêcher le Sauveur, l'unique « Sauveur du monde » (2). Pas un seul des martyrs ne trahissait, même sur le visage, une sensation de souffrance : « les forces de la nature ne vont pas jusque-là », disaient les païens, et voyant les trois chefs de la sainte troupe assister sans aucune frayeur à cet épouvantable supplice, deux des spectateurs allèrent incontinent se dénoncer comme chrétiens aux juges qui présidaient à l'exécution. Puis, ce fut le tour des deux religieux et du généreux capitaine.

Les corps à demi consumés furent gardés pendant trois jours ; mais ceux des deux missionnaires ayant été nuitamment emportés par les fidèles, on renforça la garde pour empêcher ces pieux larcins. La maison d'un des principaux martyrs et trente pièces d'or d'une valeur de 1500 écus furent le salaire de celui qui avait dénoncé les chrétiens de Yedo.

---

(1) Voir plus haut, p. 146.
(2) S. Jean, 4.42.

Semblable récompense était promise à tout dénonciateur.

La capitale fut témoin, vingt-cinq jours plus tard, du supplice de 25 chrétiens; sur ce nombre, il y avait 17 enfants; ils furent cruellement mis en pièces : « fleurs des martyrs qu'au seuil de la vie le persécuteur fauchait comme l'ouragan fauche les roses naissantes » (1). Mais leur sang germait et le Christ régnait dans le cœur de nouveaux fidèles.

Au moment où le nouveau Shogun renouvelait les édits de persécution, la plupart des daïmyo étaient à la Cour pour lui rendre leurs hommages de nouvel an : il suffisait qu'ils fussent témoins des rigueurs exercées contre les fidèles de Yedo pour se croire obligés à suivre cet exemple dans leurs gouvernements respectifs; le Shogun jugea donc superflu de promulguer l'édit en dehors de la Tenka (2).

Parmi les daïmyo, celui dont le Père Louis Sotelo voulait espérer quelque résistance, se montra des plus empressés. On s'en étonnera moins si l'on se rappelle ce que nous ont appris certaines lettres (3) au sujet de ce protecteur du missionnaire franciscain.

A l'époque, où nous a conduit ce récit, Sotelo, bien loin de pouvoir réaliser ses beaux projets pour l'extension de la foi dans l'Oshu, était prisonnier à Omura. Triomphant de toutes les oppositions à Manille, il s'était embarqué en octobre 1622 sur une jonque chinoise pour rentrer au Japon (4); mais, ayant pris terre en Satzuma, il apprit le martyre (19 août) des Pères Florès et Zuñiga, ainsi que du

---

(1) Office des SS. Innocents.
(2) *Lett. ann.* 1624, p. 6.
(3) Liv. II, pp. 89-105.
(4) Le P. Tasso da Fabriano [op. cit. p. 328] se fait l'illusion de penser que, si Sotelo avait pu rentrer à temps, la chrétienté était sauvée : le Taïko aurait rejeté les hollandais, favorisé l'Espagne et la religion ! Il ajoute que Masamuné ignora probablement l'emprisonnement de Sotelo. Voir au contraire Pagès II, p. 307. Cfr. *Razões por que naõ convem ir a Japam o Frey L. Sotelo* [*Epist. Jap. msc.*]

capitaine Joachim Diaz et des mariniers qui les avaient amenés de Manille. A cette nouvelle un japonais, de ses compagnons, n'hésita pas à livrer Sotelo aux autorités de Nagasaki. Se prévalant de son titre d'ambassadeur, le franciscain obtint que sa cause fût portée devant le Shogun, mais comme religieux, il fut arrêté et envoyé à la prison d'Omura. Le Père Galvez avait dès 1618 communiqué à Masamuné les réponses officielles du Père Sotelo.

« Tant qu'il fut en prison, écrivait un missionnaire jésuite, Louis Sotelo fit beaucoup pour être délivré et s'adressa à son Masamuné (1) pour obtenir du Shogun sa mise en liberté ; mais Masamuné se portait fort bien (et ne se souciait pas du frère) ; celui-ci comptait cependant sur son protecteur et il se tint bien assuré de sortir de prison, jusqu'au jour où le Père Matthieu de Couros, écrivant au Père Michel Carvalho (prisonnier aussi à Omura), ajouta pour le bien du frère quelques lignes qu'il priait le Père de lui lire : il y détrompait le prisonnier, lui assurant que Masamuné ne ferait pas la demande au Shogun, et que le parti le plus sûr était de se préparer au martyre ». « J'ai lu, ajoute le missionnaire, la réponse du Père Carvalho, signifiant au Père de Couros qu'il a lu ces quelques lignes au frère Sotelo. Notre-Seigneur a fait à celui-ci une plus grande faveur à Omura que celle qu'il désirait et se procurait à Rome ».

Le bon franciscain souffrit pendant près de deux ans les rigueurs de la prison : c'était une cage, formée de pieux, espacés de quatre doigts, longue et large de huit pieds : il avait pour compagnons dans cet étroit espace un Père et un frère japonais de son Ordre, amenés par le même vaisseau : on leur adjoignit le Père Pierre Vasquez, dominicain (16 juillet) et le P. Michel Carvalho, jésuite (20 juillet) : une

---

(1) J.-B. Porro à l'assistant Nuño Mascarenhas 15 oct. 1624. *Epist. Jap. msc.*

écuelle de riz noir, quelques feuilles de raves, rarement quelque peu de poisson, telle était leur misérable nourriture : cependant, écrivait Louis Sotelo (1), « nous sommes plus joyeux et plus consolés que si nous habitions les plus riches palais ». C'est là parmi les longues souffrances de la prison, qu'il put apprendre successivement l'hécatombe de la sainte colline, où 54 martyrs avaient péri par le glaive ou par le feu (11 septembre 1623), et en février 1624 la persécution d'Oshu : à Sendaï, à Ioyome, à Usikino (Tsukinoki ?) Masamuné sévissait cruellement contre les chrétiens, les condamnant au bûcher, à la décapitation et à un nouveau genre de supplice, celui de l'eau glacée pendant l'hiver si rigoureux du nord du Japon : l'on y plongeait et replongeait les victimes pendant trois, quatre heures, et l'on renouvelait le supplice jusqu'à ce qu'elles eussent succombé. Au Dewa, province limitrophe de l'Oshu, en juillet, en un même jour, 32 chrétiens étaient brûlés vivants ; puis, en un même jour (26 juillet), 66 chrétiens étaient décapités pour la foi.

Le bienheureux franciscain put comprendre que son néophyte l'abandonnait, et qu'il avait renoncé, s'il en avait eu, à ses velléités de conversion ; ses lettres au Père Didace de S. François témoignent cependant qu'il n'avait pas perdu toute illusion sur les sentiments de Masamuné : peu de jours avant son martyre il demandait que l'on remît au daïmyo la lettre du Pape Paul V et quelques objets de piété (2). Enfin, le 25 août 1624, les cinq prisonniers d'Omura furent tirés de leur prison, et, la corde au cou, menés en barquette au lieu du supplice, un champ appelé Fako (Hako ?) : ils y furent brûlés à petit feu ; leur martyre dura près de trois heures. Les chrétiens n'y purent assister ; le Père Didace de S. François vit seulement à distance s'élever la fumée des bûchers.

---

(1) 13 nov. 1623. Pagès II, p. 308.
(2) Pagès I, 594, II, 304-311.

Pour cette même année 1624 nous avons relevé les noms et prénoms de 214 martyrs.

15. L'année suivante il y eut quelque trêve à la persécution ; nous en ignorons la cause. En mars 1625 (1) l'annaliste de Macao nous apprend que les jésuites dispersés çà et là ont baptisé 2659 adultes. « Ceux qui résident à Macao, écrit-il, s'offrent tous à porter secours : mais il faut user de prudence pour ne point augmenter le péril de la chrétienté ; les marchands portugais craignent que le commerce ne leur échappe. Le P. Mathias de Couros est ici un de nos principaux soutiens : faudrait-il l'envoyer au martyre ? »

En février 1626, il a appris que « le 19 décembre on a arrêté le Provincial François Pacheco à Kuchinotsu avec le frère Gaspar, son compagnon japonais, plusieurs catéchistes et leurs receleurs : il y a eu 109 martyrs dans les provinces d'Oshu et de Dewa ; ailleurs on jouit d'une paix relative : nous avons encore baptisé 1072 adultes ». « On a surpris et arrêté à Shimabara le Père Jean-Baptiste Zola, et Balthasar de Torrez à Nagasaki » — L'annaliste tenait ces détails d'une lettre écrite de Miyako par le Père japonais Didace Yuki (2) ; il ajoutait : « A Nagasaki, sur les vaisseaux portugais qui abordent encore, tout est visité et fouillé ; les marchands supplient le Père Visiteur de ne plus correspondre avec les missionnaires ; si la justice japonaise intercepte des lettres, disent-ils, c'en est fait de notre commerce ». L'annaliste remercie le Père Général qui a bien voulu recommander aux Supérieurs de l'envoyer au Japon : « Depuis le bienheureux martyre du Père Provincial, j'espère, quoique indigne, pouvoir suivre ses traces sanglantes. Que votre Paternité et toute la Compagnie se con-

---

(1) Lettres de Jean Rodriguez Jérôme, de Macao, 30 mars et 30 avril 1625 ; 18 fév., 26 avril et 21 nov. 1626. *Epis. Jap. msc.*
(2) Nous reproduisons cette lettre autographe de MDCXXV.

Lettre du P. Didace Yuki, S. J. au Général de la Compagnie de Jésus (18 décembre 1625)

solent en songeant que nous allons à la conquête de ces âmes japonaises, si simples et si généreuses à nous aider et à nous cacher, au péril de leurs biens et de la vie. Nos provinces d'Espagne, du Portugal, de l'Italie, de la Sicile et du Japon nous ont déjà donné des martyrs de la foi ; et voici que des flamands, des allemands, des polonais demandent à venir dans la chère mission. Que la charité du R. P. Assistant nous en envoie beaucoup ».

On sait que le Bienheureux Jean Berchmans avait demandé la mission du Japon : longue est la liste officielle de ceux qui sollicitaient le même bonheur.

Le fer et le feu ravageaient l'Église du Japon depuis plus de dix ans, elle avait perdu bien des missionnaires, glorieux témoins de Jésus-Christ : en 1623, elle comptait cependant encore (1) 28 jésuites, 7 ou 8 franciscains, 2 dominicains et 1 augustin. « Nous sommes encore vingt prêtres de la Compagnie, écrivait-on (2) l'année suivante : nous ne sortons que la nuit des misérables réduits où nous nous tenons. Le Shogun gouverne avec une cruauté croissante ; nous avons néanmoins pu baptiser encore 1104 païens ».

Le Père J.-B. Porro écrivait à l'Assistant du Portugal (3) :

« Votre Révérence sera bien consolée en lisant dans notre lettre annuelle combien il y a eu de martyrs et avec quelle force d'âme ils ont confessé notre sainte foi : parmi eux il y

---

(1) Pagès t. II, p. 291.

(2) Lettres annuelles 1625-29 mscrites. Une lettre de Michel Minoes [Minoyo, japonais, Pagès I 671, datée de Madrid] qui rentrait du Japon, renseigne d'après les lettres de Martin do Campo et de Pierre Casuy [20 nov. 1625] le personnel des jésuites du Japon : Les pères [Pacheco, Zola, Torres en prison] Porro, Matheus Joannes, Ant. Jac. Giannone, italiens — Math de Couros, Christophe Ferreira, Fernandes Bened, Joann. a Costa, Ant Sousa, Emm. Borges, Gasp. de Crasto, portugais, — Nacaura Jul., Didacus Yuki, Martin. Zikimi, Ant. Ixida, Sixtus Iyo, japonais. — Les frères Michel Xukam, Joannes Yama, Nic. Keyan, très anciens. — Les catéchistes Alex. Yum, Ant. Rifan, Diego Yxen, Michel Joan, Joannes Doan. Beaucoup de dogici sont devenus prêtres dans d'autres Ordres ; il en nomme 7 autres.

(3) Nuño Mascarenhas (15 octobre 1624, de Nagasaki).

a trois glorieux martyrs de la Compagnie. Et ainsi depuis septembre 1622 jusqu'en 1624 elle en compte sept.

« Le Père Jérôme de Angelis, actif et infatigable *quasi unus ex angelis illis velocibus, de quibus Isaias*, a été le capitaine des martyrs de Yedo ; le Père Jacques Carvalho, de ceux de Masamuné (le catéchumène de Frey Sotelo !) A la cour de Yedo, il y en eut 93 ; dans les terres de Masumuné, 37 ; au royaume de Deva, 3 ; à Hiroshima, 3 ; au royaume de Jyo, 1 ; à Hirado, 36..., ; en tout 176. Dans le royaume d'Akita, dit-on, il y a déjà quelque 150 fidèles en prison et destinés au martyre. Le tyran a même fait exécuter des païens notables de Yedo, parce qu'ils avaient donné des maisons en location à des chrétiens.

« Non seulement il a défendu qu'aucun vaisseau de chrétiens fasse le commerce avec les Luçons, la Cochinchine, Siam, etc., mais encore qu'aucun chrétien s'embarque. L'accès du Japon est si bien fermé qu'humainement parlant il n'y a pas moyen pour les ouvriers évangéliques d'y débarquer. Le tyran a déja laissé le gouvernement du royaume à son fils, qui a 21 ans : *mali corvi malum ovum* ; père et fils sont craints et redoutés. L'an dernier une ambasade de la Nouvelle-Espagne n'a pas été reçue ; les ambassadeurs ont dû retourner sans obtenir aucune marque de courtoisie. Il sait bien, a-t-il dit, que les hollandais sont corsaires et voleurs ; mais comme ils sont ennemis des chrétiens, il les accueille en son royaume et leur fait toutes les avances possibles. »

« A Nagasaki, écrivait le Père Fernandez (1), nous ne sommes plus que deux prêtres européens et deux japonais pour la ville et les environs ; il y aurait du travail pour quatre autres. Mais le Japon est si bien fermé aux mission-

---

(1) 10 nov. 1626.

naires qu'il n'y a plus moyen pour les nôtres d'y aborder de Macao. Les commerçants portugais ont dû jeter à la mer la correspondance de nos Pères, de peur de subir la rigueur des lois du Shogun. »

Un temps viendra, où nous n'aurons plus guère de nouvelles directes ou d'informations précises ; c'est par ouï-dire et par des témoignages parfois contradictoires que les jésuites portugais de Macao, d'Annam, de Cochinchine, du Camboge et de Laos sauront quelques détails sur la sitnation du Japon et sur le sort de leurs confrères (1). « Et nous sommes heureux, écrira un missionnaire (2), d'apprendre au moins quelque chose par les hollandais et les chinois ; mais, comme ils s'occupent de commerce et que c'est là pour eux la chose importante, ils ne s'inquiètent pas beaucoup des nouvelles qui nous intéressent ; de plus, parmi les rigoureuses persécutions qui affligent la chrétienté, il n'est pas possible d'avoir des détails aussi circonstanciés qu'en temps de paix. Pour l'année prochaine, ils nous promettent cependant des informations exactes. »

Il n'est pas de notre sujet de suivre les missionnaires exilés dans les diverses contrées où les porta leur zèle ; parmi eux nous trouvons plus d'un prêtre japonais, Paul Saïto (3), qui, après avoir prêché en Annam, réussira à rentrer dans sa chère patrie mais pour y souffrir le martyre, Michel Pineda et Pierre Kassui, qui s'emploieront au ministère des âmes dans le royaume de Laos, et plus tard mourront aussi pour la foi au Japon (4) ; Jules Piani (5)

---

(1) Cardim. *Batalhas* cité pp. 67-174, Annam ; pp. 175-226, Cochinchine ; pp. 227-250, Haynam ; pp. 251-253, Cambodge ; pp. 259-282, Laos ; p. 283, Macassar, Siam.

(2) *Ib.*, p. 67. Le Père Philippe Marino de Gênes : c'est à cet ouvrage du Père Cardim, récemment édité à Lisbonne, que nous devons plusieurs lettres importantes de ce missionnaire sur les dernières années de la mission.

(3) *Ib.*, p. 76.

(4) *Ib.*, p. 15.

(5) *Ib.*, p. 79.

prêchera au Tonkin ; Juste Kaseri et Romain Nishi (1) seront missionnaires au Camboge, où beaucoup de fidèles japonais s'étaient retirés, fuyant la persécution.

La province ou mission du Japon, en attendant et en espérant toujours des temps meilleurs, étendait son action dans ces divers pays d'Orient, elle pénétrera au cœur de la Chine ; encore qu'il eût été plus juste, selon un écrivain de l'époque (2), de l'appeler province de Macao, parce que Macao était devenu le centre de son activité et qu'elle n'avait plus que fort peu de membres au Japon même, elle garda son glorieux nom, devenu célèbre en Europe. C'est avec un saint orgueil que Guerreiro dans sa « Glorieuse couronne des vaillants chevaliers du Christ » (1646) et Cardim dans ses « Batailles de la Compagnie de Jésus au Japon » célèbreront les héros de cette belle chrétienté japonaise et que les poètes chanteront ses milliers de martyrs ; l'esprit national et la fierté portugaise n'étaient pas étrangers au lyrisme de ces écrivains ; ils doutaient peu de l'avenir ; pouvaient-ils prévoir les malheureuses suites de la rivalité des nations et l'amoindrissement de leur patrie, si grande, si puissante au siècle de Jean IV, aujourd'hui impuissante, hélas ! contre la tyrannie païenne ?

Qu'il nous soit permis de revenir un moment sur une controverse, tristement réveillée naguère. Le Japon, disions-nous, devenait inaccessible aux missionnaires et même aux missionnaires japonais. Le livre suivant confirmera, à l'encontre de toute négation, cette vérité historique. Or, nous ajoutons que telle fut la cause et la seule cause de la ruine de l'Eglise du Japon.

Il n'était pas digne d'un historien (3) de faire aux quatre grands Ordres religieux cet odieux reproche, d'avoir été,

---

(1) *Ib.*, p. 253 et 17.
(2) Cardim *op. cit.* p. 17.
(3) Berault-Bercastel. Voir volume précédent, p. 199.

eux, la cause de cette déplorable ruine, pour n'avoir pas voulu former un clergé indigène. C'est une accusation de tout point frivole (1).

Aux Philippines et dans les diverses missions relevant de Macao, il restait en 1626 des prêtres japonais : s'il y avait eu des évêques de cette nationalité, ils n'auraient pas mieux réussi que ces prêtres à pénétrer au Japon, sans se livrer au martyre ; nous avons cité plus haut plusieurs jésuites japonais qui, pour avoir généreusement tenté de rentrer dans leur patrie, n'ont recueilli d'autre récompense que la palme d'un glorieux martyre ; nous en verrons d'autres qui, après avoir réussi pendant quelque temps à échapper aux recherches des satellites païens et des faux frères, ont été immolés à leur tour.

Telle était devenue la difficulté qu'on se demandait à Macao s'il était utile et possible de maintenir le séminaire japonais. En 1615, le Père Didace Yuki écrivait de Manille au Général de la Compagnie (2), que ce séminaire ne comptait plus que 20 élèves ; ce nombre diminua évidemment, et c'était le seul établissement où il fût encore possible de former des lévites et de préparer des aspirants au sacerdoce. Les jésuites avaient formé parmi leurs élèves japonais des latinistes comme ce missionnaire (3), des prêtres tels que Michel Pineda, dont le Visiteur (4) Antoine Palmeiro

---

(1) D'après Mr Murdoch (*History* of *Japon*, 1903, p. 624), un japonais (l'éditeur des *Batalhas* (p. 12, note) l'appelle Ibi-Masa-Ayoshi), envoyé par le Shogun en Europe (1615-1622), eut une grande part de responsabilité dans les décrets d'expulsion et d'extermination ; nous ne pouvons contrôler les assertions de cet explorateur officiel ; celles que Mr Murdoch nous fait connaître sont puériles. Le Père Charles Spinola était apparenté au fameux commandant en chef des guerres religieuses de 1618 à 1648 : il avait été envoyé a Nagasaki en 1602 ; il préparait, selon cet explorateur, la conquête du Japon. Il n'y avait que des protestants pour faire croire pareille ineptie à ce japonais.
(2) 4 nonas augusti 1615. (*Ex collectaneis Jap. msc.*)
(3) Témoin sa lettre, p. 172.
(4) De Macao, 4 janvier 1634.

écrivait que c'était un « ouvrier invincible », des controversistes tels qu'Antoine Ishida et Jean Yama (1). Comment, après un demi-siècle de christianisme, se seraient-ils refusés à recruter parmi la jeunesse japonaise des apôtres et des continuateurs de leur œuvre? Ils furent tous les quatre martyrs au Japon. Oui, en des temps plus heureux, il eût été possible de former enfin un clergé, digne de l'Église de Jésus-Christ, d'une « Église sans tache et sans rides » (2), pour autant que cela est possible avant qu'elle soit entrée dans la gloire céleste. Dans le principe, en 1594, le Père Gonfalonieri (3) et d'autres avaient été fâcheusement impressionnés par les défauts du caractère japonais. Quelques-uns l'avaient trop loué; « les japonais sont supérieurs, écrivait-il, à tous les peuples des Indes, oui ; mais la Compagnie ne devra en recevoir que peu avant 50 ans d'ici » ; en homme sage et prévoyant, il exceptait déjà, de cette appréciation bien sévère, les quatre jeunes ambassadeurs, et il ajoutait : « Quand les mœurs publiques seront changées par la conversion du Japon, *innumerabiles religiosi sancti et excellentes omni laudum genere futuri sunt*, il y aura sans nombre de saints religieux, éminents en tout genre et dignes de toute louange. »

Plaise au ciel que ces temps soient arrivés et que la jeunesse chrétienne puisse donner au Japon des prêtres, dignes de leur divin modèle *Innocens, segregatus a peccatoribus!*

---

(1) Voir plus loin livre 4.
(2) Gloriosam Ecclesiam non habentem maculam aut rugam (S. Paul ad Ephes. V. 28).
(3) Amakusa, 1 nov. 1594. (*Epist. Jap. msc.*)

APPENDICE

Martyrologe du Japon. 1597-1626

De 1549, où S. François Xavier commença d'évangéliser le Japon jusqu'en 1567, il y eut quelques chrétiens tués en haine de la foi ; ce furent des cas isolés, rares ; nous les indiquons dans le volume qui a paru : *Le Catholicisme au Japon : S. François Xavier et ses premiers successeurs* [pp 95, 96, 173, 254]. Mais à partir de 1597, et surtout depuis 1614 jusque vers 1640, le Japon donna des centaines, des milliers de martyrs au Christ Sauveur. Nous recueillons ces glorieux noms, d'après L. Pagès [*Histoire de la religion chrétienne au Japon*, Paris, 1869] et les nombreuses sources dont il disposait dans sa célèbre bibliothèque japonaise : lettres annuelles des jésuites du Japon, chroniques franciscaines, Aduarte, Carrero et Orfanel. O. P., Sicardo, O. S. Aug., Vivero, etc.

N. B. Nous imprimons en italiques les noms des martyrs, bienheureux ou saints, dont le culte a été autorisé par les Souverains Pontifes. Quant aux membres des tiers-ordres [franciscain, dominicain] il était difficile de concilier les témoignages [voir Pagès, I. p. 527, note 4 et 734, note 8].

Le lecteur japonologue ou japonais voudra bien excuser nos erreurs d'orthographe.

1597   5 février   1   A Nagasaki, les Pères *Pierre Baptiste*, *Martin* de l'Ascension, *François* Blanco, *Philippe* de Jésus, clerc, les frères laïcs *François* Vasilla, *Gonzalve* Garcia, franciscains des Philippines ; *Paul* Miki et *Jean* de Goto, scolastiques et *Jacques* Kisai, coadjuteur, S. J., François, Joachim Sakakibara, Paul Ibaraki, Paul Suzuki, *Thomas* Date, *Jean* Shimoya, *Bonaventure* Duisko, *Léon* Kinuya, *François*, *Michel* Kosaki, *Pierre* Sukejiro, *Côme* Takeya, *Martin*, *Gabriel* Duisko, *Thomas* Kosaki, *Antoine* Duisko, *Louis* Duisko, catéchistes et serviteurs, originaires de Miyako, Osaka
    26 *crucifiés*.

1599   Jérôme, tono de Hirado, son fils Thomas, son cousin Balthasar, beaucoup de nobles, 600 fidèles *exilés* par Hoïn, fils de Dôka, se réfugient à Nagasaki.

1600   25 août   2   A Osaka, Gratia, épouse de Hosokawa Tadaoki, âgée de 38 ans [*Katholische Missionen*, 1907-08, p. 193.]
    1 *décapitée*.

1603   8 décembre   3   A Yatsushiro [Higo] Jean Minami Gorozayemon du Yamato et Simon Takeda Gohiôe de Miyako, par ordre de Kato Kiyomasa . . . . 2 *décapités*.

182   MARTYROLOGE DU JAPON. 1597-1626.

    9 décembre 4 Ib. Madeleine, femme de Jean et leur fils Louis, Jeanne, mère de Simon et Inès sa femme. . 4 *décapités*.
1604 3 familles, 60 personnes *exilées* du Higo par Terazawa, gouverneur de Nagasaki.
1605 16 août 5 A Hagi, Melchior Asonuma Buzendono, kerai de Mori, daimyo de Yamagochi, et Damien l'aveugle.
                         2 *décapités*.
    19 août 6 La femme de Melchior, enfants et petits-enfants, serviteurs . . . . 100 *décapités*.
1607   7 Justin Yogoro, frère de Sanche Kano Hanyemon, par ordre de Mori . . . . 1 *brûlé vif*.
           8 Sa femme . . . . . . 1 *crucifiée*.
1608 17 novembre 9 Léon Chichiyemon, officier de Jonay (Satsuma), par ordre de Hondo Kaganokami [Hirasa]. . 1 *crucifié*.
    Didace [Konishi], fils de Did. Wakasa ou Mimasaki *exilé* de Satsuma avec d'autres chrétiens [Pagès I, 163, 85]
1609 11 janvier 10 A Yatsushiro, Jean Iigoro Hattori et Michel Mizuuchi Hikoyemon, jifiaques ou officiers de charité et leurs fils Thomas et Louis, par ordre de Kato . . 4 *décapités*.
    Jérôme Kotedadono et Balthasar Ichibudono *exilés* à Ikitsuki.
    14 novembre 11 A Yamada, Gaspar Nishi Genka, lieutenant du tono Jérôme, Ursule sa femme et leur fils Jean Nishi Mataichi
                         3 *décapités*.
1610   12 A Osaka un jeune chrétien tué pour la foi.
                         1 *décapité*.
        13 En Iwami, un serviteur et ses 3 fils, en haine de la foi . . . . 4 *décapités*.
        14 A Ikitsuki, trois fidèles . . 3 *décapités*.
1611 En Harima, trois seigneurs et plus de 2000 chrétiens *exilés*.
1612 Beaucoup de chrétiens d'Arima dépouillés et *exilés* par le daimyo apostat Michel, entr'autres Michel Isokichi Okumura, Jean Risai, Jean Chichiyemon, Dominique Yamada, Mancie Onda, Damien Matsuyama — avec femmes, enfants. Suivirent Paul Sagizaka, Michel Okazuchi, Barthélémi Okano avec son fils Dario Kambioye, Mathias Hata, Pierre Kimeyori
    24 avril 15 Entre Miyako et Yedo Bonaventure, intendant . . . . 1 *décapité*.
    7 juin   16 A Osaka, Léon Kayemon, du Hizen.
                         1 *décapité*.
    Jacques Ogasawara, Joachim Jurohioye, Barth. Ichinosuke et 11 autres officiers *exilés* de Suruga, parmi eux Jean Hara Mondo [*lett. ann.*, 1624. p. 6] It. Julie, coréenne.
    25 juillet 17 Michel Ito, chef d'une ligue de 1500 fidèles, prêts au martyre, et son frère Math. Koishi. . . 2 *décapités*.
    22 août 18 Léon Kita Kizayemon, d'Arima 1 *décapité*.
1613 Thomas Kahioye, Gaspar Kihyoie, Jean Tokoyen, Georges Yaseji *exilés* par Michel.

28 janvier   19   Thomas Heibyoie, et son frère Mathias avec la femme de Thomas et deux enfants Juste et Jacques [11 et 9 ans] . . . . 5 *décapités*.

16 août   20   A Tonchaï, 8 fidèles d'Yedo-Asakusa, Joachim Hachikuan, Antoine Yahioe, Jean Monzen, Thomas Kanda ou Kibyoie, Léon Daiku Michel, Sasada, Luc et Louis Kanda, Vincent Tanaye . . . . 8 *décapités*.

17 août   21   *Ib*. 14 fidèles, Marc Kizayemon, Th. Kiyemon, Joachim Gonzayemon, Simon Hicozayemon, Ant. Hanzaburo, Jacq. Heizo ou Ichizo, Léon Sukunaï ou Sahioe, Jean Toshiro, Marc Konsuke ou Sakusuke, Michel Yazo, Mathias Shingoro, Damien Mosuke ou Sosuke, Jacq. Yashiro, Joachim Gensuke ou Uenai (?) . . . . 14 *décapités*.

7 septembre   22   Jean Mimboku, catéchiste de Sotelo. Grégoire it., Paul et Grég. Yohioye, pages d'un seigneur et un païen baptisé en prison . . . . 5 *décapités*.

                 23   François [8 ans] et Mathieu [6 ans] égorgés par ordre de Michel l'apostat, leur frère. . . . 2 *égorgés*.

7 octobre   24   Trois des principaux officiers de l'apostat Michel, Adrien Takahashi Mondo, Léon Hayashida Sukeyemon, Léon Taketomi Kanyemon, ainsi que leurs épouses, Jeanne, Marthe et leurs enfants, Madeleine [18 ans], Jacques [10 ans] et Paul [27 ans] . . . . 8 *brûlés vifs*.

7 octobre   25   Thomas Kawakami, kambo ou portier du Yoriki, égorgé sur ordre du même . . . . . 1 *égorgé*.

Sur décret de Daïfu Sama, le 27 décembre on dresse les listes des chrétiens à Miyako, Fushimi, Osaka...

1614   17 janvier 47 fidèles de Miyako, 24 d'Osaka *exilés* au Tsugaru.

            Julie Naito *et* 14 dames Marc, Magobioye, Mariña sa femme et leur fille *exilés* à Nagasaki.

24 mars   26   A Fukuoka (Chikuzen) Thomas Watanabe et Joachim Shinden. . . . . 2 *décapités*.

                 27   A Akizuki (ib.) Mathias Shichirobioye.
                                                                                              1 *décapité*.

28 mars   28   Au Suruga, Jean Doju et Pierre Kakusuke par ordre du Shogun, mutilés, expirent. Pierre Sokiu, Joachim Sukekuro, Jean Shojiro, Jacques Seya survivent et s'exilent à Manille. . . . . 2 *mutilés*.

Avril   Benoit, Agathe sa femme, Jean et Melchior leurs enfants, trois autres fidèles du Bungo *exilés*.

5 juin   29   A Fukuro, Adam Arakawa, kambo   1 *décapité*.

5 juin   30   A Fukahori, Louis Mine . .   1 *décapité*.

31 juillet   31   A Kibara [Naguni] Michel Chubioye et son frère Léon . . . . 2 *brûlés vifs*.

31 juillet   32   Ib. Maxence, femme de Michel   1 *décapité*.

4 novembre A Nagasaki, le P. Jacques de Mesquita, jésuite, meurt dans la cabane d'un pêcheur.

7 et 8 nov. Juste Ukondono, Naito Tokuan, des dames de Miyako et d'Osaka, 23 jésuites, dont 15 frères, 2 dominicains, 4 augustins, 4 franciscains et 2 prêtres séculiers *exilés* à Manille. D'autres, chrétiens de marque, Thomas Ukita, 30 Pères, 29 frères S. J., catéchistes, élèves, etc. *exilés* à Macao. [Restèrent cachés 18 Pères et 9 frères S. J., 7 dominicains, 7 franciscains, 1 augustin et 5 prêtres séculiers.]

22 novembre 33 A Arima, Michel Nishi Shichiroyemon de Yatsushiro, Louis Matsushima Yenyemon d'Arima, Th. Okumura Domi de Shimabara, Adrien Yonyemon d'Arima, son gendre, Jean Nakamura Sosuke d'Amakusa, Domin. Adachi Yakichi d'Arima, Michel Akahoshi de Tusoko [Higo], André Jakonzu Jinshiro de Funaï, Domin. Yasaki Shoshiro d'Oye [Arima], Dom. Matzuzuki Fiungo d'Oye, Adr. Suga Sankichi d'Arakawa, Martin Takaya Magoyemon d'Arima, Pierre Kiuwan d'Umemoto [Kinokuni], Dom. Okumura Sosuki, Jean Takaya Kinzayemon de Yamato, Côme Takaya Shobioye, Michel Konganemaru, de Miyako. . . . . 17 *décapités*.

23 novembre 34 *Ib.* Pierre Goto Shichirozayemon, Louis Goto Hiyemon d'Arima, Th. Matsushima Kakunaï . 3 *décapités*.

23 novembre 35 A Ariye, Adrien Kido Hanyemon, par ordre de Matsushiro, mutilé cruellement et décapité . . 1 *décapité*.

23 novembre 36 A Kuchinotsu, de 70 fidèles qui se présentent, plusieurs suspendus par les pieds ou mutilés, survivent aux tourments, tels Thomas Araki Choyemon, 22 expirèrent, la plupart décapités, tels Michel Coréen, laboureur, Jean Naraya de Dewa, Georges Akahoshi, Pierre Hashimoto de Kuchinotsu, Paul Riohei Mottari d'Arima, Soter Kudo, du Bungo, Mathieu Fukushima Chinyemon de Kazusa, Th. Nagano Niyemon, son frère Dom. Nagano Yoichi, Pierre coréen, Pierre Ishida Kinzaimon, Michel Kobayashi Yashichiro, Th. Usui Hikosamburo, de Cazusa, Thom. Kaino Matayemon, de Kaye, Mathieu Araki Yashiro, de Kuchinotsu, Dom. Yagami Gorozayemon, ib., Mathias Araki Junzaburo ib., Georges Akahoshi Tarobioye, de Kaifu [Higo], Thomas Teramachi d'Usuki (Chikugo), Pierre Kabashima Kinhachi ib., Th. Hirai Yashiro ib. D'autres [4 noms] moururent des suites de la mutilation . . . . . 23 *décapités*.

28 novembre Le P. Antoine François Critana meurt sur le vaisseau des exilés pour Manille.

26 décembre 37 A Fushimi Jean Hioyemon, de Takaia
1 *décapité*.

1615 8 janvier 38 A Kuchinotsu, Louis Fusazumi de Hitaka et Michel Ishida de Kanzaki . . . . . . 2 *décapités*.

25 janvier 39 Au Higo, Paul Yasodayu de Harima
1 *décapité*.

40 A Fushimi, Paul . . . . 1 *décapité*.

18 mars 41 Au Buzen, Romain Yasoyemon Yoso, du Bungo . . . . 1 *décapité*.
10 avril 42 A Yedo, Simon Sahioye, d'Iyo [Chikoku], hôte d'un P. franciscain [*Lettres ann.* 1615-19, p. 85]. 1 *décapité*.
juin 43 *Ib.* Jérôme, captif avec 5o lépreux dans une prison de 27×12 mètres d'aire . . . . . . 1 *décapité*.
1 novembre 44 A Suruga, six chrétiens dont Hara Mondo, mutilés ; Jean Kurobioye et Pierre Kakusuke meurent 2 *mutilés*.
24 novembre 45 *Ib.* Six lépreux, François, Gaspar, Paul, Thomas, Mathias et Luc, hôtes des six chrétiens . 6 *décapités*.
Huit chrétiens de Miyako *exilés* au Tsugaru.

1616 Par un décret de septembre le nouveau Shogun Hidetada exile tous les prêtres et religieux sans exception, condamne à la confiscation de leurs biens et au bûcher les japonais qui ont des rapports avec eux, leurs femmes et enfants et les cinq voisins les plus proches qui ne révèlent pas leur présence. Défense à tout prince ou seigneur de garder des chrétiens sur ses terres.

L'enquête est cependant différée d'une année, à cause des fêtes de l'apothéose du Daïfu. Le 30 septembre, une ambassade du roi Philippe III, retourne au Mexique, sans avoir été reçue par le Shogun [Pagès, I, 342].

octobre 46 Au Chikugo, Martin, laboureur 1 *décapité*.
26 novembre 47 A Hiroshima [Bizen], Dominique Kanzo 1 *crucifié*.
48 A Takaoka [Tsugaru], Léon Dote, sa femme Marie, Michel Nihioye, ouvrier, Léon Shinsuke, du pays, et deux exilés de Miyako, Mathias Choan, médecin, et sa femme Anne. . . . . 6 *brûlés vifs*.
49 A Hagi [Suwo] quatre fidèles . 4 *brûlés vifs*.

1617 mars Par ordre de Barthélémi, daïmyo apostat d'Omura, fils de Sanche et petit-fils du premier Barthélémi, 5 jésuites, 2 dominicains et d'autres religieux européens sont embarqués. 29 jésuites, 4 dominicains et quelques franciscains réussirent à se cacher.

4 février 50 A Yedo, Louis, catéchiste du P. de S. François après 4 ans de prison . . . . 1 *décapité*.
8 mars 51 *Ib.* Thomas, id. . . . . 1 *décapité*.
10 mars 52 *Ib.* Vincent, id. . . . . 1 *décapité*.
19 mars 53 A Hakata, Jean Akashi Jirobioye, cousin du général de Hideyori. . . . . 1 *décapité*.
29 mai 54 Les PP. *Pierre* de l'Assomption, franciscain et *J.-B.* Machado, jésuite, *Léon* Tanaka, catéchiste . 3 *décapités*.
1 juin 55 A Takushima, les PP. *Alfonse* Navarrete, dominicain et *Ferdinand* de S. Joseph, augustin . . 2 *décapités*.
16 juillet 56 A Takamatsu, Ant. Ishiwara Magoyemon et son fils François [4 ans] . . . . . . 2 *décapités*.
1 octobre 57 A Takabuka [Nagasaki] *Gaspar* Hisojiro et *André* Yoshida, hôtes de Navarrete. . . . . 2 *décapités*.

4 novembre 58 Léon Tomonaga Girobioye, gouverneur renégat converti . . . . 1 *décapité*,
26 novembre 59 Au Chikugo, Pierre Bunzaburo et Paul Shunsaburo, bonzes convertis . . . . . . 2 *lapidés*.
25 décembre 60 A Omura, Jean Miyemon du Kinokuni. 1 *décapité*.

1618 23 février 61 A Kokura [Buzen], sous Etchudono, Juste Nakamura, son fils Jean ou Julien [15 ans], Simon Ono Goro zayemon et son fils Paul [12 ans], Thomas Kushihashi Enyemon, Jean Kubamata Zayemon . . . . 6 *décapités*.
26 février 62 A Nakatsu, près de Kokura, Michel fils de Thomas cité, et Thomas fils de Jean cité . . . 2 *décapités*.
28 février 63 A Kokura, Léon Rizai et Marthe, sa femme, Jean Jihioye Shimada, sa femme Anne et leur fils Thomas [2 a.], Pierre Sukezayemon, Marc [6 ans] . . . . . 7 *décapités*.
28 février 64 A Nakatsu, Benoit Kuyemon, Jacques Gugi Ziwyzai (?), Th. Kinsuke . . . . . . 3 *décapités*.
1 mars 65 *Ib.* Vincent Shiga (Ichizayemon), Simon Nayemon et son frère Jean Yushin Miyanaga, Jean Yofioye, Etienne Rosay, Benoit Riyemon et Pierre Yentaro . 7 *crucifiés*.
10 et 11 avril 66 A Magi, Vincent Jempo, catéchiste, S. J., Paul Kimura, Vincent du Bungo, ancien officier du roi Barthélémi et catéchiste, Thomas Hirata et sa femme Clara 5 *brûlés vifs*.
13 avril 67 A Yanagawa, Paul Tarobioye, majordome du S. Rosaire, après 2 ans de prison . . . . 1 *décapité*.
16 avril 68 A Magi, Sanche Kano Hanyemon et Pierre Makimura, noble (Steichen 288) . . . . . 2 *décapités*.
30 avril 69 *Ib.* Diego Kakuzayemon, noble 1 *décapité*.
25 juillet 70 A Kokura, Léon Jeroyeman, Jean Denzo, Paul Ishizuke, Paul Toyemon, Léon Sukezo, Jacques Sheza (Suizayemon), Luc Kuhioye, Joachim Kaniyemon, Jean Gohioye. Paul et Jean Sangiu, N. Sheza Kushihashi . . . 12 *décapités*.
26 juillet 71 A Suruga, Louis Kitano, l'hôte du Père L. Gomez, franciscain . . . . 1 *décapité*.
août A Amakusa dans l'exil, Onizuka Higoro, de la famille de D. Michel d'Arima, meurt d'inanition.
16 août 72 A Miyako, le P. *Jean* de S^e Marthe, franciscain, après 3 ans de prison . . . . 1 *décapité*.
25 novembre 73 A Nagasaki, André, contre-maître du vaisseau qui avait amené le prêtre japonais Toan, sa femme Catherine et leurs deux filles Marthe et Marie [16 ans], Jean Nodera [Ihioye] hôte du prêtre et sa femme Elisabeth, leur fils Jean ; Sanche Shinzo, sa femme Séraphine et leurs enfants Léon [10 ans], Marie [7 ans], Madeleine [4 ans] et un 4me [9 mois] . . . . 14 *brûlés vifs*.
13 dcembre A Nagasaki, arrestation de 2 dominicains Ange Orsucci et Jean de S. Dominique, leur hôte Côme Takeya et le catéchiste Thomas, et de 2 jésuites le P. Ch. Spinola et le

fr. Ambr. Fernandez, leur hôte portugais Dom. Jorge et le serviteur Jean Shungoku. — Le nombre des prisonniers alla jusqu'à 33 ; à Omura, vraie geôle plus redoutable que le bûcher, puis à Kobara.

1619 19 mars 74 A Omura, *Jean* de S. Dominique meurt en prison . . . . 1 *en prison*.
   3 mai   75 A Omura, Lin Hashikata Toyemon, gardien de la prison . . . . 1 *décapité*.
   19 juillet 76 A Yedo, Pierre Arizo, coréen et Thomas Kosaku, son serviteur . . . . 2 *décapités*.
   17 mai-21 oct. 77 A Miyako, huit chrétiens succombent aux rigueurs de la prison, Mathias Chuzayemon, du Hizen, Joachim Yosobioye, de Tamba, Jean Sensai, médecin du Wakasa, Jacq. Ichiyemon et Franç. Hiozo du Chugoku. André Juichi, d'Owari et deux enfants Michel et Pierre [2 ans] . 8 *en prison*.
   7 octobre 78 A Miyako, près du Kamogawa, 14 fidèles de cette ville, François et son fils du même nom, Jean Junsaku, sa femme Madeleine et leur fille Reine, Mancio Kiijiro, Louis Matagoro, Jean Hashimoto Tahioye, sa femme Thecla et leurs enfants Catherine [18 ans], Thomas [12 ans], François [8 ans], Pierre [6 ans] et Lucie [3 ans]. — Thomas Kian, Marie Chiyo, Jean Sakurai et Ursule sa belle-fille, du Bungo. — Th. Ikegami, du Hokkoku. — Lin Rifioye, Marie sa femme, du Chugoku. — Côme, Thom. Shinshiro et Marie sa femme, Marie et sa petite-fille, de Yamashiro. — Antoine, Joachim Ogawa, Monique, de Yamato.— Gabriel, Madeleine, Thomas Toyemon et sa femme Lucie, Ruffina et sa fille Marthe, Léon Kinsuke et sa femme Marthe, d'Owari. — Marthe et son fils Benoit [2 ans] de Kawachi. — Maria, Pierre, Maria, Emm. Kurosaburo, Thomas Yoyemon et sa mère Anne, de Tamba. — Monique, Agathe, Mencia et sa fille Lucia [3 ans], d'Omi. — JérômeShuroku et sa femme Lucie, d'Aki. — Jacques Tsuzu . . . . 52 *brûlés vifs*.
   7 octobre 79 A Fushimi, Ignace Chichiyemon 1 *décapité*.
   15 octobre 80 A Kokura, Jacq. Kagayama Hayato, premier kerai, par ordre de Etchudono Tadaoki, son seigneur 1 *décapité*.
   15 octobre 81 A Higo, son cousin Balthasar, et son fils [4 ans] . . . . 2 *décapités*.
   18 novembre 82 A Nagasaki le P. *Léonard* Kimura, jésuite. après 3 ans de prison. *Dominique* Jorge, portugais. *André* Murayama Tokuan. *Jean* Yoshida Shun et *Côme* Takeya, hôtes de missionnaires . . . . 5 *brûlés vifs*.
   26 novembre 83 A Nagasaki, 11 hôtes ou voisins des missionnaires. *Thomas* Koteda Kiuni de Mirado, *Mathias* Nakano Miota et *Romain* Matzuoka Miota, d'Omura, *Jean* Motoyama du Hizen, Mathias Kozaka d'Omura, *Antoine* Kimura de Hirado,

Alexis Nakamura, du Hizen, *Michel* Takeshita Sakakichi de Nagasaki, *Léon* Nakanishi de Yamaguchi, *Barthélemi* Seki d'Usuki, *Jean* Iwanaga du Takaku . . . . 11 *décapités*

novembre   84   Aux environs de Yedo, André Toan [Bartoli, IV, II], ancien gouverneur de Nagasaki . . 1 *décapité*.

novembre   85   Près de Miyako, Jean Murayama, son fils
    1 *décapité*.

décembre   86   A Miyako, Pierre et Paul, deux autres de ses fils [Steichen, p. 311, n'admet pas ces trois martyres] 2 *décapités*.

1620   7 janvier   Le frère *Ambroise* Fernandez meurt en prison.

22 mai   87   *Mathias*, catéchiste S. J., du district de Kanzaki (Hizen) . . . . 1 *décapité*.

24 juillet   88   A Nagasaki, Emmanuel, Jacques et Michel, trois fils de Jean [n° 85] . . . . 3 *décapités*.

16 août   89   A Kokura, *Simon* Bokusai Kiota, sa femme *Madeleine*, *Thomas* Gengoro, sa femme *Marie* et leur fils *Jacques*
    5 *crucifiés*.

6 novembre   90   A Mizuzawa [Oshu]. Thomas, Joachim et sa femme, de Yurinoshonai [Dewa], Thomas et deux autres chrétiens . . . . 6 *décapités*.

Les PP. Jérôme de Angelis et Carvalho visitent au Tsugaru les exilés de Miyako, d'Osaka, du Hokkoku, parmi ceux-ci les trois fils de Jean Kiukan, décédé.

Les PP. Louis Florès, dominicain gantois et Pierre de Zuñiga, augustin, se rendant au Japon sont capturés en juillet par un vaisseau anglais et livrés aux hollandais, qui les conduisent à Mirado [4 août] et les livrent à la justice japonaise.

1621   14 février   91   A Okuzu, Dominique Matsuo, laboureur, hôte des PP. Pierre d'Avila et Vincent de S. Joseph franciscains
    1 *brûlé vif*.

22 février   92   A Nagasaki, Jean Chiù Takaso et Jean Ito, hôtes du Bx Alph. Navarrete [n° 55] . . . . 2 *décapités*.

26 février   93   A Koga, François, sa femme Hélène, et Inès . . . . 3 *décapités*.

20 juin   94   A Kubara [Omura], François Hanzai ou Hampei, hôte des religieux . . . . 1 *décapité*.

    95   Louis Hanzuki, hôte d'un frère jésuite
    1 *décapité*.

25 juin   96   A Isahaya Léon Nonda Rihioye, de Kagowara [Saga] . . . . 1 *décapité*.

26 juillet   97   A Nagasaki, Gabriel Ichinoye, hôte d'Aug. Ota. . . . . 1 *décapité*.

7 octobre   98   En Omura, Laurent Aiga Gorosuke de Kuromachi . . . . 1 *décapité*.

    99   A Omagari, Michel Kiroku [Akubioye] de Nagaye. . . . . 1 *décapité*.

    100   A Zuzuka, Michel Fukuda . 1 *décapité*.

APPENDICE. 189

     101 En Omura, Pierre Arasuki, sa femme Agathe, sa mère Justa, sa sœur Marie [14 a.] . . . 4 *décapités*.
9 octobre 102 *Ib*. Jean Chikachi du Higo . 1 *décapité*.
     103 *Ib*. Côme Takashima de Ikiota [Hizen] 1 *décapité*.
14 octobre 104 *Ib*. Le fils de Côme . . . 1 *décapité*.
1622 27 mai 105 Dans l'île Nokaienoshima, Jean Tenkamoto Zaiemon, hôte du P. Camille Costanzo, S. J. et Damien Israi Iudeguchi, patron de la barque qui transporte le Père à Uki [Goto] . . . . 2 *décapités*.
2 juin 106 A Ikinoshima [Hirado], Paul Mori Magozayemon, gardien d'église . . . . 1 *submergé*.
3 juin 107 *Ib*. Joachim Kabakubo Kurahioye, marinier de Sakayama . . . . 1 *décapité*.
8 juin 108 A Nekaienoshima, Jean Jiroyemon, noble d'Ikitsuki . . . . 1 *décapité*.
22 juillet 109 A Ikinoshima, André Yabu Noshima, hôte du P. Costanzo. . . . . 1 *décapité*.
26 juillet 110 A Ikitsuki, Gabriel Ichinose Kinchiro, de Hirado, hôte du même . . . . 1 *décapité*.
     111 *Ib*. Jean Yakinura, [Yito, Matzuzaki] et Paul Tzukamoto, mariniers . . . . . 2 *décapités*.
10 août 112 A Ikinoshima, le fr. *Augustin* Ota, S. J , catéchiste du P. Costanzo . . . , . . 1 *décapité*.
19 août 113 A Nagasaki, le P. *Louis* Florès, dominicain, le P. *Pierre* de Zuñiga, augustin, et *Joachim* Diaz Hirayama, japonais, capitaine de navire . . . . . . 3 *brûlés vifs*.
     114 *Léon* Sukeyemon, *Jean* Miyasaki Soyemon, *Michel* Diaz, *Antoine* Yamada, *Marc* Takenoshima Shinyemon, *Thomas* Koyanagi, *Jacques* Matsuvo Denshi, *Laurent* Rokuyemon, *Paul* Sankichi, *Jean* Yayo, *Jean* Matakichi Nagata, *Barthélemi* Mohioye, mariniers, et Ferdinand Civerez, espagnol [*Hist. S. J.* ad *Ann.* no 178]. . . . . 13 *décapités*.
10 septembre 115 Sur la sainte colline les PP. *Charles* Spinola, et *Sébastien* Kimura, jésuites ; *Ange* Orsucci, *Joseph* de S. Hyacinthe, *Hyacinthe* Orfanel, *Alphonse* de Mena, *François* de Moralez, dominicains ; *Pierre* d'Avila, *Richard* de S. Anne, franciscains ; les frères *Vincent* de S. Joseph, *Léon* de Satsuma, franciscains ; *Alexis* japonais, dominicain ; *Antoine* Kiuni de Mikawa, *Gonzalve* Fusaï du Bizen, *Thomas* Jean Akahoshi, *Pierre* Sampo d'Oshu, *Michel* Chumpo de Owari, *Louis* Kawara et *Jean* Chingoku, jésuites ; *Jacques* Chimba et *Dominique* Tamba, *Antoine* Coréen, *Lucie* de Freitas, *Antoine* Saga, *Paul* Nagashi . . , . 25 *brûlés vifs*.
     116 *Ib*. Les fr. *Thomas*, Jean d'Omura, *Dominique* Nagata, dominicains ; *Isabelle* Fernandez, veuve de *Dominique* Jorge [no 81] et leur fils *Ignace* [4 ans], *Marie* Murayama, veuve du martyr André Tokuan [no 81], *Apollonie*, tante de *Gaspar*

Kotenda [nº 117], *Inès*, veuve de Côme Takeya martyr [nº 83] *Marie*, veuve de Jean Chun martyr [m. j.], *Marine* Tanaura, *Pierre* Motoyama [5 a.], *Marie* femme d'Ant. Coréen et *Jean* [12 a.] *Pierre* [3 a.] leurs enfants, *Barthélémi* Kauano Chichiyemon. *Dominique* Yamada et *Clara*,sa femme, d'Omura, *Damien* Yamichi Tanda, *Michel*, son fils [5 a.], *Thomas* Chikiro,de Karatzu, *Catherine* veuve, *Dominga* Ogata, veuve, *Thecla*, veuve de Paul Nangaichi du Bungo, *Madeleine*, femme d'Ant. Saga, du Tsunokuni, *Marie*, femme de Paul Tanaka, *Rufo*, Yashimoto, *Clément* Bono et *Antoine* son fils [3 ans] . . . . 30 *décapités*.

12 septembre **117** A Nagasaki, *Gaspar* Koteda, catéchiste du P. Costanzo, *François* [12 ans], fils de Côme Takeya [nº 81] et d'Inès [nº 116], *Pierre* [7 ans], fils de Barthélémi Chitchiyemon.
3 *décapités*.

118 Près d'Omura, le P. *Thomas* de Zumaraga et les fr. *Mancie* Chiwiato et *Dominique* Magoshichi, dominicains, le P. *Apollinaire* Franco et les fr. Mathias Hayashi, *François* de S. Bonaventure, Jean d'Ikeda et *Pierre* de S. Clara, franciscains
8 *brûlés vifs*.

119 Ib. Léon Sukezayemon. salinier de Nagayo
1 *brûlé vif*.

120 Ib. Marie, femme de Léon et Thomas Genzayemon son parrain, et sept chrétiens, qui ont dérobé ou vénéré leurs reliques . . . . 9 *décapités*.

13 septembre **121** A Nagayo, Maucie Kuhioye Iwanaga, fils de Thomas Genzayemon . . . . 1 *décapité*.

15 septembre **122** A Hirado, Dominique Magosaku, et Louis
2 *décapités*.

123 A Tokitsu, Pierre Tauda Yamachi et Louis
2 *décapités*.

124 A Tabira, près Hirado, le Père *Camille* Costanzo, jésuite . . . . 1 *brûlé vif*.

23 septembre **125** A Yagame, Mathias Matayemon, Marie sa femme et son fils aîné Dominique . . . . . 3 *brûlés vifs*.

126 Ib. Marie, mère de Mathias et son fils Michel . . . . 2 *décapités*.

fin décembre **127** à Nagasaki, Gaspar Nakamura, pour avoir procuré des aliments aux PP. Florès et Zuñiga. . 1 *décapité*.

128 à Yagami, Jean Gorobioe, même raison.
1 *décapité*.

2 octobre **129** à Nagasaki, *Louis* Yakichi, pour avoir tenté de tirer le P. Florès de la prison, périt après six semaines de torture . . . . 1 *brûlé vif*

130 Ib. Lucie, sa femme, ses fils André [8 ans]. *François* [4 ans] et quatre mariniers Mancie et André Kurobioe, Thomas et Côme Sakuzo, et Michel [4 a.] fils de Côme 8 *décapités*.

1 novembre 131 A Shimabara, le P. *Paul* Navarro et les frères *Denis* Aïku Fujishima de Hachirao et *Pierre* Onizuka Sandayu, de Shimabara, jésuites, *Clément* Kiuyemon, de Shimabara . . . . 4 *brûlés vifs.*

1623 Le nouveau Shogun, Minamoto-no Iemitsu, élevé à cette dignité par son père Hidetada, est plus cruel que lui ; de décembre à la fin de novembre il y eut, à la connaissance de Ruis Giram, 165 martyrs, dont 8 dominicains, franciscains ou jésuites (*Lett. ann.*, 1624, p. 3). Jusqu'alors dans les villes, sujettes de la Tenka [à l'exception de Nagasaki], il y avait une ombre de paix. Les lois contre les chrétiens sont proclamées de nouveau : de plus tout navire abordant au Japon doit faire enregistrer équipage et passagers, défense est faite à tout japonais de se rendre aux Philippines, de peur qu'on ne ramène des missionnaires, à tout japonais chrétien de commercer hors du Japon. Il restait 28 jésuites, dont 23 prêtres ; 8 franciscains, dont 7 prêtres ; 2 dominicains et un augustin. De Manille arrivèrent 4 dominicains, 4 franciscains et 2 augustins, à Koshi, à 2 lieues de Kagoshima [19 juin]. En octobre 1623, une ambassade philippine est éconduite [Pagès 585]. Sauf les hollandais et anglais, à Hirado, les européens, coréens et chinois sont renvoyés à Macao et Manille :

1 décembre 132 au Buzen, Thomas Kiyemon, prisonnier depuis quatre ans . . . . 1 *décapité*.

4 décembre 133 à Yedo (Shinagawa) les PP. *Jérôme* de Angelis, jésuite, et *François* Galvez, franciscain ; le fr. *Simon* Empo, jésuite ; Jean Hara Mondo, capitaine d'Iyeasu, Léon Takeya Gonsuke, Hazaburo Kacha, Jean Kosayemon, Pierre Kisaburo, Jean Matazayemon, Michel, Mathias et François Kizayemon, Laurent Kokichi, Mathias Yazayemon, Laurent Kakuzayemon, Thomas Yusaku, Pierre Santaro, Pierre Sazayemon, Mathias Sekiyemon, Ignace et Pierre Choyemon, Simon Muan, Laurent Doi, N. Isai, Bonaventure Kiudayu, Jean Shinkuro, Hilaire Magozayemon, Sashimonoya-Jinkichi, Jean Chosayemon, Romain Goniyemon, Manuel Buyemon, Pierre Kiyemon, Kizaburo, André Risuke, Raphaël Kichizayemon, N. Kiushichi, Antoine et 13 autres [Pagès I, p. 640 place ce martyre au 4 novembre]

50 *brûlés vifs.*

29 décembre 134 *Ib.* Marie Takeya, mère de Léon [n° 133] et 4 autres femmes chrétiennes ; François Kabe, Pierre Enzaimon, Mathias Bunyemon . . . . 6 *brûlés vifs.*

18 enfants chrétiens . . . . 18 *décapités.*

En tout 25 chrétiens, hôtes des missionnaires ou parents ; de plus douze païens . . . . 2 *crucifiés.*

1624 1 février 135 à Sendai, par ordre de Masamune, Marc Kahioye et Marie sa femme . . . . 2 *brûlés vifs.*

136 *Ib.* André Kamon, son fils Paul Sankuro
. . . . 2 *brûlés vifs.*

137 *Ib.* Paul Kinzo, André Ichiyemon, Louis serviteur de Jean Anzai (n° 140) . . . . . 3 *décapités.*

138 à Joyoma [Oshu] Simon Hikoyemon, sa femme Monique, et leur fils . . . . . . 3 *décapités.*

139 à Usukino [Oshu] Gaspar Ichiyemon
. . . . 1 *décapité.*

140 à Sendai, Jean Anzai, médecin, et sa femme Anne . . . . 2 *bain glacé.*

7 février **141** (Lettera ann. 1624, p. 57) Louis Tarogi et Matthieu Shikyemon . . . . 2 *massacrés.*

142 A Kubota Monique, vierge, servante (id. 57)
. . . . 1 *décapité.*

9 février **143** à Mizuzawa, deux vieillards arrêtés avec le P. Carvalho à Orocho . . . . 2 *décapités.*

14 février **144** En Iyo, Jean Yanaga Kuhioye, meurt dans le supplice *Ikida Mechi* . . . . 1 *coupé en deux.*

145 à Sendai, Monica Oiwa, servante, pour refus d'épouser un païen . . . . 1 *décapitée.*

16 février **146** à Hiroshima [Aki], François Toyama Sintaro, de la province de Kai . . . . 1 *décapité.*

17 février **147** *Ib.* Mathias Kobara Chizayemon 1 *crucifié.*

148 au Dewa, Simon Moyoza et N. Heyemon
. . . . 2 *décapités.*

18 février **149** à Sendai, Mathias Sihioye et Julien Jiyemon, hôtes du père Carvalho . . . . 2 *bain glacé.*

22 février **150** Le P. *Didace* Carvalho, jésuite, Léon Gonyemon, Antoine Sazayemon, Mathias Koyano, André Niyemon, Mathieu Magobioye et Mathias Taroyemon . . 7 *bain glacé.*

3 mars **151** à Kochidomari, la famille de Gabriel, martyr [n° 110], Marie, son aieule [90 a.], Gratia, sa femme, son fils Lino et sa femme Maria, leurs 2 filles Marie, Cécile, leur servante et son fils Michel, Marie servante . . . . . 9 *décapités.*

152 à Usuki, Luc Mori Heibioye, hôte du P. Costanzo, sa femme Maria, Alexis leur fils, ses enfants Thomas, Denis [5 ans], une fille non encore baptisée. . . 6 *décapités.*

153 à Usuki, Antoine Jirobioye, hôte du P. Costanzo . . . . 1 *décapité.*

5 mars **154** à Gigoku (île Nakaie), la famille de Damien, martyr, [n° 105], sa mère Isabelle et sa femme Béatrice, ses enfants Madeleine [13 a.], Paul [12 a.], Jean [9 a.], Isabelle [7 a.]
. . . . 6 *décapités.*

155 *Ib.* la famille de Jean, martyr, [n° 105], Marie sa femme, Pierre et 3 autres enfants . . . 5 *décapités.*

6 mars **156** à Kochi [Hirado], Michel Yamada Hiye-

mon de Yamato, sa femme Ursule, et leurs enfants Jean [13 a.], Claire [7 a.], Madeleine [1 a.] . . . . 5 *décapités*.
8 mars   157   *Ib*. la femme de Jean [n° 111], Catherine d'Ichiku . . . . 1 *décapité*.
           158   à Hiroshima, Joachim Kuroyemon
                                                    1 *crucifié*.
3 avril   159   à Koshima, Thomas Mataichi, de Shiki
                                                    1 *décapité*.
19 avril   160   à Tabu [Wakamatsu], Calixte, du Hiuga, catéchiste . . . . 1 *décapité*.
           161   *Ib*. Michel Sori Jinojo et Paul Kinzayemno
                                                    2 *décapités*.
28 mai   162   au Bungo, Léon Misaki Kiniyemon et ses fils André, Thomas et Jean, de Toji . . . . 4 *égorgés*.
12 juin   163   à Yedo, dix hommes et sept femmes
                                                    17 *brûlés vifs*.
           164   à Suruga, Gaspar Inyemon . 1 *décapité*.
10 juillet 165   à Moriyama [Omura], Thomas Nakagawa et Joseph Gonzalo, de Nangaio . . . . . . 2 *décapités*.
18 juillet 166   A Kuboto [Dewa], Jean Kato Uneme et sa femme Maria, Jean Kawai Chiyemon, préfet de la congrégation, Pierre Kawai Keizo et Thomas Kawai Kitaro, ses fils, Jean Kakunai Kuroyemon, son fils Jacques Kakunai Jiriyemon et sa femme Lucia, Joachim Kujirawoka Niyemon, Thomas Iyozaiemon, son fils, Simon Chikuchi et sa femme Elisabeth, Paul Numata Nuyemon et sa femme Sabina, François Ono Matazayemon, Luc Komazu Tarubioye et sa femme Thecla, Paul Komazu Ichibioye, son fils et sa femme Marie, Jules Ando Yafioye et sa femme Candida, Martha sa mère, Thomas Haga Enyemon, Sabina Achacha, Philippe Miura Sochiyemon, Jacques Sasaki Sansuke et sa femme Monique, Secondo Sato Tarobioye
                                                    32 *brûlés vifs*.
26 juillet 167   *Ib*. Simon Oya Jozayemon et sa femme Catherine, Jacques Mochizuki Kuzayemon et sa femme Madeleine, Leon Chiono Jifioye et sa femme Catherine, Jean Inuye Ikozayemon, Côme Shibata Sakuyemon, Simon Kwanto Sadayu, Jacques Etchizen Tarobioye, Martin Kainuma Hachiroyemon, Léon Kaga Riozen, Joachim Etchigo Hikoyemon, Michel Izunokuni Kuzo, François Uzuino Omi, Paul Mokuno Suchi, Paul Akazawa Bunyemon, Mathieu Shinzaburo et André Chikugi, ses fils, Grégoire Akazawa Jirozayemon, François Jirobioye, son frère, Vincent Osaku, fils de François . 25 *décapités*.
26 juillet 168   *Ib*. 23 prisonniers chrétiens d'Yanai [Shemboku], Louis Wotsu, préfet de la congrégation, Jean Sandayu, it., Joachim Shemboku Daigaku, Gaspar Kwanto Jirozayemon, Simon Shiwami Ihioye, Joachim Araki Izumi, Joseph Yayemon, son fils, **Laurent Osaka Chichibioye, François Binge Chizayemon**,

Laurent Harima Jinshiro, Damien Owari Keizayemon, Dominique Etchigen Kuhioye, Thomas Yechigo Mangoso, Jean Sakoji Sucheiyemon, Léon Suruga Gozayemon, Mathieu Ichigo Sutcheiyemon, Mathias Nagai Yachiji, Thomas Bigen Sheikuro, Mathieu Iwami Bufioye, Paul Iwami Wahioye, Léon Etchigen Goroyemon, Mathias Sendai Ichirobioye, Laurent Iche Sojiuro . . . . 25 *décapités*.

169 4 laboureurs d'Usui, Joachim Chimosu et son fils Simon Fiyemon, Thomas Chensuke, Michel Umanoyo, 14 chrétiens de Terazawa [Chemboku], Jean ou Louis Umai Rokuzaiemon de Miya et sa femme Madeleine, Paul Chirobioye, Joachim Terazawa Tobioye, Sixte Kazayemon, coréen, et sa femme Catherine, Thomas Magojiro, Joachim Hayashi Taroyemon et sa femme Maria, Mathias Terazawa Taroyemon, Louis Yasaburo, Mathieu Gengoro et sa mère Anna, Joachim Kabuyazo Wakasa [10 ans] . . . . 18 *décapités*.

18 août **170** Au Dewa, André Hachizo, Marie, femme d'Inamiyemon, Jean Matsubioye . . . . . 3 *décapités*.

171 Jean Takushima Hiye et son fils Luc, et Jérôme Ikizo, d'Yamura . . . . 3 *décapités*.

25 août **172** A Omura, au champ Hako, les PP. *Michel* Carvalho, jésuite ; *Pierre* Vasquez, dominicain, *Louis* Sotelo et *Louis* Sasanda et le frère *Louis* Baba, franciscains 5 *brûlés vifs*.

1 septembre **173** Au Bongo, Organtino Tanshu, Lucie sa femme, de Kanzurachi . . . . 2 *brûlés vifs*.

7 octobre **174** A Oyano [Amakusa], Louis Rokuyemon, de Kagami [Yashiro] [ikida meche] . . . . 1 *coupé en deux*.

175 *Ib.* Sa femme Marie et son serviteur Louis 2 *décapités*.

5 novembre **176** au Nambu, Jacques Miyemon . 1 *décapité*.

177 *Ib.* Thomas Benzayemon . . 1 *bain glacé*.

178 à Nagasaki, Jacques Koishi, hôte du P. Vasquez et Caïo coréen catéchiste S. J. . . . 2 *brûlés vifs*.

18 décembre **179** à Sendai, François Magoza et Léon Yozayemon . . . . 2 *décapités*.

180 à Morioka, Mathias, Madeleine et un troisième chrétien . . . . 3 *décapités*.

1625 décembre **181** à Takaoka [Tzugaru], Thomas Sukezaiemon d'Yamato . . . . 1 *brûlé vif*.

décembre **182** à Kuchinotsu, Simon Ikan de Kawachi, Pierre Shiki et Louis Akita . . . . 3 *décapités*.

1626 10 janvier **183** à Takaoka [Oshu], Ignace Mozayemon, de Arima . . . . 1 *brûlé vif*.

25 janvier **184** à Wakamatsu [Aitzu], Côme Hayashi, du Kungami . . . . 1 *décapité*.

7 mai **185** à Nagasaki, le P. J.-B. Baeza, d'Uveda [Espagne], meurt à la suite des souffrances [Cardim, *Varones*].

186 à Ariye, au pied d'un arbre, le P. Gaspar de Castro, épuisé de fatigues [*Ib. ib.*]

20 juin 187 à Nagasaki, les PP. *Jean-Baptiste* Zola, *Balthasar* de Torres, *François* Pacheco, jésuites ; *Pierre* Rinsei, *Vincent* Kaun, *Paul* Shinzuke, *Gaspar* Sadamatsu, *Jean* Kisaku, *Michel* Toso, frères jésuites . . . . 9 *brûlés vifs*.

12 juillet 188 *Ib.* leurs hôtes, *Mancie* Araki Hirozaiemon et son frère *Mathias* Araki, *Pierre* Arakiyori Kobioye, Chizayemon, *Jean* Nagai d'Arima, *Jean* Mino Tanaka . . . 5 *brûlés vifs*.

Catherine, femme de Jean Mino, *Suzanne*, femme de Pierre, *Monique*, femme de Jean Nagai et son fils *Louis*. . 4 *décapités*.

189 Près d'Agawuni, le Père Jean des Anges ou Rueda, dominicain condamné à mort et noyé en mer

1 *submergé*.

De 1597 à 1626, sans compter ceux qui succombèrent aux souffrances de l'exil et de la pauvreté, l'Église du Japon compte donc 925 martyrs connus.

Du grand martyre (nos 115 et 116), du 10 septembre 1622, on voit dans l'église du Gesù à Rome un beau tableau, œuvre d'un contemporain japonais. Il devrait être restauré pour pouvoir être reproduit par la phototypie.

LIVRE IV.

Ruines et Désolation

(1627-1652)

1. Cruauté des persécuteurs et apostasies.
2. Le Pape Urbain VIII et le Père Vieyra.
3. Nouveaux genres de martyre et apostasies.
4. Iemitsu, successeur de Hidetada.
5. La vie des missionnaires. Le Bx Antoine Ishida. Le P. Sébastien Vieyra, les missionnaires martyrs en 1633 et l'apostasie de Christophe Ferreira.
6. Martyre de Jean Yama, Vieyra et Mastrilli.
7. L'accès du Japon devient plus difficile en 1636. L'île de Deshima, le commerce hollandais.
8. L'insurrection de Shimabara.
9. Rupture entre le Japon et le Portugal.
10. Nouvelles tentatives des missionnaires.
11. La dernière expédition apostolique (1644).
12. Martyre de Ferreira.
13. Quelques glanes de nouvelles (1660-1752).

---

1. Nous abordons une dernière période de l'histoire du catholicisme au Japon ; nous verrons l'Église japonaise, jeune et jusqu'ici exubérante de vie et de générosité, languir sous la tyrannie d'une infernale persécution et descendre au tombeau, où elle restera, morte en apparence, mais pour se réveiller et ressusciter, après deux longs siècles.

Mais en abordant ce sujet, nous nous demandons si quelques-uns de nos lecteurs n'hésiteront pas à ajouter foi aux témoignages que nous utilisons dans ce lugubre récit. La malice, la perversité humaine peuvent-elles atteindre à ce degré de cruauté ? C'est plus que du cannibalisme ; les anthropophages ne se plaisent pas à tourmenter ainsi leurs victimes humaines avant d'en manger la chair pour assouvir leur appétit bestial. C'est plus que ce que l'histoire de l'inquisition et des hérésies nous raconte des tortures que la justice légale du moyen-âge faisait subir aux consciences et aux corps des condamnés ; les mœurs et la législation de nos ancêtres furent longtemps barbares, elles ne le furent jamais au même degré que les mœurs du Japon. Le peuple japonais lui-même, entré désormais dans l'orbite de la civilisation européenne, en croira-t-il les témoins contemporains ? Ce ne sont pas seulement les missionnaires catholiques de trois nationalités qui attesteront les faits : anglais et hollandais protestants se joignent à eux, et nous avons déjà entendu le capitaine anglais Richard Cocks (1) nous dire que « le gouvernement japonais du XVIIe siècle était la plus grande et la plus impitoyable tyrannie que le monde ait connue ; cependant, ajoutait-il, elle semblait être impuissante à vaincre la foi : très peu de chrétiens apostasiaient » ; les missionnaires baptisaient même plus d'adultes que les tyrans ne faisaient de martyrs.

Depuis lors, l'ingénieuse, et disons-le, l'infernale tyrannie parut se plaire à faire durer les souffrances des fidèles afin de lasser leur courage ; en leur refusant la gloire d'un martyre cruel mais de peu de durée, elle réussit, hélas ! à multiplier les défections. Un chrétien ne peut renoncer à sa

---

(1) Livre III, § 9 p. 148.

foi : l'apostasie n'est jamais admissible ; il ne peut même dissimuler sa foi, ni feindre d'y renoncer ; les missionnaires avaient donné à ce sujet l'enseignement bien formel de l'Église ; mais le caractère japonais n'était pas tellement imprégné de cette doctrine, que les fidèles ne fussent encore enclins à la feinte et au mensonge : les juges eux-mêmes se contentaient souvent (1) d'un mensonge, d'un renoncement en paroles ou par écrit, et d'un semblant d'apostasie, permettant du reste aux accusés de vivre ensuite en chrétiens ; souvent les missionnaires avaient eu lieu de réconcilier ces malheureux avec l'Église, après une première et une seconde défection. Désormais, le nombre en augmentera ; les forces humaines ne suffisant pas à endurer des tourments renouvelés pendant plusieurs jours et pendant des semaines et des mois, beaucoup faibliront et céderont à la violence : rentrés en possession de leur liberté, ils gémiront devant Dieu et professeront leur foi devant leurs frères. Jusqu'à quel point étaient-ils coupables ? Leur faute ne trouve-t-elle pas quelque excuse dans l'excès de la violence qu'on leur faisait ?

Au sujet d'une apostasie, dont l'impitoyable jansénisme fit grand bruit et triompha quelque temps, un docte et judicieux écrivain anglais, le R. P. Thurston (2), émet de sages considérations qui s'appliquent à d'autres cas. « Bien sévère, dit-il, serait le censeur, qui refuserait sa sympathie à la faiblesse que montrèrent d'infortunées victimes, ou qui oserait prétendre que par cette défection elles se soient fermé la voie du salut ; pour plusieurs de ces renégats, la plus horrible épreuve a été leur isolement et l'impossibilité de rencontrer une main secourable, un ministre de la divine miséricorde. Il ne faut pas perdre de vue combien terrible

---

(1) L'évêque Cerqueira, 12 janvier 1603, Pagès, II, 51.
(2) *The month*, London, may, 1905.

fut leur situation, à eux les derniers combattants, si on la compare avec celle des premiers lutteurs, des martyrs du commencement du XVIIe siècle.

« N'est-ce pas au surplus, ajoute cet historien, un des inexplicables secrets de la divine Providence, que l'Église nous fasse honorer sur ses autels plusieurs de ces héros chrétiens, qui ont conquis, par un coup de sabre ou par une souffrance légère, l'auréole des martyrs et qu'elle ne puisse, faute de témoignages canoniquement enregistrés, élever aux mêmes honneurs des vaillants, comme ceux que nous citerons, et qui, fermes et forts dans leur patience, ont enduré des tourments atroces ? Plus inexplicable encore nous semblerait-il, que ceux qui faiblirent après les avoir longtemps endurés, n'eussent pas trouvé auprès d'un Dieu miséricordieux, grâce et pardon, avant de comparaître à son tribunal. »

Il leur restait, à défaut du sacrement, la vertu de pénitence et les divins secours de la bonté de Jésus-Christ ; sur leur dépouille, l'on pouvait réciter cette belle prière de la liturgie catholique dans l'office des défunts : « Nous vous en prions, Seigneur, effacez par votre très miséricordieuse bonté, les péchés que la fragilité de la chair leur a fait commettre parmi les hommes. »

2. Le Pape Urbain VIII, informé par les lettres des chrétiens du Japon, des souffrances qu'ils enduraient et du zèle avec lequel leurs prêtres et nommément le Père Jérôme de Angelis se dévouaient à cette chère Église, leur adressait un bref de consolation et d'espérance (1) : « C'est le démon, le prince des ténèbres, leur disait-il, qui se dresse contre le Christ ; soyez fermes dans la foi au milieu de ces cruels périls. » Les souhaits du Père commun des fidèles furent exaucés ; malgré des défections dans les provinces septen-

---

(1) *Oceani fluctibus.* 28 mai 1624 ; *Syn. act. s. Sedis*, p. 310.

trionales, dans l'Oshu, le Dewa, le Chemboku, où le Père de Angelis et d'autres missionnaires, jésuites, augustins et franciscains avaient travaillé et souffert, bien des chrétiens donnèrent leur vie pour la foi (1), et là encore, en 1626, on baptisait 6000, en 1630, 1850 adultes (2) ; à Yedo même, un dominicain, Luc du S. Esprit, et les jésuites Adami et Porro se maintenaient au poste assigné à leur zèle.

Envoyé comme délégué par la congrégation triennale de sa province, le Père Sébastien Vieyra arriva à Rome en 1626, et informa le Saint Père de la douloureuse situation de la chrétienté japonaise; Urbain VIII lui remit cinq brefs, adressés aux fidèles des provinces où la persécution sévissait le plus cruellement (3) ; il compatissait à leurs souffrances, admirait leur courage, les félicitait du progrès de l'Évangile parmi les persécutions, leur annonçait le départ d'une nouvelle troupe de missionnaires (4) et les encourageait par la perspective d'une victoire finale de la croix : « Si le Christ et ses apôtres ont pu, au prix de leur sang, triompher de l'idolâtrie romaine et de la cruauté des Nérons, des Domitiens et des Juliens, s'ils ont pu changer la synagogue de Satan en capitale du monde chrétien, pourquoi ne vaincraient-ils pas les superstitions du Japon par les mêmes moyens ? Les noms de vos martyrs seront bénis et glorifiés par la Sainte Église, comme le sont aujourd'hui les chrétiens des catacombes de Rome ». (5)

Vieyra rentra à Macao après huit ans d'absence : il ne lui fut pas possible de réaliser son passage (6) au Japon : « Les

---

(1) Voir suite du martyrologe, appendice, nos 135-187.
(2) Pagès I, p. 720, note, et II, p. 320.
(3) Iyo, Aqui, Bicchu, Bisen, Farima, — Arima, — Oxu, Dewa, — Ozacha, Sacay, Fuximi, Miyaco, — Nagasaki.
(4) Le P. Général en offrit 5o à Vieyra. *Brevis de rebus japonicis narratio* msc. 1626.
(5) Les cinq brefs des 13 et 14 oct. 1626 dans Pagès, II. 332-341.
(6) Nagasaki, 10 nov. 1626. *Epist. Jap. msc.* « o caminho esta tão fechado que he impossibel poderem vir de Macao ».

portugais, écrivait le Père Fernandez (1), pour aborder impunément à Nagasaki, ont dû jeter à la mer les lettres que nous leur avions confiées. » Vieyra sera obligé de passer à Manille ; de là il enverra deux missionnaires japonais, Paul Saïto et Mancie Konishi et, à travers mille périls, n'abordera lui-même au Japon qu'en 1632.

3. Depuis 1620, le Shogun avait établi au Takaku, dans la province si chrétienne d'Arima, un digne ministre de sa cruauté ; nos annales le nomment Bungodono, son nom japonais était Matsukura Shigemasa. Ce daïmyo de Shimabara imagina vers 1627 une nouvelle torture, plus efficace que le fer ou le feu pour détruire la foi et déterminer l'apostasie d'un grand nombre : au centre même de cette province s'élève à 1450 mètres le mont Unzen ; les grondements d'une des sources de cette montagne et l'odeur de souffre qui s'en dégage avaient tellement frappé les imaginations qu'on l'appelait la Bouche d'enfer, le Grand enfer (2). Dans ces eaux dont la température est de 160 degrés Fahrenheit, il faisait plonger et replonger les fidèles ; les retirant de là on les arrosait de ces eaux brûlantes, et le supplice se prolongeait pendant des heures.

« Inouïe jusqu'ici et inusitée (3), écrit un missionnaire, cette cruauté a réduit, mais sans le détruire, le troupeau fidèle : des femmes, des jeunes filles ont résisté ; 26 sont morts dans ce tourment. Beaucoup de nos chrétiens ont émigré pour ne pas s'exposer à faiblir et à renier leur titre de chrétien.

« D'autres traitements aussi barbares sont infligés à nos fidèles : sans distinction de sexe, on les expose dans une

---

(1) Steichen, *op. cit.*, p. 401.
(2) Shin-yu, Kojigoku ; Singock, d'après les voyageurs hollandais. Shingoku d'après Bartoli.
(3) Jérôme Rodriguez, 24 oct. 1627. *Epist. Jap. msc.*

complète nudité, et on les plonge jusqu'à la bouche dans une eau glaciale, puis on les place près d'un feu ardent au point de leur brûler la peau ; on les replonge encore dans l'eau ; au fer rouge on leur imprime sur le front : « *chrétien* ». 18, après ces tourments, ont été précipités dans la mer avec une pierre au cou. Aux enfants, on coupe quelques doigts et les oreilles et l'on commet sur eux des indignités qui ne se peuvent dire (1). Quant aux chrétiens de moindre condition, le daïmyo en a banni 430, afin d'inspirer la terreur à tous ; ces malheureux vont errant dans les bois sur les montagnes ; car défense est faite de les accueillir : ils demeurent fermes ; mais il en est qui meurent de froid et de faim. Daigne le Seigneur, que tant de martyrs déjà ont glorifié, nous rendre la paix ! (2)

« A Nagasaki, le 16 août 1627, le Père François de Ste Marie et le frère Barthélémi, franciscains, ont été décapités (3), ainsi que 8 chrétiens, parmi lesquels deux enfants de 2 ans et un de 1 an. Le 16 septembre, le Père japonais Thomas Tçuji a été brûlé vif avec deux notables, ses hôtes. Le président Midzuno Kawachi, en voyant la fermeté des chrétiens, fut pris de crainte et demanda du secours aux seigneurs *(tonos)* voisins pour étouffer toute émeute ; mais tout demeura tranquille ; il embarqua 4 nobles avec leur famille pour Macao : dix d'entre ces exilés y sont décédés.

« Au pays d'Omura, on a pris et brûlé vif avec ses dogiques et ses hôtes le Père Louis, dominicain. (4) La persécution a repris dans ce pays, parce que l'on a découvert et saisi chez les deux franciscains de Nagasaki la liste des hôtes, qui veulent encore, au péril de leur vie, héberger

---

(1) Appendice nos 188-194.
(2) *Ib.* nos 224-228.
(3) Voir des dates et des détails plus exacts : Martyrologe nos 209, 210, 214. Rodriguez ne mentionnait pas tous les martyrs.
(4) Martyrologe, no 203.

ou cacher des missionnaires ; et l'on a su qu'ils expédient vers Manille des vaisseaux chargés de farine, mais qu doivent ramener des Pères castillans... Un de ces vaisseaux a été confisqué et livré aux flammes ; 40 fidèles ont été arrêtés, et on ignore jusqu'ici leur sort ».

Cette lettre, à côté des détails qu'elle fournit sur deux nouveaux genres de torture, nous fait voir que les apôtres de l'Évangile étaient loin d'abandonner la lutte. En fait, il arrivait encore de nouveaux missionnaires, sinon de Macao où l'on se guidait par des vues commerciales, du moins de Manille ; mais il fallait recourir à des travestissements et à des ruses, que la surveillance et la perspicacité de la justice japonaise déjouaient souvent ; beaucoup de missionnaires, à peine débarqués et parfois avant d'entrer dans un port, étaient saisis et voués au martyre.

Bungodono mourut en décembre 1620, au pied du mont Unzen, où il avait fait souffrir et mourir tant de chrétiens : il s'était flatté de les exterminer ; il n'eut pas cette joie : aux bains d'Obama (1), qu'on lui avait conseillés, il expira dans la rage du désespoir.

« Eh ! pourquoi, commençait-on à dire (2), pourquoi rendre la mort si cruelle à ces malheureux chrétiens, puisque l'empereur n'a commandé que de les faire mourir, les moins coupables par l'épée, les plus obstinés par le feu ? »

Il restait, il est vrai, d'autres tyrans, d'autres bourreaux, savants dans leur art.

Takanaya Unemedono avait été investi du gouvernement de Nagasaki (août 1629) ; « il persécuta avec tant de fureur, ainsi que l'écrivait un missionnaire augustin, le B[x] Vincent Carvallo (3), que rien n'était à l'abri de ses atteintes. Par

---

(1) Bartoli, IV, § 126.
(2) Emm. Diaz au P. Général. 15 mars 1638. *(Epist. Jap. msc.)*
(3) En 1630. Pagès II, 350, 352, 353.

la violence des tourments, par d'infernales industries, il fit tomber un grand nombre de fidèles. De ceux qui n'apostasiaient pas, les uns étaient brûlés vifs, d'autres sciés avec des scies de bambous, d'autres percés de lances ou décapités... Notre consolation a été grande en apprenant que la plupart sont demeurés fermes... Une autre persécution s'organisa ensuite ; tous ceux qui avaient placé de l'argent dans le commerce étranger, reçurent ordre de l'apporter au fisc ; le plus grand nombre de nos fidèles s'estimèrent heureux de livrer cet argent ; mais, réduits par cela même à une extrême pénurie, après avoir possédé douze et même vingt mille écus, ils n'avaient pas même une poignée de riz pour soutenir leur existence. Or, on leur défendit d'exercer encore un métier ou de gagner leur vie par le travail quotidien ; ceux qui possédaient des maisons eurent défense de les louer aux portugais ou aux commerçants chinois (*sangleyes*), de fréquenter leurs magasins pour le commerce, de recevoir aucun portugais ou de se mettre en service auprès d'eux. »

A une persécution pareille, à semblable inhumanité, nos lecteurs l'avoueront, il n'eût été que juste d'opposer la force : les tyrans avaient redouté un moment une émeute, comme nous l'a dit un missionnaire en 1627 (1) ; mais la patience d'un vrai chrétien est grande, l'amour du Christ supporte tout, disait S. Paul, *omnia suffert*, et sait ne pas défaillir, *nunquam excidit* (2). Pendant plus de dix ans, il n'y aura aucune tentative d'émeute, et l'on peut se figurer si les souffrances de la pauvreté et de la misère durent être moins pénibles que celles d'un martyre sanglant. Mais, nous l'avons dit, et ce nouveau genre de persécution permettrait de le supposer, beaucoup faillirent, qu'une mort terrible aurait

---

(1) Voir lettre du P. Jér. Rodriguez, p. 205.
(2) S. Paul, I Cor. 13, 8.

trouvés forts et endurants. Dix ans auparavant un missionnaire s'édifiait et se consolait en voyant la constance des fidèles à subir la persécution ; mais « ce qui nous désole, ajoutait-il, c'est l'impossibilité où nous nous trouvons désormais de les instruire et de les confirmer dans la foi. Et si la persécution venait à se prolonger pendant quelques années, il semble bien que la foi irait diminuant et même finirait par s'éteindre. Mais espérons ; dès qu'une lueur de liberté nous apparaîtra, il y aura un grand mouvement de conversions ». (1)

A la persécution violente se joignirent malheureusement les artifices de la séduction.

Kawachi Midzuno, que nous avons vu s'inquiéter (2) et redouter une émeute, fut assez habile pour gagner des apostats par les faveurs : il leur promettait, comme nous l'apprennent les agents de la compagnie hollandaise (3), les biens, les champs, qu'il avait confisqués à leurs frères dans la foi ; il obligeait les chinois, qui avaient alors une soixantaine de vaisseaux en rade, à loger chez eux les renégats et à leur payer 10 % du prix des marchandises vendues. Au mois d'août 1626 il invita les renégats à sa cour, et il s'en présenta plus de 500 richement habillés.

Pendant que ceux-là faiblissaient, le cruel tyran poursuivait son projet bien arrêté d'exterminer la foi par les supplices. « A Mongi, à un mille de Nagasaki, continue le témoin hollandais, 7 hommes et 5 femmes sont amenés devant le juge : il leur fait imprimer sur le front avec un fer rouge la marque : « chrétien ». « Renoncez-vous ? » leur demande-t-il. Ils refusent : il les fait marquer sur les deux joues. Ils persévèrent : il les fait étendre tout nus sur le sol et battre sans

---

(1) *Lettere annue*, 1615-19, p. 363.
(2) Plus haut, IV, p. 205.
(3) Montanus, *Gedenkwaerdige gezantschappen* Japan 't Amsterdam 1669, p. 236.

pitié avec de fortes lanières. Ils gisent là, inanimés. A peine revenus à eux, il leur demande de renier la foi. Ils déclarent renier l'idolâtrie. Alors le juge fait recommencer les tortures : il fait passer sur les parties les plus délicates du corps le fer brûlant, et fait couper les doigts des pieds et des mains. « Ce qui est digne d'admiration, ajoute ce témoin, c'est que parmi les douze victimes de cette barbarie il y avait (et il souffrait tout cela sans se plaindre) un enfant de six ans ». Ainsi martyrisés, on les jetait en prison. Il y en eut 41 qui persévérèrent dans les tourments. Fatigués, les bourreaux en précipitèrent 17 à la mer, avec une pierre au cou : sur ce nombre, il y avait une famille, dont les trois enfants n'avaient que 17, 13 et 6 ans ; le plus jeune, quand on lui attache la pierre, se met à pleurer. « Voulez-vous qu'il vive ? » demande-t-on à la mère. « Non, dit-elle, il est chrétien. » — « Il arrivait, lisons-nous encore, que des enfants, ne pouvant résister à ces horribles traitements, suppliaient leurs parents : « Ayez pitié de nous, disaient ces pauvres innocents ; reniez, ils ne cesseront de nous faire souffrir, et il n'est pas possible d'endurer ces souffrances. »(1)

Décidés à exterminer la foi et n'osant pas songer à faire mourir une population entière, les tyrans voulaient la réduire à l'apostasie. Ils imaginèrent mieux que le tourment des eaux sulfureuses du mont Unzen : ils plongeaient leurs victimes dans des chaudières d'eau bouillante ; puis, ils inventèrent un tourment moins dispendieux : on étendait les chrétiens sur le dos ; au moyen d'un entonnoir on leur remplissait l'estomac d'eau jusqu'à bouche pleine ; le bourreau mettait les pieds sur leur poitrine et faisait jaillir l'eau et le sang par le nez, la bouche et les oreilles. Cinq, six jours consécutifs on leur faisait subir cet épouvantable traitement. Plus terrible encore était celui de la fosse : sus-

---

(1) *Ib.* p. 242.

pendue la tête en bas à un poteau muni d'une poulie, la victime était descendue jusqu'aux pieds dans une fosse remplie d'immondices ; des incisions pratiquées en forme de croix aux tempes ou sur le sommet de la tête laissaient s'échapper le sang qui affluait, et rendaient la mort plus lente ; les entrailles de la victime descendaient vers la poitrine. Un renégat, qui avait enduré ce supplice pendant trois jours (1), l'attestait à l'agent hollandais François Caron : « Ni le feu, ni la mutilation, ni le bain glacé ou bouillant, rien n'est comparable au supplice de la fosse. » C'est en 1633 qu'un frère japonais de la Compagnie de Jésus souffrit le premier ce genre de martyre ; il succomba après deux jours et demi, le 31 juillet (2).

Achevons de donner une idée de la cruauté satanique des bourreaux, afin de disposer le lecteur à ne point porter un jugement trop sévère sur les fidèles qui faiblirent. A Ariye (Omura) 282 fidèles avaient été condamnés à mort ; 50 persévérèrent ; Shimabara les vit mourir dans d'affreux tourments (19-31 mai 1630) : avec une scie de fer, on leur faisait une première entaille dans le cou ; avec des scies de bois ou du bambou dentelé on élargissait la plaie ; à chaque épreuve on jetait du sel sur les chairs vives, pour envenimer la blessure. Si le confesseur s'évanouissait, on le ranimait ; on mettait un intervalle de plusieurs jours avant de reprendre la torture. Pour plusieurs elle se renouvela six ou sept fois.

La cruauté était plus révoltante, quand elle s'exerçait sur l'enfance. Un coup d'œil sur le martyrologe japonais suffit pour constater le nombre considérable d'enfants qui furent immolés pour le nom de Jésus-Christ. (3) « Laissez les enfants venir à moi », avait dit le bon Maître, et il les avait

---

(1) *Ib.* p. 243.
(2) Appendice Martyrologe, n° 348.
(3) Nous en citons près de 100, avec leur nom de baptême.

fréquemment recommandés à l'amour et à la sollicitude de leurs parents. Les mères chrétiennes du Japon, en les voyant mettre cruellement à mort, se consolaient par la pensée qu'ils prenaient place parmi les anges aux noces de l'Agneau sans tache. Une mère, que les bourreaux se disposaient à mettre en croix (1) avec son époux, se voit arracher tout à coup sa petite Iñes, âgée de trois ans ; après quelques instants, on lui rapporte la tête ensanglantée de cette innocente. A cette vue, la bienheureuse mère, sans pleurs et sans faiblesse, bénit le Seigneur d'avoir accueilli cette sainte et chère âme dans son royaume. On attacha la tête de l'enfant à la croix de la mère. Et son époux Joseph Iysaiemon, crucifié à côté d'elle, redisait : « Quelle merveilleuse consolation de mourir, comme notre Sauveur, sur le bois sacré de la croix ! »

4. Depuis 1626 (2), le Shogun Hidetada avait laissé le pouvoir à son fils Iemitsu ; il avait persécuté les chrétiens, mais il ne recourait pas à ces atrocités sans nom, qui souillèrent le règne du fils ; il avait fortifié le pouvoir shogunal et effacé pour longtemps l'influence et l'autorité des daïris, mais il ne réduisait pas à rien le pouvoir des daïmyo, comme le fit Iemitsu. Il mourut en 1631. D'après M. Steichen (3), Hidetada était « réputé généralement d'un caractère doux » : il ne persécuta les chrétiens que pour exécuter les dernières volontés de son père. De fait en 1628, un jésuite, le Supérieur de la mission (4), jugeait le vieil empereur plus tolérant que son fils ; « Aux exilés de Yedo, écrivait-il, il laisse la liberté ; les chrétiens, a-t-il dit, ne sont pas des révoltés, ils ne s'occupent et ne se soucient dans

---

(1) Martyrologe, n° 250, Pagès I, 698.
(2) Pagès, I, p. 756.
(3) *Op. cit.*, p. 379, voir livre III, § 14, p. 167.
(4) André Palmeiro, de Macao. 1 déc. 1628. (*Epist. Jap. msc.*)

leurs réunions que de leurs intérêts spirituels ». Le missionnaire (1) constatait cependant la vive irritation provoquée par la nouvelle qu'une jonque japonaise avait été capturée au Siam par les castillans ; un capitaine portugais se rendait à la Cour pour faire comprendre que le Portugal n'était en rien responsable de cet acte d'hostilité : les deux nations étant unies, comme il le disait, par un lien purement accidentel, ayant du reste des intérêts politiques opposés.

Un regard jeté sur le martyrologe japonais constate que ce n'est qu'après la mort de Hidetada que la persécution fit des victimes dans le nord. Iemitsu entreprit de noyer l'Église dans le sang et d'empêcher absolument l'accès du Japon.

5. Les missionnaires menaient, parmi ces épreuves de leurs fidèles, une vie de dévouement et de souffrances ; mais leur zèle pour le maintien de la foi ne leur permettait pas de se livrer aux bourreaux ; il leur était cependant difficile d'échapper longtemps : leur vie était mise à prix. Pour un prêtre découvert et livré, le Shogun Iemitsu donnait 3oo pièces d'argent : pour un frère, 200 ; pour un simple fidèle, 5o (2).

Les Pères Jean-Baptiste de Baeza et Gaspar de Crasto, jésuites, succombèrent le même jour (7 mai 1626), le premier à Nagasaki, le second à Ariye. « La nuit de Noël, écrivait le premier (3), trente affidés de Judas exploraient tout le voisinage de ma retraite ; ils visitèrent toutes les maisons, mais ne pénétrèrent pas dans celle où je m'étais caché ; pour moi, agenouillé devant un autel, j'attendais les satellites ; j'avais préalablement fait partir mon dogique, afin qu'il ne fût pas en péril à mon occasion. Pendant toute la nuit, on ne fit autre chose que tout bouleverser dans les

---

(1) 29 déc. 1628, *Ib*.
(2) Steichen, p. 398.
(3) En 1622. Pagès, II, 25o.

alentours, lacérer les saintes images, vomir mille blasphèmes et injures contre les pauvres chrétiens. Je courus le même danger la veille de la Circoncision ; dans l'espace de quelques heures, je fus obligé de changer plusieurs fois d'asile ; ici on me chassait, là on refusait de m'accueillir ; je dus passer la nuit au grand air, en butte à la rigueur d'un vent glacial, et à peine me fut-il possible de célébrer le matin la messe. Je me représentais la paix et la tranquillité dont la Compagnie jouissait ailleurs pendant ces saintes fêtes, mais par la divine miséricorde, j'estime que mon sort est le plus heureux ». Rempli d'infirmités et sur le point d'y succomber, il eût voulu se livrer aux tyrans ; les fidèles s'y opposèrent ; il mourut à Nagasaki, âgé de 68 ans, et fut enterré en secret.

Le Père de Crasto était au Japon depuis trente ans, hormis un court exil à Macao en 1614. Il expira d'épuisement au pied d'un arbre, non loin de Nakayama. Son corps fut aussi soustrait aux profanations des païens. (1)

Le Père Provincial, Mathieu de Couros, avait échappé une vingtième fois aux poursuites, grâce à des fidèles, qui transportèrent le vieillard dans une chaise de bambou, mais qui payèrent de leur vie cet acte de courage ; il succomba enfin à une longue carrière de privations et de souffrances dans la cabane d'un lépreux, son dernier refuge (2).

En l'année 1633 expirait de misère le Père François Boldrino (3), italien, âgé de 57 ans.

On se fait difficilement une idée de la pénible vie que menaient les missionnaires ; le Père Antoine Giannone, italien, qui était dans la mission depuis vingt ans, écrivait

---

(1) Sur la mort de ces deux missionnaires, il existe aux archives du Portugal une lettre du P. Ben. Fernandez. Pagès, I, p. 622.
(2) 12 juillet 1632. *Epist. msc.* Ant. Palmeiro, de Macao, 4 janv. 1634 et Cordara, Hist. S. J. 1626, 235.
(3) Pagès, I, 796, 797.

en 1629 (1) : « Il y a quatre ans que je suis sans communication avec Goa ou quelqu'un de nos Pères. Jadis quelques lettres nous consolaient parfois dans notre exil ; elles ne peuvent plus arriver jusqu'à nous. *Benedictus Deus*, puisqu'Il le veut ainsi. Dans la terrible persécution qui se prolonge depuis si longtemps, nos chrétiens de la province d'Oshu demeurent fermes (2) ; un septième à peine a fléchi devant les supplices qui rendent la mort si terrible et si lente. La Providence veille sur les religieux, tandis qu'on les traque si opiniâtrement. Pour moi, je demeure caché sur une montagne, où les fidèles viennent la nuit se confesser et demander conseil ; moi-même cependant, je me trouve sans confesseur et sans consolateur : *in omnibus fiat voluntas Dei* ». Ce fut la dernière lettre qui arriva de lui à Rome ; quatre ans plus tard (1633), il fut enfin arrêté avec un frère coadjuteur et condamné au supplice de la fosse (3) : leur supplice se prolongea pendant cinq ou six jours.

Il nous devient difficile depuis lors de suivre la destinée des courageux apôtres du Japon ; à Macao, où se rédigeait la lettre annuelle, n'arrivaient plus régulièrement les nouvelles des missionnaires ; un jour viendra bientôt, où le sort de plusieurs demeurera inconnu (4). Notre martyrologe japonais signale en 1627, 123 martyrs, parmi lesquels un Père et deux frères dominicains (n° 203) ; l'année suivante, 65 martyrs, parmi eux deux prêtres, l'un franciscain, l'autre dominicain, quatre religieux laïcs, dont deux de l'Ordre de

---

(1) 29 octobre 1629. *Epist. Jap. msc.*
(2) D'après Steichen (*op. cit.* p. 387), un Keraï, Jean Goto Magobe, soutenait les chrétiens de Sendaï jusqu'à son exil au Nambu. Un fils de l'ambassadeur Hase Kura y mourut pour la foi en 1640 (voir Martyrologe, n° 386).
(3) Appendice, Martyrologe, n° 357.
(4) Des missionnaires (2 dominicains, 4 augustins, 2 franciscains et 2 jésuites) arrivés avec Vieyra en 1632, neuf furent martyrisés. Pagès, I, 761. Des départs suivants, on ne trouve guère de traces dans l'histoire du Japon.

S. Dominique, un de l'Ordre de S. François, un jésuite (nos 230, 242); en 1629, 79 martyrs; en 1630, 198; ces deux dernières années aucun missionnaire n'est mentionné parmi les victimes; mais en 1631, plusieurs étaient en prison, attendant une mort glorieuse.

En 1632, un missionnaire jésuite réussit à faire parvenir à Rome le récit d'une immolation de cinq religieux européens. L'auteur de cette relation était le successeur du B[x] martyr Jean Pacheco, supérieur de la mission. « Religieux doué par la nature et par la grâce de grands talents et de dons éminents, Christophe Ferreira avait, parmi d'innombrables périls, exercé son zèle en faveur des chrétiens persécutés (1) »; nous le verrons, hélas ! pour la honte de la Compagnie et pour l'inconsolable douleur de ses frères, faiblir un an plus tard et vivre en apostat.

La lettre qu'il écrivait le 22 mars 1632 ne présageait rien du malheur d'une apostasie (2). « Depuis 1629, écrivait Ferreira, trois augustins, les Pères Barthélemi Gutierrez, François de Jésus et Vincent de S. Antoine, un Père jésuite japonais Antoine Ishida et un frère franciscain étaient prisonniers à Omura. Afin d'ébranler le courage des fidèles, Unemé, le gouverneur de Nagasaki, les fit amener dans cette ville. Ils crurent que le martyre du feu serait leur bienheureux sort; le gouverneur au contraire ne voulait que les faire apostasier. Il manda d'abord le Père Ishida pour le mettre en discussion avec un lettré de la secte de Juto (3), nommé Saïto Gunay : le lettré lui proposa le délai d'une année pour se décider à suivre cette secte ou du moins à abandonner de fait et extérieurement sa propre religion. « Après toute une année, répondit le Père, ma réponse sera

---

(1) *Relations...* 1619-1621, p. 103.
(2) Le texte portugais est tout entier dans Pagès, II, pp. 369-374.
(3) Jôdo ?

celle que je donne à présent : je suis résolu à mourir fidèle à ma foi. » Le lettré discuta, cherchant à montrer que le Taïkyo, reconnu par la secte de Juto, est le même dieu que celui des chrétiens et que le nom seul diffère ; le Père le réfuta en montrant clairement les ressemblances et les différences. Convaincu par cette démonstration : « Soit ! dit le lettré, mais quelles que soient les raisons que vous donnez, et malgré tout, vous êtes sujet du Shogun et vous devez lui obéir : par conséquent vous abandonnerez la pratique de votre loi de Dieu, sauf à croire ce qu'il vous plaît ». — « Ni la loi que je professe, répondit le Père, ni la raison ne consentent à ces âneries (aneços) et à ces dissimulations ; la volonté du Shogun ne peut prévaloir contre celle de Dieu, le Seigneur universel de toutes choses ». La discussion dura un jour et demi ; voyant la fermeté du Père, le lettré fit savoir au gouverneur qu'il était inutile d'espérer que la discussion aboutirait. Un autre lettré s'offrit pour faire réussir le dessein d'Unemé ; après une nouvelle controverse, où il fut vaincu à son tour, il tenta de gagner le Père en faisant valoir la bienveillance et les offres avantageuses du gouverneur. Le résultat fut le même : « Pour rien au monde, déclarait le missionnaire, je n'abandonnerai mon Dieu, ni sa sainte loi, même en apparence ».

« Impuissant à le vaincre par le raisonnement et par les promesses, le persécuteur crut pouvoir réussir par les tourments, qui lui avaient assez bien réussi au mont Unzen contre les fidèles de Nagasaki ; il donna ordre le 3 décembre de le faire conduire à la Bouche d'enfer avec les quatre autres religieux, et de les réduire à l'apostasie, mais sans les faire mourir. Il permit à la foule d'assister au supplice. A Himi, on leur lia les bras et les mains, on leur mit les chaînes aux pieds, et attachés dans cinq jonques, on les transporta à Obama. Là, continue Ferreira, isolés, de façon à ne pouvoir s'encourager les uns les autres, ils ont été tourmentés pendant l'espace de trente-et-un jours: on mesurait la durée des tourments à la vigueur de leur complexion ; un médecin était à leurs côtés pour soigner leurs plaies, jusqu'à ce qu'ils fussent de nouveau en état d'être tourmentés sans succomber à la souffrance... Ils ont vaincu et confondu le tyran ; tout Nagasaki, toute la contrée du Takaku ne s'entretiennent que de leur invincible constance et de leur joie de souffrir ; ramenés à la prison, ils espèrent accomplir leur martyre (1). La persécution devient terrible partout. Le Père Porro a échappé aux recherches qui se font dans l'Oshu. »

Benoit Fernandez (2), qui s'était réfugié dans l'île d'Oshima, annonçait la glorieuse fin des cinq religieux ; ils avaient été brûlés vifs le 3 septembre 1632. (3)

La même lettre annonçait la « miraculeuse arrivée au Japon » du Père Sébastien Vieyra (4). De Macao il avait passé aux Philippines et à la fin de juillet, déguisé en marin, il avait à prix d'argent obtenu qu'un chinois le transportât de Manille au Japon. Il était accompagné de 2 prêtres franciscains, Ginès de Quesada et Jean Torrella, et d'un dominicain, le Père Giordano di San-Stefano. Après mille épreuves ils débarquèrent le 12 août 1632 et furent abandonnés sur le rivage au milieu de la nuit. Le Père Vieyra se prosternant baisa le sol japonais arrosé du sang chrétien ; la Providence lui fit rencontrer des fidèles de sa connaissance, qui lui procurèrent une barquette. C'est dans cette demeure flottante qu'avec cinq catéchistes il put, seize mois durant, se soustraire aux recherches et aider les chrétiens.

---

(1) Le P. Palmeiro écrivit au Bx Antoine Ishida une belle lettre de félicitations (Pagès, II, 372).
(2) 4 nov. 1632. *Epist. Jap. msc.*
(3) Pagès, I, 744. Martyrologe, n° 338.
(4) Pagès, I, 759-767, raconte au long le voyage, et cite d'autres lettres du martyr.

De cette barquette il écrivait un billet (1), qu'il s'excusait d'envoyer à Rome ; mais, faute de mieux, il était réduit à ne pouvoir correspondre dans un format plus convenable : le billet communiquait quelques nouvelles sur la situation, sur le sort de ses confrères et une information hâtive, hélas ! fausse, sur la fin de l'un d'eux : « Loué soit Jésus-Christ ! Cette (missive) va, de la façon que vous voyez, et veuille le Seigneur qu'ainsi elle puisse arriver (à destination) ! puisse quelqu'un la porter ! A ce point en est venue la situation de ce petit troupeau persécuté ! Et à présent, va, petit feuillet ! Après tout, grâces infinies soient rendues au Seigneur pour ses miséricordes! Dans l'espace de trois mois sont passés à une vie meilleure (Matthieu de) Couros, (François) Boldrino et Michel (Pineda) (2). En la même année dans l'espace de trois mois, on a saisi (Christophe) Ferreira, Benoît (Fernandez), Jacques (Takushima) et Julien (Nakaura) avec leurs compagnons, et en un même jour ils firent une fin glorieuse dans les tourments et dans le feu (3). A d'autres jours de la même année les frères Nicolas et Yonoyama (4) ont suivi le même chemin ; en outre, Laurent, Remi et Thomas : tous les trois doivent être comptés parmi nos frères, car pendant de longues années ils furent grands ouvriers et ils ont fait une glorieuse mort (5). Restent encore en prison (Antoine de) Sousa (6) et quelques compagnons ; ils attendent une fin semblable. De plus, le bruit se répand qu' (Emmanuel) Borges, Sixte (Tokuun) (7) et Pierre (8)

---

(1) Sans date, de 20×12 cm. (*Epist. Jap. msc.*) probablement de la fin de 1633.
(2) Voir Martyrologe, nos 365, 390.
(3) *Ib.* 361, 366, 369.
(4) *Ib.* 348, 364.
(5) Nous ne les retrouvons pas dans Pagès.
(6) Martyrologe, no 363.
(7) *Ib.* nos 352, 367.
(8) *Ib.* no 369.

ont été arrêtés, et je crains que ce ne soit vrai, tant sont rigoureuses les recherches que l'on fait partout.

« Envoyez-nous du secours : il le faut pour le bien des âmes. Dans la barquette qui me sert de demeure, d'église et de chaire de vérité, j'aide nos pauvres chrétiens ; en peu de temps j'ai entendu 600 confessions, des confessions de dix, vingt et quarante ans ».

Dans la seconde de ces cinq séries de martyrs, Vieyra nommait Christophe Ferreira : sur ce nom ses informations n'étaient pas complètes : Ferreira, après cinq heures de souffrances dans la fosse, avait faibli ; il reniait sa foi, lui Supérieur de la province, à côté de trois japonais, de la Compagnie de Jésus (1), qui persévéraient pendant plusieurs jours dans ces cruels tourments ; deux autres de ses frères, les PP. de Sousa et Adami, et un Père dominicain, Luc du Saint-Esprit, cueillaient la palme du martyre à côté de lui ; quelques jours auparavant, six de ses frères avaient courageusement enduré le cruel supplice, et l'un d'eux, le Père Paul Saïto pendant sept jours ; une vingtaine de Pères et frères de la mission que Ferreira gouvernait avaient offert à Jésus-Christ le sacrifice de leur vie en cette seule année 1633.

La triste nouvelle de cette défection n'arriva à Macao que deux ans plus tard ; nos adversaires la répandaient (2) dans le public, alors qu'elle était encore fort douteuse, et les enfants de la Compagnie en étaient fort inquiets. Le Visiteur de la mission, Emmanuel Diaz, recueillit des informations de Manille et de Nagasaki et, quand il n'y eut plus moyen de révoquer la chose en doute, il prononça le 2 novembre 1636 la sentence canonique contre l'apostat. Au collège de Macao, les membres de la Compagnie offraient au Seigneur de rigoureuses pénitences pour la conversion du malheureux

---
(1) 18 octobre 1633. Martyrologe, n° 369.
(2) 5 juin 1635, Emm, Diaz. de Macao. 11 nov. 1636. *Epist. Jap. msc.*

Ferreira ; car, il était malheureux. Le tribunal de Nagasaki l'avait contraint à accepter la fonction de scribe et d'interprète portugais et, sous le nom de Iedo Tzua, il dut (1) exercer cette misérable fonction dans les interrogatoires d'accusés chrétiens. Des portugais, venus de Nagasaki, tel Gonzalve de Silveira, rendaient cependant témoignage (2) que Ferreira donnait des preuves de repentir, mais que la seule idée du tourment de la fosse lui ôtait le courage de professer sa foi ; en présence d'un voyageur portugais, Emmanuel Mendez de Mora, il avait éclaté en sanglots ; à un autre il avait fait espérer qu'à un prochain voyage il apprendrait son retour au devoir. Nous le rencontrerons dans la suite de notre récit ; des apôtres s'offrirent pour aller au Japon et risquer leur vie dans l'espoir de le ramener : à Macao, comme l'écrivait au Général le Père Diaz, plusieurs prêtres et même de simples frères coadjuteurs sollicitaient cette faveur (3) : « Voilà, ajoutait-il, des vaillants comme en demandait le saint roi David. »

Vieyra eut-il le chagrin d'apprendre la honteuse défection ? A Nagasaki même on doutait encore qu'il y eût véritable apostasie, parce que Ferreira n'avait pas été mis en liberté et que sa cause était déférée à la cour impériale (4).

6. A Vieyra, au moment de son départ de Rome, le Général de la Compagnie de Jésus avait offert cinquante missionnaires ; mais à peine était-il encore possible de pénétrer au Japon, tant les passages étaient bien gardés ; ni au port de Nagasaki, ni même sur les côtes, l'entrée d'un

---

(1) Bartoli V, § 12.
(2) Lettre de Diaz, Macao, 26 janvier 1636. *Epist. msc.*
(3) *Ib.* Louis Correa, Dominique Mendez, Joseph d'Almeida.
(4) Bartoli. Pagès (I, 775) arrête Vieyra jusqu'en janvier 1633 chez un chrétien Paul à Arima. Arrêté un an plus tard après 16 mois d'apostolat, le missionnaire put à peine, semble-t-il, ignorer l'apostasie (18 octobre 1633) de Ferreira ; mais il ne le rencontra pas à Yedo.

européen ne pouvait échapper à la vigilance : sous peine de mort, il fallait le signaler ; tout receleur avec toute sa famille, et de plus, ses voisins, s'ils ne le déféraient pas au gouverneur, étaient condamnés au supplice ; les traîtres, les faux chrétiens, les faux catéchumènes étaient à la recherche des missionnaires, alléchés qu'ils étaient par l'appât d'un salaire infâme ; les prêtres et catéchistes japonais eux-mêmes finissaient par être trahis et livrés à la mort. Tel déjà en 1632, le frère et catéchiste jésuite Jean Yama. Après de longues semaines d'enseignement chrétien et à la suite d'un baptême longtemps différé, il avait été trahi à Wakamatsu par un misérable, qui ne cherchait qu'à gagner sa confiance afin de recueillir les noms des chrétiens et de les déférer à la cour de Yedo ; ce traître réussit à dresser une liste des fidèles de Shirakawa et d'Osaka : il fut publiquement glorifié pour sa trahison et, ce qui lui valait davantage, il reçut mille écus. Le frère fut une de ses victimes ; quant au Père Porro, il échappait encore une fois.

Le frère Yama sut mesurer l'étendue du malheur qui menaçait sa chère patrie, en voyant combien il était difficile même à un indigène de tromper l'odieuse habileté des persécuteurs et de leurs satellites officiels ou officieux. Devant ses juges de Yedo, il demanda d'écrire quelques lignes (1) ; il les intitula : « aux seigneurs qui président au gouvernement de la Cour. Qu'ils sachent que Dieu a créé le ciel et la terre, et tout ce qui existe en cet univers. De cette vérité infaillible et indiscutable ne parlent ni le livre appelé Iuto, ni Shaka dans son Buppo, ni Koshi, le philosophe si renommé de la Chine. Ignorer cette vérité, c'est pour ce royaume tout comme s'il y régnait une nuit perpétuelle et comme si jamais le soleil ne l'illuminait de la splendeur de ses rayons. Que si la Tenka mettait à chercher

---

(1) Bartoli, V, 2, p. 8

la vérité la diligence nécessaire, aussitôt la Tenka et tout le Japon verraient apparaître un nouveau soleil et se dissiper les redoutables ténèbres où, faute d'être éclairés, ils restent volontairemeut ensevelis. (Écrit le 25ᵉ jour de la onzième lune.) »

Le souhait si patriotique de ce martyr japonais ne se réalisera pas encore. Le Japon, par la volonté de son autocrate, demeurera enseveli dans les ténèbres de l'idolâtrie ; l'orgueil japonais, avec ses fausses divinités et sa corruption effrénée, fermait ses yeux à la lumière de la civilisation chrétienne.

Le Père Vieyra (1) était entré au Japon en 1632, mais il ne put se soustraire longtemps aux recherches des bunghios. Au commencement de 1634, la barquette, qui lui servait de retraite, fut arrêtée devant Osaka par une jonque armée, en course à sa poursuite ; le « prêtre romain », que le Shogun faisait traquer depuis plusieurs mois, fut arrêté, lié et conduit avec ses cinq catéchistes à Nagasaki, de là à la prison d'Omura où il trouva un prêtre franciscain, le Père Louis Gomez avec un serviteur japonais et, au bout de deux mois, ils furent conduits à Yedo. Jetés en prison, les huit captifs du Christ se trouvèrent mêlés à seize prisonniers coupables de divers méfaits et partagèrent leur régime et leur dénûment : « Une mesure de riz noir avec un peu de sel et de l'eau chaude, voilà, écrivait Vieyra (2), notre nourriture pour tout le jour... mais Dieu me conserve une santé parfaite... et je n'échangerais pas mon sort contre le meilleur du monde... Cette nation ne saurait alléguer l'ignorance de la loi divine ; les bunghios, en présence desquels j'ai comparu en soutane et manteau, conçoivent à merveille la vérité de

---

(1) Mancie Konishi, jadis novice à Rome avec Ph. Marino, l'accompagnait (Cardim. *op. cit.* 65).

(2) A Gonzalve de Silveira et à Vincent Tavarès, (Pagès, II, 377) *goem*, mesure de 19 centilitres.

cette loi, et ils font bien voir qu'ils ne la rejettent que pour ne pas devoir agir selon ses préceptes. » — « J'avais été conduit devant eux, les pouces liés avec des cordes et rattachés à la ceinture ; ils m'ont fait délier et conduire dans une salle, où tout leur monde était rassemblé pour voir le Romain... Ils m'interrogèrent sur les motifs, qui m'amenaient au Japon contrairement à la loi du Shogun et firent noter mes réponses. Ils confessèrent que notre loi était bonne et que ceux qui la suivaient menaient une vie parfaite ; mais ils objectaient que le Shogun en abhorrait les sectateurs plus que les voleurs, les incendiaires et les homicides... Trois jours après, vinrent deux autres bunghios ; ils me firent conduire dans le préau, la corde au cou et les bras liés sur le dos, afin d'assister à la torture qu'on infligeait à un japonais condamné pour divers crimes ; après m'avoir montré d'autres appareils de supplice, ils me commandèrent, de la part du Shogun, de renoncer à la foi et me firent apporter pinceau, papier et encre pour écrire ma réponse : « J'ai 63 ans, répondis-je, et de mon Dieu je n'ai reçu que bienfaits et grâces, tandis que du Shogun, homme mortel comme moi, je reçois des chaînes et des tourments ; pour la foi, il peut me tourmenter à son gré et m'arracher la vie. Que si l'on veut savoir mes motifs, que l'on me donne les moyens d'écrire, je les exposerai. » (1) Le missionnaire rédigea le surlendemain en japonais un résumé de la doctrine chrétienne, qui fut transmis au Shogun. « Dans la Cour de l'empereur, ajoute-t-il, notre foi sainte est parfaitement connue et appréciée, et elle jouit d'un grand crédit ; car on comprend qu'il n'y a de salut qu'en elle. » Dans une dernière lettre à son correspondant portugais de Nagasaki

---

(1) Bartoli (*op. cit* IV, § 14) dit, ce que nous ne trouvons pas dans la lettre (Nieremberg, *Vidas exemplares*, 1647. p. 300) que le P. Louis donna son assentiment par signe, ne sachant pas le japonais. Était-ce Louis Gomez, au Japon depuis 1616 ? (Pagès, II, 167. I, 804).

(7 avril 1634), il annonçait que les huit captifs chrétiens se préparaient au suprême témoignage, au sacrifice de la vie : « Je n'ai pas de plus belle fête à espérer, ajoutait-il, et pour ce jour je réserve les *(esquipaioes)* vêtements blancs que vous avez la bonté de m'envoyer. Dans sa capitale, au Shogun, à ses bonzes, à tous les habitants j'ai prêché la foi, et tous jusqu'aux enfants la connaissent ; car, revêtu de la soutane et du manteau et reconnu de tous comme religieux de la Compagnie de Jésus, je traversais les rues de la Cour de Yedo, comme jadis lorsque nous étions reconnus et vénérés comme tels. C'est un honneur insigne qui m'a été accordé et dont je remercie le Seigneur : cent vies seraient peu pour payer la grâce qu'Il m'a faite. »

« Il faut, avait dit le Shogun (1), que ce bonze d'Europe soit un homme de bien et sûr de ce qu'il enseigne ; et si, comme il me semble, sa doctrine sur l'âme immortelle est la vérité, malheur à nous ! » Hélas ! il sacrifia les sentiments de sa conscience à des conseillers pervers, ses oncles paternels, qui dans leur daïmyat de Kinokuni et d'Owari avaient deux ans auparavant voulu exterminer les chrétiens. Vieyra et ses sept compagnons subirent un glorieux martyre le 6 juin 1634. (2)

Il restait au Japon (3) un jésuite européen J.-B. Porro, et quatre jésuites japonais, les Pères Martin Shikimi, Mancie Konishi, Pierre Kassui et Didace Yuki. Ce dernier, après 48 années de fatigues, se tenait caché dans les forêts et n'en sortait que la nuit pour aller au secours des fidèles ; saisi enfin par les *bunghios* dans les environs d'Osaka, il mourut martyr dans la fosse, le 25 février 1636, à Nagasaki.

De l'Ordre de S. Dominique restaient les Pères Jourdain

---

(1) Bartoli, *l. c.*
(2) Appendice, Martyrologe, n° 373.
(3) Emm. Diaz, 30 juillet 1636 (*Epist. Jap. msc.*)

de S. Etienne et Thomas de S. Hyacinthe (1). Arrêtés le 4 août 1634 à Misugura en Omura, ils expirèrent dans le même supplice le 11 novembre 1634, après d'horribles traitements et sept jours de souffrances.

Un Père augustin japonais, Michel de S. Joseph, subit le martyre peu de temps après eux.

Alors même, le 3 janvier 1634, un noble dévouement inspirait un jeune jésuite napolitain, âgé de 30 ans ; Marcel Mastrilli était déjà muni des secours de la Ste-Église pour le suprême voyage, quand il fut favorisé d'une apparition de l'Apôtre des Indes : il avait fait vœu de demander la mission des Indes, si Dieu lui accordait la guérison : « Votre vœu sera exaucé, lui dit S. François-Xavier, remerciez le Seigneur. Baisez sur votre crucifix les cinq plaies du Sauveur et appliquez sur vos blessures la relique de la Sainte-Croix. » Le Père Marcel Mastrilli se trouva instantanément guéri. Il se rendit à Gênes, de là à Barcelone, à Madrid, puis à Lisbonne, où il put enfin s'embarquer le 7 avril 1635 ; après 8 mois de la navigation la plus pénible, il arriva avec neuf compagnons dans la mission de Goa (8 décembre). Sur le point d'aborder à Macao, il fut rejeté vers les Philippines ; mais enfin, le 4 août 1637, il put aborder au Fiunga. « Nous allons au grand sacrifice, avait-il écrit plus d'une année auparavant au capitaine de vaisseau Tellez de Silva (2) qui l'avait conduit jusqu'à Goa ; nous allons purifier notre âme dans le sang et prêcher par nos souffrances, si nous ne le pouvons par la parole ; suppliez le glorieux saint François-Xavier qu'à mes souffrances passées se joignent tous les tourments possibles ; car à la fin de tout cela, il y a la possession du Bien véritable. » Le désir du

---

(1) Pagès, I, 807, Martyrologe, n° 375.
(2) La lettre originale est à Vienne (catalogue imprimé des msc n° 7641) La vie du martyr, dans les *Varones ilustres* (édition Bilbao, 1887, I, pp. 480-631) du P. Nieremberg.

courageux apôtre fut exaucé ; il s'était rendu maître de la langue japonaise pendant le long délai imposé à son zèle à Manille ; mais ni lui, ni ceux qui l'avaient précédé ou qui le suivirent, ne purent échapper à la vigilance, qui s'exerçait sur toutes les côtes du Japon. Des japonais qui le conduisirent en barquette jusque sur le rivage, un seul, semble-t-il (1), un lépreux, persévéra dans la foi. Pour lui, après avoir devant le tribunal de Nagasaki (5 octobre 1637) exposé et défendu la religion chrétienne, il subit le tourment de la fosse à plusieurs reprises et enfin du mercredi au samedi 17 octobre : le glaive acheva son martyre.

Rencontra-t-il Ferreira, son malheureux confrère ? Nous l'ignorons, mais le renégat était à Nagasaki : un mois auparavant un vénérable religieux dominicain, le Père Antoine Gonzalez, venu de Manille avec trois confrères et arrêté presque aussitôt, avait réussi à remettre à l'infortuné une lettre, où il le suppliait de rentrer en lui-même. Ferreira avait paru comme atterré (2) ; mais Ferreira ne se laissa pas fléchir par ce bel acte de charité fraternelle ; le courageux martyre des quatre dominicains (3) ne le décida pas davantage à se confier à la grâce et à la miséricorde divines.

Il ne fut plus possible d'envoyer des missionnaires de Macao ; le Père Emmanuel Diaz ne perdait pas tout espoir ; mais, comme l'écrivait en 1636 un jésuite italien (4), il disait : *Staremo à vedere*, nous verrons ! Et la patience du saint vieillard impatientait le jeune missionnaire. « En attendant, continue-t-il, notre apostat est scribe et accusateur à Nagasaki ! Des Philippines les dominicains se rendent en grand nombre au Japon ; en 1634, le Pape leur a octroyé

---

(1) Bartoli, V, § 29.
(2) Pagès, I, 825.
(3) Appendice, I, n° 380.
(4) Bat. Cittola al segretario S. J. Guinigio, 1 janvier 1636. (*Epist. Jap. msc.*)

un bref dans ce but (1). On a martyrisé cette année-ci 2000 chrétiens, qu'ils encourageaient et fortifiaient dans la foi. On dit que l'empereur est mort et que le Père Mastrilli n'a plus pu l'aborder. N'ayant pas eu le bonheur d'accompagner ce Père au Japon, nous sommes ici trois, qui avons sur les autres le droit d'y être envoyés les premiers ».

On constate bien par les données inexactes de cette lettre combien difficilement arrivaient à Macao les nouvelles vraies du Japon et des Philippines : l'empereur Jemitsu régnait encore : il ne mourut qu'en 1649 ; le Père Mastrilli n'était pas encore arrivé au Japon ; en 1636 il était encore à Manille; quatre religieux dominicains se préparaient en cette ville à se rendre à la mission : ils n'y aborderaient qu'au mois de septembre de l'année suivante.

7. Le 16 août 1636, quatre grands navires portugais entraient en rade à Nagasaki. A leur grande surprise, les marins y trouvèrent, fait de main d'hommes, un îlot de 714 pieds de long sur 216 de large (2) : de cet îlot un pont étroit donnait accès à la ville. Un officier vint leur donner lecture d'un édit du Shogun, réglant pour l'avenir le commerce de Macao : 1º toute l'artillerie et les armes à feu seront déposées et resteront jusqu'au départ dans un local de la ville ; 2º aucun portugais ne mettra pied à terre ni ne traitera avec un indigène, sinon de trafic et en présence d'un témoin désigné ; 3º hors de cet îlot défense de porter ou de montrer des croix, des images ou d'autres objets

---

(1) Le bref : *Ex debito pastoralis officii*, 22 février 1633, rappelant les divers brefs de Grégoire XIII, Clément VIII, Paul V, confirmait le dernier bref pour tous les Ordres religieux, recommandait l'union, le catéchisme de Bellarmin et, vu la persécution présente, accordait aux fidèles la permission de recourir indifféremment au ministère de tous les religieux.

(2) Valentyn, *Beschrijving van 't Nederlandsch comptoir*. Dordrecht, 1716, pp. 36-42. Bartoli V, § 16.

religieux, défense d'en exhiber même dans leurs propres demeures en présence de japonais. Sur cet îlot, comme dans une prison, se ferait désormais le commerce ; des entrepôts et deux rangées de maisonnettes étaient à la disposition des commerçants (1).

Force était à la loi : il fallut plier, encore que la fierté européenne en souffrît. Au départ des vaisseaux, les portugais virent amener 280 hommes, femmes et enfants, nés de relations entre européens et japonais et qui avaient quelque chose du sang chrétien dans les veines ; ils étaient chargés de les transporter à Macao ; à la race japonaise ne se mêlerait plus le sang chrétien ; de partout on embarquerait désormais d'année en année des exilés pour la foi. Pour empêcher tout religieux, tout chrétien de mettre encore le pied au Japon, on passerait de la *Deshima* (c'était le nom de l'îlot de Nagasaki) à la *Koia* ou palais de la raison, pour fouler aux pieds une image du Christ, de Marie ou d'un Saint (2) ; les commerçants et marins chinois et japonais y étaient astreints.

Une nation croyante ne pouvait accepter de pareilles conditions : le commerce de Macao était donc frappé à mort ; en vain, nous le verrons plus loin, les portugais essayèrent de fléchir la tyrannie du Shogun.

Quant aux anglais, depuis treize ans ils avaient renoncé au commerce japonais ; en 1637, lord Woddell (3) abordait avec quatre vaisseaux, mais n'obtenait pas accès au port de Nagasaki.

Les hollandais, en lutte avec les portugais et les castillans, continuaient avec quelque succès leurs opérations de commerce (4) ; par ordonnance du 30 juin 1636 le Shogun leur

---

(1) Voir plan de Nagasaki, tome I, p. 179.
(2) L'image gravée sur cuivre avait 2 1/2 pieds × 1 1/2 : elle représentait la Vierge et son divin Enfant (Thurston cit. *may.*)
(3) Pagès, I, 840.
(4) *Ib.* 681, 738, 754, 815, 840.

interdisait cependant l'exportation du cuivre ; les années précédentes, il les avait fait admonester sévèrement, parce qu'ils n'observaient pas les règlements au sujet du prix de la soie ; pendant cinq ans il avait tenu en prison Pierre Nuyts, parce qu'il s'était donné comme ambassadeur du « roi » de Hollande et qu'il avait saisi à Formose deux vaisseaux japonais.

Comme l'écrivait un auteur récent « lorsque le Japon secoua l'élément étranger dans un immense bain de sang, seuls les marchands hollandais se réjouirent d'être favorisés ; leur cupidité jalouse leur permit de déclarer qu'ils n'étaient pas chrétiens, mais hollandais. » (1) La Compagnie des Indes, patronnée par la république batave, acceptait les humiliations de tout genre. En 1638, le Shogun donna ordre de détruire les édifices de pierre, élevés au port de Hirado : l'agent hollandais, Caron, y avait fait placer une inscription avec le millésime de notre ère chrétienne ; ce signe du christianisme ne pouvait être toléré. Deux ans plus tard, exclus de Hirado, ils furent réduits à se laisser traiter comme des prisonniers, puisque l'îlot de Deshima, vraie prison construite par la défiance politique pour les marchands portugais, leur fut assigné pour le commerce, après la rupture des relations commerciales avec le Portugal. C'est là qu'ils exerçaient le monopole des porcelaines japonaises. En 1651, ils eurent défense de garder le dimanche et les fêtes chrétiennes, défense aussi d'enterrer leurs morts ; il fallait jeter les cadavres à la mer.

Un hollandais, ministre protestant, qui résidait au Japon vers 1682 (2) et qui nous donne ces détails, s'indignait de voir « les nobles bataves s'abaisser à ce point pour une

---

(1) Egli, *Geographisches Handbuch zu Andree's Handatlas*, 1882, p. 365. Les anglais avaient fait semblable distinction. Voir l. IV, § 10, p. 158.
(2) Valentyn, *op. cit.* 5e deel, 2de stuk pp. 36, 92, 93, 164.

poignée d'or »; ils avaient le privilège d'envoyer une fois par an le directeur de la Compagnie (V. O. C.) à la Cour de Yedo ; ce personnage, accompagné du gouverneur de Nagasaki et d'un interprète, était reçu par le Shogun ; mais « quelles cérémonies ! ajoutait cet écrivain ; s'agenouilllant devant le Shogun, il devait toucher de la tête la natte étendue sur le sol, et demeurer dans cette attitude jusqu'à ce qu'à un signal donné : *Kapitan hollanda !* il lui fût permis de se relever : vrai jouet d'un païen et de toute sa Cour ! » Le ministre, se plaçant à un autre point de vue, s'indignait encore du manque absolu de secours religieux sur les vaisseaux de la Compagnie et dans la factorerie de Deshima. « *Quid non mortalia cogis pectora*, ajoute-t-il, *auri sacra fames ?* Cette apostasie implicite est la honte de notre nation ». Mais le comble de l'impiété à son avis, c'est que, chrétiens qu'ils sont, ses compatriotes achètent des filles perdues pour se livrer avec elles au vice (1).

8. Il est un autre reproche que maint historien adresse à un agent de la Compagnie des Indes orientales.

En 1637 une révolte éclata dans la province, jadis si chrétienne, de Shimabara. Poussés à bout, après les longues persécutions sanglantes, par les exactions inouïes des officiers de (Matsugara Shigetsuku) leur daïmyo, les habitants de cette province et de l'île d'Amakusa organisèrent la résistance armée : sous la conduite d'un jeune homme de Uto (nommé Masuda Shiro Tokisada), ils remportèrent plusieurs victoires (fin décembre 1637) sur les troupes régulières.

---

(1) A la différence de Kaempfer il ne parle pas du foulement des images (E-sumi) par les marchands ; mais en 1704, 2 écossais, 2 hollandais, un anglais et un flamand ayant été jetés par un naufrage au Satsuma, durent fouler l'image et cracher sur elle. D'après Kaempfer (cité par Steichen, p. 426), deux fois par an les officiers y étaient obligés (vers 1712). Pour des temps plus récents, au contraire, voir *Annales de la propagation*, t. I, 1822, p. 11.

Mr Steichen, qui a fait l'histoire de cette révolte d'après les mémoires japonais (1), après avoir loué « l'intrépidité et le courage peu communs des paysans révoltés » ajoute : « Un jour peut être, leurs compatriotes les honoreront comme *les premiers champions des droits du peuple* ». Et assurément le peuple japonais, entré aujourd'hui dans la voie de la civilisation chrétienne et doté d'un régime constitutionnel, les admirera : il est devenu assez fier pour ne plus supporter l'inique violation de ses droits civils.

Or, au moment où les insurgés de Shimabara résistaient encore vaillamment aux troupes shogunales et à leur artillerie, le chef de la factorerie hollandaise (2) amena un de ses vaisseaux de Hirado devant la vieille citadelle de Hara ; et du 14 février au 12 mars, il fit pleuvoir sur les assiégés une grêle de projectiles et bombarda leur dernier abri ; le 14 avril, la révolte était étouffée dans le sang. Sans compter les femmes et les enfants, 35 à 37 mille chrétiens ou descendants de chrétiens avaient péri ; les assiégeants avaient perdu deux fois autant d'hommes (3).

Le fils du général en chef de l'armée shogunale, (4) dans une relation de cette campagne, ne refusait pas son admiration aux vaincus, et constatait le courage qu'inspirait la religion chrétienne à des femmes et à des enfants. « Cette insurrection contre l'iniquité, écrit M. Bellesort (5), attestait l'influence émancipatrice du christianisme. Les pauvres gens qui, du haut de leurs remparts, chantaient la gloire de Dieu et prenaient les anges à témoins de leur bon droit, troublèrent les assiégeants et les généraux envoyés par le

---

(1) *Op. cit.* pp. 400-416.
(2) Koekebakker. D'après Kaempfer il lança 426 boulets et laissa six de ses canons aux assiégeants.
(3) Pagès publia la relation d'Edouard Correa, prisonnier alors pour la foi à Ōmura (II, pp. 403-411).
(4) Terutsuma, fils de Matsudaïra.
(5) *Voyage au Japon*, 1900. *Revue des deux mondes*, tome 158, p. 358.

Shogun. Cela ne ressemblait point aux guerres qu'ils avaient faites. C'était la première fois, ajoute Mʳ Bellesort, qu'un cri montait vers l'éternelle justice à travers le fracas des armes. Oh ! la belle page de l'histoire japonaise ! » Mais, pour les descendants de ce peuple marchand, qu'était devenu le peuple protestant de Hollande, quel douloureux souvenir !

Sur l'entreprise malheureuse de Shimabara se terminait, sans espoir ultérieur pour le peuple japonais, l'histoire d'un siècle de christianisme. Seuls les religieux ne purent renoncer à abandonner les pauvres chrétiens.

9. En 1636, Iemitsu publiait une loi draconienne, portant la peine de mort contre tout japonais, qui tenterait de quitter le pays ou qui y rentrerait après avoir passé quelque temps à l'étranger. Comme, malgré cette interdiction rigoureuse, les japonais entreprenaient des voyages en cachette, le monarque, pour couper court à toute tentative de ce genre, fit détruire les jonques et les navires d'une certaine grandeur et ne permit que ceux dont le faible tonnage rendait les voyages au long cours impossibles (1). « C'était, dit M. Steichen, anéantir d'un seul coup le commerce que le Japon entretenait au début du xvııᵉ siècle avec seize nations différentes ; c'était arrêter sa marche vers la civilisation européenne et retourner à un siècle en arrière. Isolé du monde entier, ce beau peuple était condamné à se consumer dans l'inaction. »

Toute tentative de passage au Japon devint impossible pour les Portugais en 1639 ; le 4 août l'amiral (*capitan môr do mar*) Vasco Palha d'Almeida sortit du port de Nagasaki avec les deux derniers vaisseaux de commerce : il reçut copie authentique, en japonais et en portugais, d'un nouvel

---

(1) Steichen, p. 428.

édit shogunal : sous prétexte que par la voie de Macao ils introduisaient des missionnaires et qu'ils avaient aidé à l'insurrection de Shimabara, les portugais étaient exclus à tout jamais du commerce.

En 1640, pour obtenir le retrait de l'édit, les habitants de Macao envoyèrent une ambassade solennelle et très nombreuse. Fait inouï ! odieuse violation du droit des gens ! les quatre ambassadeurs et toute leur suite, équipage et serviteurs, furent condamnés à mort comme coupables d'avoir transgressé l'édit du Shogun, et décapités à Nagasaki ; treize matelots furent épargnés et, après avoir vu le vaisseau livré aux flammes, embarqués sur une jonque pour porter à Macao cette stupéfiante nouvelle : les envoyés mouraient en haine de notre foi, et ils moururent dans les plus beaux sentiments chrétiens (1).

Humiliant pour la nation portugaise, qui semblait peu en état d'en tirer vengeance, ce crime de lèse-nation parut offrir aux missionnaires de Macao un avantage appréciable à leur point de vue. Il n'avait pas été permis au Père Mastrilli de passer directement et par une voie bien courte à son cher Japon, il lui avait fallu faire un détour considérable par Manille : « Nous ne pouvions, écrivait (2) le Père Rubino, Supérieur de la province après le Père Diaz, aller franchement de Macao au Japon, pour ne pas compromettre les intérêts des commerçants et le trafic de la soie et de l'or, si nécessaire au Portugal ; désormais, le commerce étant rompu et absolument impossible, nous pourrons impunément prendre la voie prescrite de Macao au Japon. Envoyez donc des

---

(1) Martyrologe n° 387. D'après Valentyn, (*op. cit* p. 89) en juillet 1647, une autre ambassade, venue de Lisbonne, fut renvoyée libre, mais sans obtenir le rétablissement du commerce. Voir dans Cardim (*Batalhas*) 47-61, l'intéressant récit, tout à l'honneur du chef de l'ambassade Gonçalo de Sigueira de Sousa (5 février 1644-août 1647).

(2) Macao, 30 sept. 1640. (*Epist. Jap. msc.*)

hommes, des hommes de courage et de patience, et prêts à donner leur sang. Il n'y a plus là qu'un seul prêtre : des quatre qui s'y trouvaient l'an dernier, l'un est mort martyr (1), deux sont prisonniers, l'un japonais (2), l'autre européen : voilà ce que nous apprennent les treize matelots, rentrés de Nagasaki. La difficulté sera de prendre terre sans être arrêtés ». — « Nos martyrs semblent nous crier : *Vindica sanguinem nostrum*. La vengeance qu'ils demandent, c'est la destruction de l'idolâtrie et le châtiment des bonzes, qui blasphèment et osent dirent que le roi Philippe et Dieu lui-même viendraient au Japon, sans prévaloir contre eux. Beaucoup de nos Pères s'offrent à partir ; mais comme je suis leur capitaine, j'ai le droit et le devoir de donner l'exemple » (3).

10. Deux ans plus tard (4) nous trouvons le Père Rubino à Manille ; le Provincial lui offrait deux sujets pour la mission, Alfonse d'Arroyo et Didace Moralez, castillans ; six autres lui avaient été accordés, un japonais François Marquez, un polonais Albert Meczinski, un portugais François Cassola, deux italiens Joseph Chiaro et Antoine Capece, et un japonais André Vieyra (5) ; trois séculiers se joignirent à eux. Le principal objectif du chef de cette troupe apostolique était de tendre une main secourable au malheureux apostat Christophe Ferreira.

Quel fut le sort de cette généreuse entreprise ?

Le 9 septembre 1646, un jésuite allemand, missionnaire à Macao (6) écrivait au Père Général, qu'il tenait d'un collègue

---

(1) Pierre Kassui ?
(2) Mancio Konishi ou Martin Shikimi.
(3) Macao, 2 oct. 1640. (*Epist. Jap. msc.*)
(4) Manille, 1 juillet 1642, (*ib.*)
(5) De Mogi ; il était frère utérin des deux Pères Fr. et P. Marquez, différent ce dernier du Provincial P. Marquez.
(6) *Epist. Jap. msc.* Andreas Xaverii, *alias* Wolfgang Andr. Kofler.

hollandais de la Nouvelle-Hollande l'assurance du martyre du Père Rubino et de ses compagnons, et qu'on pouvait démentir les fausses nouvelles qui circulaient en Europe en sens contraire. C'était le Père Kofler, plus tard célèbre à Pékin, qui donnait ces informations ; mais il ne distinguait pas, semble-t-il, un premier et un second départ.

« Le Père Antoine Rubino, ainsi que l'écrivit vers 1648 le procureur de la mission (1), partit le premier de Manille avec quatre de ses compagnons d'apostolat ; à peine débarqués, ils furent aussitôt reconnus, arrêtés et conduits au martyre. L'année suivante partirent les autres ; ils furent également saisis, mis à la torture et moururent. Il n'était plus possible aux religieux de pénétrer au Japon : ceux de notre Compagnie, qui étaient là encore vivants, étaient peu nombreux ; des autres Ordres il n'en restait aucun. »

Ces informations étaient-elles exactes ? Pouvait-on espérer des détails sur ces derniers martyrs ? Les jésuites de Macao et de Manille étaient naturellement fort désireux d'être fixés sur le sort de leurs généreux confrères. Mais castillans et portugais étaient exclus du Japon ; les japonais n'en pouvaient plus sortir ; pouvaient-ils même correspondre avec leurs compatriotes fixés à Macao, au Camboge et à Manille ? En 1644 (2), 40 chinois avaient été bannis, 15 emprisonnés et 6 mis à mort pour avoir transmis des correspondances à Macao et au Camboge.

Dans la lettre annuelle de 1644 (3) nous lisons au sujet du second départ : « Les missionnaires furent arrêtés : les deux plus âgés (Pierre Marquez, portugais, et Alfonse Arroyo, espagnol) finirent par avoir la tête tranchée ; les deux plus

---

(1) Cardim., *Batalhas*, p. 14. Ce travail historique, fort intéressant, nous donne quelques lettres contemporaines du P. Ph. Marino.
(2) Thurston, art. cités.
(3) *Epist. Jap. msc.*

jeunes (François Cassola, de Parme, et Joseph Claro, sicilien) succombèrent en prison aux tourments qu'ils avaient soufferts ; au sujet du frère André Vieyra, japonais, on n'a rien su. Ces détails, ajoute l'annaliste, nous sont communiqués par le Père Alexandre de Rhodes, qui vient de la Cochinchine : il les tient d'un japonais Perosako Jean, fixé dans ce pays. » (1).

Recueillons encore, au risque d'en rencontrer de fort discordants et peu sûrs, d'autres témoignages sur nos derniers martyrs européens. Le 9 avril 1644, de Macassar (2) on écrivait au Général de l'Ordre : « J'ai fait savoir à Votre Paternité la glorieuse mort du Père Antoine Rubino et de ses compagnons ; après avoir subi pendant six mois, depuis octobre 1642 jusqu'en mars 1643, de trois en trois jours le supplice de l'entonnoir, ils furent suspendus dans la fosse ; ils y persévérèrent dans leur foi, jusqu'à ce que, désespérés, les bourreaux leur tranchèrent la tête. Au mois d'août suivant, abordèrent le Père Provincial Marquez et ses compagnons ; ils furent arrêtés et conduits à Nagasaki. Ferreira, interprète juré, chercha à s'entretenir avec son ancien confrère et compagnon de voyage aux Indes ; ils s'embrassèrent en pleurant, et le Père Marquez représenta à l'apostat que son voyage n'avait d'autre but que de le convertir et de l'accompagner au martyre. Nous ignorons leur fin ; nous savons seulement qu'ils ont été envoyés à Yedo, et Ferreira avec eux. Est-ce l'indice d'un apaisement et de la fin de la persécution ? »

Une autre information de source hollandaise (3) portait que « le P. Marquez et ses quatre confrères jésuites, après des tortures inouïes (*immanibus et plane inauditis tormentis excrucia-*

---

(1) Là, comme au Camboge, ils étaient fort nombreux (Pagès, I. 840).
(2) Fr. Rangel, *Epist. Jap. msc.*
(3) *Epist. Jap. msc.* 1640-70. Ex diario hollandorum qui Nangasachii commorantur. La pièce est *copiée* à la suite d'une *copie* de la lettre d'un Père H. Van Vlierden S. J., ex Batavia 21 dec. 1644.

tos, tandem a fide defecisse), avaient renié la foi ; que François Cassola et Joseph Claro étaient morts en prison, que Marquez, portugais, et Alphonse Florenus (Arroyo) vivaient encore enfermés dans une prison infecte quand les vaisseaux hollandais firent voile en décembre 1644. De leurs compagnons on ne savait rien ; on peut douter, ajoutait-on, si les quatre ont vraiment renié la foi et si ce n'est pas un faux bruit ; en effet, quand on leur avait demandé s'ils voulaient rentrer en Europe avec les hollandais, ils avaient répondu qu'ils préféraient mourir au Japon, et quand les japonais les avaient engagés et presque forcés à contracter mariage, ils n'y avaient pas consenti. Au surplus, s'ils ont renié leur foi, pourquoi les tenir en prison ? S'ils ont cédé à la torture, peut-être se sont-ils repentis. Mais les japonais, on le sait, ont coutume, pour diffamer les chrétiens, de répandre de faux bruits d'apostasie. »

On le voit, ces divers témoignages sont difficiles à concilier.

Le martyre de Rubino et de ses quatre compagnons ne laisse lieu à aucun doute : le P. Philippe Marino en donnait la nouvelle comme certaine au Général de l'Ordre dès le 14 décembre 1643, sans pouvoir encore assigner la date de leur mort (1). Un an plus tard (2) le Visiteur de la province, Emmanuel de Azevedo, écrivait au Père Cardim, procureur de la mission : « Voici ce que nous savons avec une certitude morale : le 4 juillet 1642, le Père Rubino partit de Manille avec les PP. Albert (Meczinski), polonais, Antoine Capece, italien, François Marquez, fils d'un portugais et d'une japonaise et Didace de Moralez, castillan des Philippines. En abordant au Japon, ils furent aussitôt reconnus, arrêtés et conduits à Nagasaki, là, pendant l'espace de sept mois, ils

---

(1) de Macao (*Epist. Jap. msc.*)
(2) de Goa, 25 déc. 1644, *ib.*

subirent le tourment de l'eau et enfin celui de la fosse, qui est extrêmement cruel. C'est le Père Antoine Rubino qui le premier consomma son martyre (le 22 mars 1643), après être resté suspendu six jours dans la fosse ; le Père Albert expira le 23, après sept jours ; ses autres compagnons souffrirent jusqu'au 25 et reçurent comme lui la couronne de gloire. Leurs corps furent taillés en pièces et brûlés, et les cendres jetées à la mer. La nouvelle de ce martyre a été accueillie avec grande joie à Macao et à Goa, et le triomphe des soldats de Jésus-Christ a été célébré dans les églises. Nous savons aussi qu'en l'année 1643 partirent de Manille cinq autres religieux de notre Compagnie, à savoir les Pères Pierre Marquez, portugais, Provincial, Alphonse Floreno (Arroyo), castillan d'Andalousie, François Cassola, italien de Lombardie, Joseph Claro, sicilien, et un japonais dont on ne donne pas le nom, mais nous présumons qu'il s'agit d'André Vieyra qui, s'étant rendu en Europe, y fut reçu dans la Compagnie et rentra au Japon avec le bienheureux Vieyra. Toute cette sainte cohorte fut reconnue dès qu'elle débarqua, arrêtée et conduite à Nagasaki, où les gouverneurs de la ville firent les questions d'usage ; jusqu'à présent ils n'ont pas mis les missionnaires à la torture ; ils les font garder à vue dans des maisons inoccupées et les traitent fort bien : ce qui surprend les japonais et les étrangers ; on s'attend à quelque changement d'attitude de la part du gouvernement ; jusqu'ici nous ignorons s'il y en a. »

11. Le Père Philippe Marino complète ce récit en 1647(1). Au Tonkin, où il réside, il a appris, de deux trafiquants hollandais venus du Japon, quelques détails au sujet de la dernière expédition. Le Père Pierre Marquez et ses compagnons, disent-ils, ont subi d'abord à Nagasaki les tour-

---

(1) Cardim, *Batalhas,* p. 63.

ments de la fosse ; mais une fille étant née à l'empereur, celui-ci accorda pardon général à tous les prisonniers, même chrétiens ; il excepta cependant les missionnaires et donna ordre de les amener à Yedo ; puis, ne réussissant ni par promesses ni par menaces à les faire apostasier, il leur fit infliger d'autres tourments, d'invention diabolique ; les Pères Chiaro et Arroyo et le frère André Vieyra succombèrent ; les deux autres (Marquez et Cassola) furent tenus captifs dans la maison d'un renégat Chikadono : deux femmes étaient mises à leur service, l'intention du roi était de faire croire qu'ils avaient pris femme (1).

Une autre lettre, récemment éditée (2), était datée du 2 novembre 1647 ; l'auteur, le Père Cabral, tenait ses informations des trafiquants hollandais et chinois ainsi que d'un riche japonais, Paul Rodriguez, gérant de leur commerce au Tonkin. Un hollandais, Jacques (3), qui avait été témoin de l'interrogatoire des quatre derniers missionnaires à Yedo, attestait les avoir vus si affaiblis par les tourments, qu'un seul d'entre eux était encore capable de répondre, et il répondait avec grande fermeté ; après cela on leur avait fait subir le supplice de la scie de bambou (4) sur la voie publique ; de ce traitement inhumain trois étaient morts en prison. Cependant, une fille venant à naître à l'empereur on avait, conformément à la coutume, délivré tous les prisonniers ; quant aux Pères survivants, on les avait placés chez un certain Chikadono, renégat ; l'année suivante, comme ils ne reniaient pas, on les avait enfermés dans la maison des femmes publiques.

---

(1) Le Père Marino tenait aussi de deux chinois que trois ans auparavant avait été martyrisé à Miyako le Père Mancio Konishi, et que deux ans plus tard on avait découvert 130 chrétiens à Nagasaki ; 30 avaient eu la tête tranchée, et parmi eux un Père jésuite japonais, qui avait longtemps pu se cacher chez un bonze.
(2) Cardim, *Batalhas*, p. 62.
(3) Jacques De Pauw, cfr. *Montanus*.
(4) Enfermé dans une caisse carrée, la tête seule du condamné passait : une scie de bambou était à la disposition de tout passant.

Cette dernière version a été accueillie sous réserve par le Père Bartoli ; il termine sa belle histoire du Japon par ces mots : « Celui qui voudra poursuivre notre histoire au-delà de l'année 1640, devra raconter comment les cinq derniers de nos missionnaires furent, sur une voie publique de Yedo, après d'autres tortures, soumis au supplice de la scie, comment ils furent ramenés mourants en prison ; et, après la mort de trois d'entre eux, il devra raconter la fin des deux autres, que l'on réserva *à un genre de mort plus périlleux*, le Shogun ayant eu sur les entrefaites une fille. Il devra discerner le vrai et le faux, qu'il trouvera mêlés dans les récits des navigateurs hollandais. »

Que si nous consultons les *Voyages et ambassades mémorables* des navigateurs hollandais, publiés depuis lors, nous trouverons dans le récit de la comparution de Schaap et de ses camarades du Breskens (1) à la cour de Yedo (fin 1643) plusieurs détails qu'ils savent par ouï-dire, d'autres qu'ils racontent comme témoins et qui complètent les témoignages que nous avons cités. D'après cette relation, les quatre missionnaires furent amenés de la prison de Koishikawa, étroitement enchaînés : ils étaient dans un état de maigreur pitoyable ; ils avaient renié, mais malgré eux, disaient-ils, ne pouvant supporter tant de tourments (2). En présence des hollandais un premier interprète les raille sur l'impuissance de leur Dieu : les trois qui sont encore en état de parler, répondent très correctement. Un autre interprète, l'apostat Ferreira (3) intervient : il les calomnie et les accuse de rêver la conquête du Japon ; il les somme de renoncer à un Dieu qui les abandonnait ; or, ils ne donnèrent aucun gage d'apostasie encore qu'ils eussent auparavant cédé à la

---

(1) Montanus, *op. cit.*, pp 305, 327, 328, 332, 338 et 344.
(2) Nous reproduisons une gravure de Montanus, p. 327.
(3) Syovan ; c'était Ferreira, qui avait pris le nom de Iedo *Tsua*, (lettre de Ph. Marino, 14 déc. 1643).

LA DERNIÈRE EXPÉDITION APOSTOLIQUE (1644).

violence de la torture. Le plus sage des quatre répondit au contraire : « Quoique ce langage soit tenu par Syovan, nous devons le réprouver, et moi je vous dis que, sans la permission de Dieu, nul ne peut faire tomber un cheveu de notre tête, et que sans Dieu il n'y a pas de salut pour l'âme immortelle ; le renier, soit dans un but d'intérêt temporel, soit par crainte des tourments, est nécessairement un grand péché. En attendant, ajoutait-il (et cette parole devait toucher l'apostat), Dieu ne refuse pas grâce et miséricorde à ceux qui l'implorent à l'heure dernière, s'ils ont du repentir et s'ils se confient en Jésus-Christ, leur Sauveur. » Les juges interrompent le courageux missionnaire, le font éconduire avec ses compagnons et commencent l'interrogatoire des hollandais. Ceux-ci apprennent que deux jésuites ont rétracté leur abjuration et que Ferreira devra rester encore à Yedo pour assister à leur torture. Bientôt cependant celui-ci rentre à Nagasaki. Quant aux jésuites, ils sont retenus en prison, jusqu'à l'arrivée de l'ambassadeur Elserac. On permettra à celui-ci de les embarquer pour Batavia. Ce qui les a sauvés de la mort, disent ces témoins, c'est qu'ils ont fait savoir à l'empereur que d'année en année viendraient de Manille des prédicateurs de la foi romaine et notamment, sous peu, deux jésuites japonais (1).

Tel est en résumé le témoignage des hollandais. Elserac arriva à Yedo le 8 décembre 1643 et rentra à Nagasaki le 24 janvier (2) ; il sauvait la vie de Schaap et de ses neuf compagnons, captifs et victimes pendant de longs mois de la défiance japonaise ; mais il ne semble pas qu'il ait pu emmener les missionnaires. La relation ne fait plus mention d'eux. Nous avons cité plus haut (3) une information, aux

---

(1) Montanus, *op. cit.*, p. 344.
(2) *Ib.*, pp. 354, 364.
(3) Voir p. 235.

termes de laquelle ils ont préféré mourir au Japon. Et certainement c'est au Japon qu'ils ont consommé leur carrière mortelle ; mais quand et comment ? Les documents européens manquent pour éclaircir la question (1).

Un savant, fort apprécié en Angleterre, le R. P. Thurston a essayé de l'éclaircir en recourant à des publications récentes de source japonaise : sur le déconcertant problème, que ni Bartoli ni les relations hollandaises n'ont pu nous aider à résoudre, il a interrogé et discuté des écrits japonais du 17e siècle ; nous ne devons pas entrer dans le détail très touffu de cette discussion (2), d'autant moins qu'après avoir pesé avec son impartialité bien connue les assertions çà et là contradictoires des sources (3), il ne réussit pas à fixer son opinion : « Probablement, nous dit-il, nous ne saurons jamais exactement ce qui eut lieu. » Si, d'après deux annalistes japonais, des Pères et des frères, japonais et européens, vécurent des mois et des années en prison à Yedo, rien ne prouve qu'ils aient passé au culte idolâtrique ; en 1685, un jésuite sicilien du nom de Joseph Kuro (Chiaro ?) termina sa vie dans la prison des chrétiens (Kirishitan Yashiki), à l'âge de 84 ans. Mais, d'après un annaliste japonais, dix ans auparavant, en 1675, il avait refusé de renier formellement sa foi et de se faire bouddhiste (4) ; dans la prison, où d'autres renégats étaient détenus, il enseignait secrètement la foi aux gens de service (5).

Ni hollandais, ni japonais contemporains ne nous aident donc à lever les doutes, les douloureuses incertitudes de cette dernière période.

---

(1) Cfr. lettre d'Emm. de Azevedo, 2 nov. 1647 (*Epist. Jap. msc.* 1640-70) et Cardim, *Batalhas*, p. 57 : Resposta da embaixada.
(2) *The Month*, may 1905. Tiré-à-part p. 23. The mystery of the five last jesuits in Japan.
(3) Utilisées par MM. Satow et Lönholm.
(4) Thurston, pp. 11 et 20.
(5) *Ib.* p. 23. Arai Hakuseki.

Auparavant déjà, et alors que les tourments ne se prolongeaient pas encore aussi cruellement en vue de violenter les plus fortes volontés, il y avait eu des renégats; nous ne nous sommes pas arrêtés à ces détails. Après l'apostasie du malheureux Ferreira, les attaques malveillantes de nos adversaires ayant provoqué des représailles, Antoine de Silva (1) citait un des deux religieux martyrs du 13 août 1632 et prétendait qu'il avait renié la foi après avoir résisté d'abord aux tourments; il en citait un autre qui le 10 décembre 1622 avait fui du bûcher, mais y avait été rejeté par les bourreaux.

Ne refusons pas notre sympathie à la faiblesse de ceux que l'on s'ingénia de toutes façons à tourmenter jusqu'à l'apostasie, et surtout ne prétendons pas leur fermer la voie du repentir et du salut éternel : un « Jésus ! miséricorde ! » peut sauver l'âme repentante. Ceux qui ont faibli sont morts, espérons-le (2), repentants de leur défection et confiants en la miséricorde du Sauveur.

12. La miséricorde divine n'éclata nulle part davantage, peut-on dire, que dans la conversion de Christophe Ferreira. Nous avons raconté sa chute; il aggrava son péché en acceptant la charge odieuse d'interprète officiel au tribunal des persécuteurs. Comme tel, il parut (3) en 1637, sous son nom japonais de Chuwa, (Tçua, Tchuva) à l'interrogatoire de quatre martyrs dominicains à Nagasaki. (4)

Selon les navigateurs hollandais, qui durent en 1644 comparaître à Yedo avec les quatre derniers missionnaires jésuites, Ferreira était là, non plus comme simple interprète, mais comme accusateur, et devant les quatre pauvres vic-

---

(1) Portugais, 1 juillet 1636. *Epist. Jap. msc.* Cfr. livre I, § 7, p. 37, note 2, Pagès I, p. 524.
(2) Valentyn, *Beschrijving* dans *The Month*, art. cité p. 20.
(3) *Martirio dos Padres dominicos*, 13-27 septembre 1637 (*Epist. Jap. msc.*)
(4) Martyrologe n° 356.

times, exténuées par les tortures au point d'exciter la commisération des hollandais, il tenait un langage blasphématoire, qu'il ne nous convient pas de reproduire. Le bruit courait qu'il avait un fils et qu'il lui enseignait les cérémonies bouddhiques. Quoi qu'il en soit (car au Japon plus qu'ailleurs la vérité est malaisée à découvrir) jusqu'en 1652 il semble avoir vécu en apostat.

Or, en juillet 1654, le Père Borgès, Supérieur de la mission, visitant au Tonkin un ami de la Compagnie, Paul de Vada (1), apprit de lui qu'après de longues années d'infidélité, Ferreira était venu à résipiscence : trahi par un serviteur, auquel il avait enseigné la doctrine du Christ et assuré qu'en elle seule se trouve le salut, il avait été tiré de son lit d'infirme et il était mort dans les tourments de la fosse. « Nous vérifierons la chose », écrivait le correspondant.

L'heureuse nouvelle se confirma. Jean Nuñes (2) donnait comme preuve de la conversion de Ferreira la confiscation de ses biens par le fisc : on avait voulu le faire mourir sans éveiller l'attention, mais des japonais et des chinois avaient été témoins de sa courageuse mort. « Ferreira, nous dit Nuñes, comptait 74 ans, lorsque le Seigneur daigna prendre égard aux prières et aux larmes de la Compagnie et au sang de nos martyrs : il survint au vieillard une maladie, qui lui fit porter les regards sur l'éternité qui approchait, et on l'entendait dire avec de grands sentiments de douleur : « O Dieu, ô Seigneur, est-il possible que j'aie abandonné la foi par crainte de perdre une vie passagère ? O Père des miséricordes ! *erravi sicut ovis quae periit*. Donnez à ce corps affaibli par l'âge, des forces pour souffrir et pour confesser ma foi et mon amour pour vous ». Rapport fut fait au gou-

---

(1) Lettre du P. Philippe Marino au Général S. J., Tonkin, 31 juil. 1654 (*Epist. Jap. msc.*)

(2) Macao, 16 nov. 1655 (*Collectanea Jap. msc.*) *Ann. msc.* 1655 *ib.* Et de là Franco, *Imagem da virtude...* Lisboa l. 2, c. 30. Bartoli, V, § 12 fin.

verneur, qui le fit interroger : « En vérité, répondit Ferreira, je suis dans l'angoisse, parce que j'ai péché contre le vrai Dieu du ciel et de la terre ; rien ne m'afflige autant que de l'avoir abandonné par crainte de la mort ». « Il est dans le délire », disaient les japonais en riant : « Non, reprit le vieillard, j'ai toute ma présence d'esprit et je parle nettement, afin que le gouverneur sache mon repentir : toutes les sectes du Japon sont mensonge et fourberie, et ceux qui les suivent sont perdus ». Il fut soumis au cruel tourment de la fosse ; il y demeura trois jours, confessant sa foi en Jésus-Christ, vrai Dieu et vrai homme » (1).

Ainsi se vérifiait ce que le Père Marcel Mastrilli avait prédit autrefois au Père André Lubelli (2) : le retour du fils prodigue.

La conversion du renégat Christophe Ferreira fut une immense consolation pour toute la Compagnie de Jésus (3). Mais que fallait-il croire, parmi des témoignages peu concordants, du sort de deux membres de la dernière expédition apostolique ? En 1654, le catalogue de la province du Japon renseignait encore 44 membres, dont 36 à Macao, les autres en Chine et au Tonkin (4) ; il se terminait sur ces mots : « Au Japon, en ces dernières années, il y avait encore deux jésuites : que sont-ils devenus ? Vivent-ils encore ? Tout accès à la mission étant impossible, on l'ignore absolument ».

---

(1) Ce serait vers 1652 qu'il se serait rétracté : Franco le fait aborder au Japon en 1600 (*Annales lusitanici*). Bartoli a utilisé le document donné plus tard par Franco.

(2) Cité par Cardim *Batalhas*, p. 157.

(3) La nouvelle fut confirmée en 1656 par le P. Metello Saccano, de Macassar, 24 mai (*Collectanea japonica*) et par des attestations du 6 mai et du 16 décembre 1655 (*ib.*).

(4) Cardim (*Batalhas*) décrit leurs travaux en Annam, Cochinchine, au Camboge, à Laos, Siam. Nous y rencontrons trois pères japonais, Romain Nixi, Juste Caseri, mort au Camboge en 1624, et Jules... : de plus les PP. Jean Cabral, Didace et Valentin Carvalho, Pierre Marquez, Gabriel de Mattos. A Taifo, il y avait une colonie japonaise. En Annam, 188000 baptêmes.

Quels étaient les deux missionnaires survivants ? D'après Bartoli(1), c'étaient les deux prêtres japonais Mancie Konishi et Martin Shikimi ; mais d'après une lettre du P. Philippe Marino (2), le premier avait subi le martyre à Miyako vers 1640, et d'après une lettre du patriarche d'Ethiopie (3), le second avait subi le tourment de la fosse à Nagasaki avec le Père Jean-Baptiste Porro, en septembre ou octobre 1641. L'auteur du catalogue faisait-il peut-être une allusion discrète aux survivants de la dernière expédition, au sujet desquels aucune information ne lui était parvenue ?

Les autres Ordres religieux ne réussirent pas mieux que la Compagnie de Jésus à obtenir des éclaircissements sur le sort de leurs derniers missionnaires. Quelques vagues indications, que nous donnerons dans le paragraphe suivant, permettent de supposer qu'il en aborda encore au Japon après 1645. Un document japonais en cite (4) dont il est impossible de découvrir le nom véritable sous sa forme japonaise et dont deux, après avoir renié, moururent en prison vers 1640 ou 1642. Dans son histoire universelle des missions franciscaines, Marcellino da Civezza (5) n'a retrouvé, semble-t-il, aucun souvenir de ces derniers apôtres du Japon.

13. Glanons quelques indications, recueillies çà et là au sujet du malheureux pays, qui fermait si impitoyablement ses barrières aux nations catholiques ; elles seront peut-être utiles à ceux qui ont accès aux chroniques japonaises du XVIIe siècle.

---

(1) Bartoli V, 34.
(2) Voir plus haut p. 237, note (1).
(3) De Goa, 3 mars 1643 (*Epist. Jap. msc.* 1640-70). En 1638, d'après un coréen (Diaz, 30 nov. *Epist. msc. Jap.* 1625-39), Porro était caché à Nagasaki sous le nom de Mura. D'après Vagnone (du Kansi, 25 avril 1639, *ib.*) il était décédé après de grandes fatigues au service des fidèles. D'après Bartoli (v. 34), Porro périt en 1639 dans une bourgade avec tous les habitants.
(4) Thurston, The Month, may. Voir ci-après, p. 247.
(5) *Storia...* vol. VII, parte II, p. 1068.

Vers 1662, au milieu du mois d'août, un jésuite sicilien, Marcel Metello Saccano, missionnaire au Tonkin et en Cochinchine, aurait été martyrisé au Japon, à l'âge de 50 ans. Le P. Intorcetta communiquait cette nouvelle, à son retour en Europe (1) ; Saccano avait été envoyé par le Général Vitelleschi en 1642, mais n'avait pu aborder au Japon avant 1662.

Le 15 mai 1666, un dominicain, vicaire-provincial de son Ordre en Chine (2), terminait ainsi sa relation sur l'état de sa mission : « Ayant vécu onze ans dans ce pays, je recevais annuellement les rapports des marchands chinois, qui trafiquent avec le Japon ; ils me disaient que tous les ans un grand nombre de chrétiens y sont mis à mort pour la foi (3). Cependant, quoiqu'ils n'aient plus de prêtres pour les diriger, ils s'instruisent les uns les autres et confèrent eux-mêmes le baptême : chose vraiment merveilleuse ! On dit de plus que, non loin de la Cour de l'empereur et de la ville de Miyako, il y a plusieurs localités et même une ville, où les chrétiens sont en si grand nombre que le souverain n'ose pas les molester ; il les laisse vivre en paix ».

Vers 1679, un jésuite belge (4), le P. Antoine Thomas, avait résolu de tenter le passage au Japon. Le Général de l'Ordre ayant approuvé son dessein, il passa en Portugal. A Coïmbre, où il attendait avec un jésuite allemand, Weidenfeld, l'occasion d'aller à Goa, il avait intéressé à cette mission une noble bienfaitrice, Marie, duchesse d'Aveyro (1679). Arrivé à Goa en 1680, il lui communiquait les curieuses nouvelles qu'un médecin français, venu de Siam,

---

(1) Aguilera, *Hist. prov. Siciliae* 1740, II, p. 821.
(2) Sa lettre parut à Anvers en 1667. *Copye van eenen brief van P. F. Victorius Rixio*, bij Cnobbaert, p. 11.
(3) En appendice, notre martyrologe (nn. 390-395) cite quelques témoignages.
(4) Voir *Missions belges* S. J., Bruxelles 1908, p. 61.

tenait d'un capitaine japonais : « L'empereur (Shogun Ietsuna, Gen-yù-In) n'ayant pas de fils, avait adopté le fils du second personnage du royaume, qui s'appelait Suma. Cet enfant, ayant demandé d'aller, la veille de la Noël, à la maison de son père, et y ayant assisté à la messe, la maison avait été entourée, le prêtre et Suma saisis et condamnés à mort. Cependant un grand nombre des principaux de la Cour déclarèrent à l'empereur que, s'il voulait exécuter les décrets portés contre les chrétiens, il devrait faire mourir la moitié de ses sujets ; sur leurs représentations, liberté leur avait été laissée ». (1)

De Siam (3 octobre 1685), le P. Thomas informait le Général de la Compagnie que deux ans auparavant, un vaisseau hollandais ayant abordé à Nagasaki, deux matelots disparurent ; or, le capitaine, bon catholique, croyait savoir que c'étaient deux religieux, qui s'étaient embarqués sous ce couvert à Amsterdam. L'empereur était décédé en 1680, et la surveillance se relâchait au point qu'un marchand japonais de Siam avait pu recevoir de sa patrie une lettre fermée et qu'une barque des Philippines avait pu déposer au Japon deux missionnaires ; ils avaient échappé à la vigilance des gardes-côtes. Enfin de Macao (28 avril 1685) le Père Thomas écrivait qu'au dire d'un chinois, rentrant de Nagasaki, on ne fouillait plus les étrangers, qu'on ne leur faisait plus fouler aux pieds les saintes images et qu'il y avait encore des prêtres.

Le missionnaire, appelé à aider à Pékin le Père Verbiest, dut renoncer au rêve de sa jeunesse et fut désormais absorbé par des travaux astronomiques auprès de la cour chinoise.

Vingt ans plus tard, vers 1709, un prêtre sicilien, Jean Sidotti, sut pénétrer au Japon ; à ce sujet, le Père

---

(1) *Japonica-Sinica historica*, msc.

de Charlevoix, dans son *Histoire du christianisme au Japon* (1), empruntait quelques détails aux *Lettres édifiantes* de 1711. Tout Manille avait été édifié de la courageuse résolution du saint prêtre : le capitaine-général, Michel de Cloriaga l'avait conduit au Japon (août 1709), et après l'avoir débarqué dans la nuit du 9 au 10 octobre, était rentré le 18 à Manille (2). Qu'était devenu le hardi missionnaire ? Jusqu'en 1726, aucune nouvelle certaine n'arriva en Europe. Depuis, par les hollandais et surtout, plus récemment, par une relation contemporaine japonaise (3), on sut que débarqué à Yodomari (Yakushima), il fut arrêté, conduit à Nagasaki et à Yedo. Il y fut interrogé avec bienveillance et répondit largement, mais avec une ardeur et un zèle, qui parurent faire une impression quelque peu fâcheuse : « Ce n'est pas de cette façon-là, disaient les juges, qu'on expose et enseigne la vérité : il y faut le ton calme de la raison, et non pas cette chaleur, que rien ne justifie quand on traite de questions tellement au-dessus de la nature » ; d'ailleurs, ajoutait-on, il se peut que cette doctrine de l'existence d'un Créateur ne soit pas fausse ».

Cependant, les décrets de 1614 et puis les édits de Iemitsu étaient toujours en vigueur. Que pouvaient faire les juges ? que proposeraient-ils au Shogun (Ienobu, Bunsho-In) ?

Malgré les édits, le nombre des chrétiens s'était accru : on en avait fait périr une multitude, 200.000 à 300.000 (4). Les étrangers eux-mêmes, s'ils ne reniaient, étaient mis à mort. Si le gouvernement voulait suivre la même politique,

---

(1) Livre 20, § 9. *Lettres édifiantes et curieuses.* Edition 1781, tome II, p. 275.

(2) Stöcklein. *Der neue Welt* V. 57. Lettre du P. Faure au P. de le Boësse, 17 janvier 1711.

(3) Voir sur Valentyn et sur Arai Hakuseki, le P. Thurstou, *The Month*, juin et juillet 1905. *The strange story of the abbate Sidotti*. Il donne le texte de l'historien japonais.

(4) C'est le chiffre que donne le juge de Sidotti. Thurston, *The Month*, art. cité.

la solution la plus simple du problème était la condamnation à mort. Mais cette solution ne paraissait pas aux juges être la meilleure ; ils admiraient la fermeté de la foi de Sidotti, louaient le courage qu'il avait montré pendant six longues années de voyage et son mépris de la mort. Ils inclinaient à le renvoyer à l'île Luçon.

La solution fut autre : Sidotti fut confiné dans la Yashiki ou prison des chrétiens de Yedo ; il y mourut en 1715, à l'âge de 47 ans.

« Dieu seul sait, concluait Charlevoix, si une terre cultivée avec tant de fatigues, qui a produit tant de saints et tant de héros, que tant d'hommes apostoliques ont arrosée de leurs sueurs et tant de martyrs de leur sang, ne recouvrera pas un jour sa fécondité, si la voix de ces généreux confesseurs, qui demandent à Dieu non la vengeance mais le fruit de leur précieuse mort, ne touchera point le cœur du souverain Pasteur des âmes. »

Vers 1725, un missionnaire de Chine, le Père Parrenin, jésuite, s'intéressait à un projet de la Compagnie française des Indes, qui cherchait le moyen d'établir des relations au Japon. Informé par des Coréens, il donnait des renseignements sur la longitude de Nagasaki, sur l'île de Tsuchima, sur les îles Liou-Kiou (Lu Chu). Le projet n'eut pas de suites. (1)

Enfin, vers le milieu du XVIIIe siècle, un fils de S. Ignace, désireux comme Sidotti et tant d'autres de gagner à Jésus-Christ un peuple si cher à S. François-Xavier, crut pouvoir tenter la Providence ; c'était un jésuite allemand, Godefroid Lambeckhoven, Visiteur de la mission de Chine en 1751 (2) : évêque élu de Nang King, il se rendit à Macao

---

(1) Voir *Revue des Questions historiques*, 1885, p. 522.
(2) Voir *Epist. soli Jap. msc.* et appendice. Partie finale de sa lettre du 1er août 1779. Élu le 15 mai 1752 évêque de Nankin, il écrivait à la Propagande.

en 1752, et s'entendit avec le Provincial du Japon (car la province, dispersée en diverses contrées de l'Asie orientale, avait gardé son glorieux nom) ; on irait explorer le terrain ; il fournirait aux frais de l'expédition, et le Provincial choisirait un homme dévoué, mais prudent aussi bien qu'intrépide, qui sous les dehors d'un marchand essayerait de pénétrer dans le pays. « Hélas ! écrivait-il 24 ans plus tard, survint le désastre qui dans le royaume et dans les missions portugaises d'abord, puis, dans tous les pays chrétiens, frappa la Compagnie de Jésus. Le Provincial fut emmené captif en Europe et la pension royale fut supprimée à l'évêque. Nos projets échouaient. Jamais cependant la pensée ne m'a abandonné d'aller au secours du Japon. En 1778, je me rendis dans l'île de Zung-ming, pour administrer le Sacrement de confirmation ; sur un million deux-cent mille habitants elle compte 4000 fervents chrétiens... Le père d'un chrétien s'est rendu de là au Japon il y a dix-huit ans : la surveillance y est toujours si exacte et la visite des vaisseaux à Nagasaki si rigoureuse, que tout espoir humain semble perdu d'y introduire un étranger : il y a peine de mort pour ceux qui introduisent des espagnols (Lin-sung-fin, Tang-jin) ».

ÉPILOGUE.

La divine Providence réservait au XIXe siècle la gloire d'ouvrir une seconde fois à la civilisation chrétienne les portes de cet empire, dont le peuple avait constamment attiré les sympathies de l'Europe depuis le temps où S. François-Xavier y avait trouvé « ses délices » ; mais combien ses malheurs inspiraient de pitié !

Au jugement de Valignani (1) la source des malheurs de ce peuple fut un crime national, et le XIXe siècle devait y porter un remède, qui donne espoir pour l'avenir. « Ce crime, disait-il, c'est l'état de révolte permanente contre l'autorité du Souverain légitime. La nation, ses notables, ses chefs ont secoué l'autorité et violé les droits du Daïri (le Mikado) : révoltés contre lui, les daïmyo ont fait prévaloir le droit du plus fort, et ç'a été le plus fort, le plus audacieux, le plus habile qui a assujetti ou ruiné ses collègues ; Shogun, c'est à dire empereur de fait, il a disposé à son gré du Souverain légitime, auquel un vain titre ne laisse plus qu'un rôle de fainéant, de figurant, sans influence aucune. » (2)

Les Tokugawa ont été à ce point de vue les mauvais génies du Japon : ils ont établi un gouvernement arbitraire, violent et cruel, qui au mépris des droits essentiels du peuple a opprimé pendant près de trois siècles toute liberté et arrêté tout progrès social.

---

(1) Tacchi Venturi. *Il carattere dei Giapponesi*, tiré-à-part de la *Civiltà cattolica*. 1906, p. 40.

(2) Mr Chamberlain (*Murray's Handbook for Japan*, London, 1907, p. 79) nous montre l'auteur japonais du *Daï Nihon Shi*, Mito Kômon, d'accord avec ces vues de Valignani.

Pour y mettre fin, il a fallu d'une part l'intervention armée des nations chrétiennes et d'autre part une initiative hardie du Mikado.

C'est en 1841 que l'Angleterre force les ports de la Chine et se fait livrer l'île de Hong-Kong ; trois ans plus tard, la France fait signer à la Chine un traité de commerce, dont l'amiral Cécille profite pour déposer à l'est du céleste empire, à Nafa, l'une des îles Lu-Chu (Riu-Kiu), un jeune et courageux missionnaire; l'abbé Forcade, avec deux collègues des Missions étrangères de Paris, y attend patiemment les événements, apprenant la langue japonaise ; car, il le pressent, le Japon lui même ne pourra tarder de s'ouvrir devant la civilisation chrétienne. Dès 1840, la Propagande s'adressant à Mgr de Besi, de résidence à Chang-hai, s'était préoccupée de la future mission du Japon. (1)

En effet, en 1854, une escadre américaine, sous les ordres du commodore Perry, se présente devant Nagasaki ; en la même année, la Russie et l'Angleterre exigent la liberté du trafic dans deux autres ports : une brèche est faite au Japon, jusqu'alors obstinément fermé.

Cependant, en 1862, le brusque rapprochement de deux civilisations, aussi disparates que celle des nations chrétiennes, naturellement expansive, et celle du Japon, volontairement isolée de l'Occident, amène une des révolutions les plus extraordinaires qui se soient produites au cours des siècles. Le parti rétrograde, surexcité par les récentes concessions, se livre au désordre et aux violences contre les étrangers et leurs adhérents. Mais les escadres des grandes puissances répriment les attentats et protègent le jeune parti du progrès.

Les daïmyo en étaient les irréductibles adversaires ; petits vassaux, mais souverains maitres dans leur domaine, ils

---

(1) Lettres du 30 juin 1840 et du 12 avril 1842.

étaient environ six cents : obligés de demeurer à la Cour pendant quelques mois de l'année, ils exerçaient leur pouvoir arbitrairement, battaient monnaie, avaient soldats et vaisseaux, et s'opposaient aux nouveaux traités de commerce. Ce fut leur perte. En 1871, on les médiatisa : en leur laissant quelques honneurs, on leur ôta tout pouvoir. La dignité de Shogun fut supprimée, et au Mikado, dont la seule prérogative était un certain pouvoir spirituel, fut reconnue la puissance temporelle avec le commandement de l'armée.

La rupture avec le passé était complète : le shogunat supprimé, tout le système politique du moyen âge japonais tombait en ruines ; la monarchie s'organisait constitutionnellement, à l'européenne : l'absolutisme des Tokugawa disparaissait.

Le Mikado avait fait preuve d'intelligence : dès 1861, il avait envoyé en Europe une première ambassade japonaise, et reconnaissant la supériorité des peuples chrétiens, il accueillait des européens dans l'armée, dans les écoles et dans l'organisation judiciaire et administrative ; leur nombre atteignait vers 1880 les 300. Sortant de l'inaccessible retraite, où s'était renfermée pendant des siècles la majesté prétendument divine de sa dynastie, il parut en public et, le 18 avril 1869, ouvrit la première session du parlement ; il supprima en 1872 le cérémonial humiliant des réceptions de la Cour. Quatre ans plus tard, au moment d'entreprendre un voyage dans ses états, il publia la célèbre proclamation du 6 juin : « Je désire que là où je passerai, les travailleurs ne perdent pas leur journée, en quittant leurs occupations pour me saluer. Je désire que ceux qui ont le loisir de me saluer, ne se prosternent plus à terre, mais qu'ils me saluent d'une façon digne et respectueuse, qui n'ait rien d'humiliant ». La superstitieuse idole du vieux Japon se déclarait homme.

Les réformes se succédèrent rapidement : la poste, organisée par l'état (1871) et reliée à l'union postale, le câble placé en correspondance avec la Chine, les Indes et l'Europe ; et à l'intérieur, un vaste réseau télégraphique, le chemin de fer (1872) sillonnant les quatre grandes îles dans tous les sens, une compagnie de navigation, faisant bientôt concurrence aux vapeurs anglais et américains, l'introduction du calendrier chrétien et du système monétaire américain, l'organisation de l'enseignement et de l'armée à la façon européenne, tout cela se fit en quelques années.

Le Japon sortait d'un sommeil séculaire.

Pendant que se déroulent les événements qui préparent une nouvelle ère, une découverte inattendue réjouit les missionnaires catholiques. Dans l'église qu'ils ont élevée à Nagasaki sous la protection des récents traités, se présentent, le 17 mars 1865, des groupes de gens de modeste condition, humbles ouvriers des campagnes ; ils évitent les regards de la police japonaise, mais à la faveur de l'obscurité ils abordent les prêtres catholiques ; leurs entretiens révèlent qu'ils ont conservé dans ses principaux éléments la foi en Jésus-Christ, le culte de la Mère du Sauveur, le baptême et le respect des pères de leurs âmes : ainsi nomment-ils nos prêtres : « Nous avons, disent-ils, le même cœur que vous ». Jour béni ! jour d'indicible consolation pour les missionnaires ! Depuis plus de deux siècles, ces petites gens, ces paysans sont privés de prêtres, de culte public, de confession et de communion ; mais le sang des martyrs et le courage héroïque de leurs ancêtres se sont conservés en eux. De génération en génération, ils ont transmis la croyance chrétienne ; ils ont leurs baptiseurs, leurs chefs de prière.

Le nombre des visiteurs s'accroît de jour en jour ; la nouvelle de l'arrivée des missionnaires se répand de village en village. Vingt mille indigènes sont reconnus foncièrement chrétiens dans le sud du Japon, et l'on soupçonne que plusieurs des provinces centrales en renferment autant.

Ici, comme pour le détail des faits que nous venons de résumer, nos lecteurs doivent aborder le livre qui nous raconte l'admirable histoire de ces fils des martyrs (1) ; ils liront, avec un captivant intérêt, le récit que les heureux missionnaires nous font, jour par jour, de leurs relations avec ces pauvres chrétiens, auxquels deux siècles de la plus cruelle persécution n'ont pu ravir le trésor de la foi ; ils admireront la puissance de la grâce dans ces cœurs simples et fidèles ; ils loueront la Providence qui daigna les récompenser en leur rendant les ministres de l'Évangile et des sacrements de Jésus-Christ.

Puisse leur exemple ramener à la foi de St-François Xavier les descendants des deux millions de chrétiens que le Japon a donnés à Jésus-Christ aux XVIe et XVIIe siècles !

Sans nous engager dans l'histoire contemporaine du Catholicisme au Japon, nous offrons aux lecteurs une considération finale, que semble réclamer notre étude.

Si le Japon s'est transformé, en sortant d'un régime féodal, plein d'odieux abus, pour adopter une civilisation foncièrement chrétienne, s'il a adopté un système de liberté religieuse qui peut amener la ruine des sectes idolâtriques, il est loin aujourd'hui de jouir de tous les bienfaits de la religion de Jésus. Il subit une profonde crise morale qui inquiète l'élite des japonais.

Le progrès matériel a dépassé toutes les prévisions, mais le matérialisme et le mal moral se répandent d'une façon effrayante.

Ils ne se répandent pas moins, il est vrai, dans nos con-

---

(1) Marnas. *La religion de Jésus ressuscitée au Japon.* Paris, Delhomme, 2 vol. in-8.

trées d'Europe ; mais dans nos contrées il y a un fonds de doctrine morale, héritage séculaire des âges de foi et d'unité religieuse, et qui dans la majorité, dans la masse du peuple, oppose encore une barrière puissante aux doctrines fausses et perverses de la libre-pensée moderne.

Qu'on nous permette de rappeler ici l'aveu d'un impie tristement célèbre, dont les écrits ont sapé la foi et introduit le doute dans bien des consciences : ce prêcheur d'incrédulité prévoyait les conséquences, au point de vue des mœurs, d'un système rationaliste, mais il se rassurait quelque peu : « A notre insu, disait Renan, c'est à nos vieilles croyances, à ces formules rebutées que nous devons *les restes de notre vertu :* nous vivons d'une ombre, du parfum d'un vase vide... Après nous, on vivra de l'ombre d'une ombre ; je crains par moments que ce ne soit un peu léger » C'est chose incontestable : les saines doctrines et la morale chrétienne régissent les trois quarts de nos populations ; c'est une digue puissante contre l'immoralité, contre le socialisme. Leur conscience, leur esprit foncièrement chrétien, les arrêtent, les guident dans l'usage des libertés excessives, tolérées par nos gouvernements modernes. (1)

Au Japon, il en est autrement ; les classes élevées et les classes populaires jouissent, depuis le régime constitutionnel, d'une liberté civile, qui est pleine d'inconvénients, et elles n'en recueillent que les inconvénients : elles sont privées en immense majorité des lumières du christianisme et de la formation morale, que l'Église sait donner aux consciences.

Le baron de Huebner le craignait (2) en 1871, et on le constate de plus en plus : « le contact de notre civilisation est funeste aux races non chrétiennes ; l'œuvre de la réforme aurait dû commencer par les mœurs ».

---

(1) *Leur morale neutre*, par L. Delplace S. J., Malines 1907, p. 41.
(2) *Promenade autour du monde*, 2ᵉ partie, fin.

S'il est vrai que dans la jeunesse universitaire, 60 % des jeunes gens se sont déclarés athées, le danger est redoutable pour la stabilité morale du Japon. Ceux que l'amour de leur patrie rend susceptibles de sages conseils et de perspicacité, comprennent qu'il est essentiel que le peuple soit imbu d'enseignement religieux et de religion positive (1) ; puisse le gouvernement japonais comprendre que l'Église chrétienne seule a pu élever les nations européennes à ce degré de civilisation et de progrès, que le Japon leur a envié et emprunté ! Puisse-t-il comprendre que la religion chrétienne, si elle est protégée, peut élever le Japon à une prospérité sans exemple ! les heureuses qualités de ses enfants lui permettent d'y aspirer.

---

(1) L'*Observatore romano* dans sa revue mensuelle des missions (août 1909) annonçait que le gouvernement japonais rétablissait dans ses programmes d'éducation l'enseignement de la religion, soit bouddhiste, soit chrétienne, au choix des parents.

APPENDICE A.

(Voir p. 149, note 2).

Ex Episcopi Nankinensis, Godefridi Lambekhoven (S. J.) autographa epistolâ, quae *incipit* : « Literae Emae Vae ». (1)

Pro coronide ommittere non possum referre ad Eminentiam Vestram de excursione à me facta in insulam Zung-ming, ad quam a pluribus jam annis me internis stimulis urgeri sensi, tum quod haec insula non contemnenda pars esset meae jurisdictionis, tum quod ex ea intra 6 aut 7 dies, si mare et venti faveant, in Japoniae portum Nangasaqum trajectus fiat, hinc credebam me ex hac vicina insula posse de eo regno certiores noticias habere, e quo exulem fidem multum ultra 100 annos lugemus.

Jam olim, cum ante 24 annos Macaum venissem pro recipiendo Episcopatus ordine, me zelus Domini urserat tentandi aliquid in bonum infelicis illius Regni, quod olim rigatum fuit tot martyrum sanguine ; hinc rem cum Provinciali Japoniae transigens in eo convenimus, ut ipse daret hominem, prompti ac maturi consilij ac intrepidum, qui sub mercatoris specie trajiceret in Japoniam, exploraturus caute, utrum aliquid utiliter tentari posset, pro reintroducenda in illud regnum Religione ? Ego vero primae expeditionis sumptus subministrarem. Sedenim homo proponit, Deus disponit ; dum ipse per 2 annos hominem aptum quaereret, orta in Lusitania contra Societatem tempestas, quae brevi totum Orbem pervasit, dictum Provincialem captivum in Europam abduxit, mihi vero omnem ad hoc nervum, idest regias pensiones abligurivit, sicque inutilis reddidit deliberationes nostras.

Sedenim licet haec nostra consilia, Deo ita disponente, in rem deducta non sint, nunquam ex animo meo deleri potuit ardens illud desiderium succurrendi derelictis illis populis, nec tot contradictionis aquae extinguere meam erga ipsos Charitatem. Ea propter, cum iteratis vicibus invitatus fuissem a Christianis insulae Zung-Ming, ut ipsis sacramentum confirmationis administrarem, tandem 13ª Octobris superioris anni transacto mari intra paucas horas in eam insulam appuli. Hic ingenti

---

(1) [Ex Vol. Propagandae : Scritture originali Delle Congni Particolari dall' anno 1780 a tutto l'anno 1781 (folia numeris non sunt signata).

gaudio exceptus fui a Christian's, quorum numerus ad 4 millia ascendit, tantam vero in iis reperi doctrinae christianae intelligentiam, et tam accuratam divinae legis ac Pontificiorum decretorum observantiam, ut fervore continentis hujus Christianos non assequantur modo, sed etiam praeeant; quae res tanto me solatio affecit, ut constituerim apud ipsos totam hyemem agere; sed enim post exactum ibidem inter maximos labores trimestre, expiata vero et confirmata media parte, missus Pekino ad me cursor me nolentem in hunc continentem retraxit. Insula haec parva ut est, in ultima capitatione recensuit unum millionem, et ducenta incolarum millia. — Quoad Japonicas noticias, tametsi mihi in portu Schang-haj et ab ipsis etiam insulanis nunciatum fuisset nullum fere esse inter Sinas et Japones commercium, idque ex diffidentia erga Sinicam gentem eo quod sub Dynastia lañg....... quidam imperatores tentaverint tributariam sibi reddere Japoniam, inde conceptum adversus Sinas odium, quos Tañg-jin vocant, per 1300 annos adhuc perseverat, hinc nec ulla unquam Japonica navis portus sinicos frequentat, quas vero ex natione Sinica in suis admittunt, tot superstitiosas cautelas adhibent, ut earum pertaesi Sinae raro in Japoniam navigent.

Quibus omnibus tamen non obstantibus reperi in hac insula Xanum quemdam nomine *Schin*, cujus pater sexennio abhinc mortuus ante 18 fere annos commercij causa in Japoniam transiit, qui redux coram christianis de hoc suo itinere sequentia narravit: Emenso paucorum dierum itinere cum navis ad portum *Chang-Ki-tao* sive Nangasaquum appulisset, statim intra sepes in portum palis clausum admissa fuit, mox visitata a Mandarinis, qui sibi exhiberi petierunt mercium catalogum, utuntur enim ijsdem ac Sinae literis, etsi sonus sit diversus, et vectores omnes sibi adduci voluere, quorum non solum nomina, et aetatem annotarunt, sed etiam vultus solicite examinarunt, monentes ipsos sub poena mortis vetitum esse Liû-sùng-jin (hispanos) Tang-jin clam adducere, de qua lege in ipso portu ubi stant duo templa, unum idolo Foë, alterum Confucio dicatum, quorum priorem ut Sinae pro Numine, alterum pro Magistro habent, pendebant Kao-chj ad valvas.

His templis cujuslibet navis Dux pro tributo solvere debet plura volumina saccari. Lustratione peracta omnes merces portantur in publicas commercij domos, vela autem, gubernaculum, mali, anchorae etc. deponuntur in armamentario navali. Demum ultimo Dux navis cum suis vectoribus jubetur terram conscendere. Hic transitus fit per ponticulum, in cujus pavimento videtur figura quaedam sculpta per quam transire debent; interrogatus autem utrum sit Crucifixi imago? respondit non, sed figura quaedam jacens, caput reclinans in brachio, quod velo tectum est.

In hospitio suo visitantur saepe a mandarinis, qui de emptione, ac venditione curant, quae fit per scripturam. Caeterum bene habentur a Mandarinis, sed non licet ipsis exire domo, nec colloqui nisi furtim cum Japonibus. Commercium fit mercium permutatione, quaedam tamen emuntur appenso argento ut in Sinis, pro rebus vero minutis ujuntur cupreis nummis. Peracto commercio, et adveniente navigationis tempore statim coguntur portu exire, restituta ipsis antea omni navali suppellectile. Atque haec pauca detegere potui de praesenti Japoniae statu.

Etsi vero difficile sit portas tot oculis vigilatas rumpere, et tam memoris irae gentem fallere, ex hac vicinia posse aliquid tentari non despero, si Deus conatui faveat et pensionum mearum solutionem impetrem Ad extremum sacram manum reverenti osculo veneror.

Sunkiang-fu Dioeces Nankinensis 1 Augusti 1779.

Eminentiae Vestrae
Obedientissimus Humillimus
Godefridus Episcopus de Nankin

APPENDICE B.

Martyrologe du Japon. 1627-1660

1627 janvier 190 A Nagasaki, Kawachidono traite inhumainement les chrétiens : beaucoup exilés dans les environs meurent de faim, de froid.

191 A Shimabara, Yamadera, par ordre de Bungodono d'Arima, fer rouge, doigts coupés, mutilation : à côté d'apostasies nombreuses, Gaspar Chizayemon, Jean Shozaburo Matsutake, Michel Yokishi Hioyemon se distinguent par leur courage . . . . 3 *mutilés*.

février 192 A Kuchinotsu, Moki, Koga, Joachim Mine Sukedayu, Gaspar Nagai Sozan, Louis Shinzaburô, Vincent Suji Hachirozayemon, Gomez Mori Yoshibioye, Thomas Kondo Hioyemon, Jacques Shichibioye, Thomas Shingoro, Dominique Jinzaburo, Jean Araki Kanshichi, cruellement mutilés. 10 *mutilés*.

A Fukae, Thomas Sochin, son fils Jean Indo Tempei, Barthélémi Baba Samiyemon, Léon Nakaime Sokan, Paul Kiuzo et son fils Jean Jihiôe, Jean Kisaki, Denis Saiki Tenka et son fils Louis Kizo, Damien Ichigata, Michel Ikizo, tourmentés par le feu, oreilles coupées, etc.

février 194 Thomas Sochin, mutilé est jeté à la mer.
. . . . 1 *noyé*

195 A Arie, Hagata, mêmes traitements. Gaspar Kichisuke, Jean Heisaku, Simon Seizayemon se distinguent ; le dernier succombe le 23 . . . . 3 *mutilés*.

21 février 196 A Shimabara, la femme de Paul Uchibori Sakuyemon, Agathe et leurs 3 fils Balthazar, Antoine, Ignace [3 a.] Jacques Shichibioye et sa femme Marie, Gomez Mori Yoshibioye et sa femme Isabelle, Vincent Suji Hachirozayemon et sa femme Madeleine, Agathe femme de Thomas Shingoro, Paul Gennai Furuye, Maria Pirez, Isabelle, femme de Gaspar Sozan, Gratia, femme de Thomas Sochin, Michel Ikizo, Jean Ihiôe, mutilés et jetés à la mer . . . . 16 *noyés*.

197 A Koga, François Kisuke Omogi, sa femme Hélène, sa belle-mère Agnès. . . . . 3 *décapités*.

28 février 198 A la Bouche d'Enfer, Paul Uchibori Sakuyemon, Gaspar Kizayemon et Marie, femme de Joachim

Sukedayu, de Shimabara ; Gaspar Sozan, Louis Shizaburo, de Kuchinotsu ; Denis Saiki Tenka et son fils Louis Kizo, Damien Ichigata, Léon Nakaime Sokan et son fils Paul Kizo, Jean Kisaki, de Fukae ; Jean Heisaku, d'Arie, Thomas Shingoro, frère de Jacques Shichibioye, Alexis Shohachi, frère de Vincent Hachirozayemon, Thomas Kondo Hioyemon, de Moki ; Jean Araki Kanshichi de Koga . . . . . 16 *au mont Onsen.*

21 Mars   199   *Ib.* Madeleine, fille de Thomas Kichibioye Yahagi, d'Arie. . . . . 1 *au Mont Onsen.*

14 avril   200   .A Nagasaki, Mancie Nakaoka Shichizayemon . . . . 1 *décapité.*

18 avril   201   A Tobo, ses deux fils Mancie Kanshichi et Gaspar . . . . 2 *décapités.*

17 mai   202   A la Bouche d'Enfer, Jean Shozaburo, Marie, femme de Michel Yokishi Hioyemon, Paul Kiuhachi, Joachim Sukedayu, Barthélémy Haniyemon, Louis Sukeyemon, Paul Magoyemon, Louis Soka et sa femme Madeleine, Paul Mihoye, son fils . . . . 10 *au mont Unzen.*

19 mai   203   A Yagami, Michel Daniyemon   1 *décapité.*

20 mai   204   *Ib.* Marie, femme de Mancie Kanshichi 1 *décapitée.*

29 juillet   205   En Omura, le P. *Louis* Bertrando et les frères japonais *Mancie* de la Croix et *Pierre* de Se Marie, dominicains . . . . 3 *brûlés vifs.*

206   *Ib.* Marthe, Béatrix et Jeanne, tertiaires de S. Dominique . . . . 3 *décapitées.*

207   *Ib.* Jean Gorozayemon et ses deux fils Louis Genshiro et Louis Shimbioye, Jeanne, la femme du dernier, Thomas Goza et sa femme Madeleine . . . 6 *brûlés vifs.*

208   *Ib.* Pierre [4 a.] et Michel [2 a.]   2 *décapités.*

14 août   209   A Nagasaki, Mathias et Simon Hoi, japonais . . . . 2 *massacrés*

17 août   210   *Ib. François* Kurobioye, du Chikugo, *Caius* Jiyemon, coréen, *Madeleine* Kiota, veuve, descendante du daimyo François du Bungo, *Françoise*, tertiaires de S. Dominique 4 *brûlés vifs.*

27 août   211   *Ib.* Le père *François* de Ste Marie, les frères *Barthélémy, Laurel* et *Antoine,* japonais franciscains, et *Gaspar* Vaz, coréen . . . . 4 *brûlés vifs.*

212   *Ib. Thomas* O Jiniyemon, *François* Kuhioye du Chikugo. *Luc* Kiyemon du Hizen, *Michel* Kizayemon de Koga, *Louis* Matsuo Soyemon d'Arima, *Martin* Gomez de Hakata, et *Marie*, femme de Gaspar Vaz . . . 7 *décapités.*

213   *Ib.* Antoine, fils de Françoise [no 210], François [5 a.] fils de Martin Gomez [no 212], Manuël [5 a.] et Jean [3 a.] fils de Louis Matsuo [no 212] et sa femme, Jean [3 a.] fils de Michel Kizayemon [no 212]. . . . 6 *décapités.*

APPENDICE B. 265

       30 août   214   En Omura, Maria et son fils André
                                                                         2 *décapités.*
      4 septembre   215   *Ib.* Pierre, Thomas et Dominique Chiyemon, fils de Sixte . . . . 3 *brûlés vifs.*
      6 septembre   216   A Nagasaki, le Père *Thomas* Tsuji d'Omura, jésuite, et ses deux hôtes *Louis* Maki et *Jean,* son fils, trois japonais . . . . 3 *brûlés vifs.*
                        217   *Ib.* Michel Kiuka et François, fils de Martin Gomez . . . . 2 *massacrés.*
      8 septembre   218   En Omura, Dominique Sukezayemon
                                                                         1 *massacré.*
                        219   *Ib.* Jean Kazayemon . . . 1 *décapité.*
    10 septembre   220   *Ib.* Sixte Chiyemon . . . 1 *décapité.*
    11 septembre   221   *Ib* Jean Sukezaki . . . 1 *décapité.*
    19 septembre   222   *Ib.* Mathias Yuyemon, sa femme Monique et son frère Jean . . . . 3 *décapités.*
    19 septembre   223   *Ib* Catherine, enceinte . . 1 *brûlée vive.*
    22 septembre   224   *Ib.* Dominique Kisuke et André Gozayemon . . . . 2 *égorgés.*
    15 octobre   225   *Ib.* Les deux filles, Marie, d'André Gozayemon . . . . 2 *décapitées.*
  12 sept.-29 jan. 226   Dans les montagnes de Nagasaki, entr'autres Marthe, Cathérine, Côme Shichiro, Mancie Tosaburo, Léon Matayemon, Thomas Kazura, Louis Bungo, meurent de misère . . . . 7 *de misère.*
    13 décembre   227   A Shimabara, Léonard Matsuda Denzo, d'Arie . . . . 1 *de misère.*

1628   4 mai   228   A Nagasaki, Paul Himonoya . 1 *de misère.*
        8 mai   229   En Omura, Paul Dembioye . 1 *de misère.*
      22 juillet   230   A Nagasaki, Jeanne, vierge du Hizen
                                                                        1 *de misère.*
     21 août   231   A la Bouche d'Enfer, Ursule, femme de Jean Magosuke. . . . . 1 *au mont Unzen*
    8 septembre   232   A Nagasaki, les Pères *Antoine* de S. Bonaventure, franciscain, *Dominique* Castellet, dominicain ; les frères *François Dominique* de Nagasaki, franciscain, *Antoine* de S. Dominique et *Thomas* de S. Hyacinthe, dominicains ; Lucia, *Michel* Karahachi Yamada. *Jean* Tomachi d'Omura. *Jean* Imamura, *Paul* Sandai Aibara, *Matthieu* Alvarez. japonais, mariniers, guides ou hôtes des Pères. . . . . 11 *brûlés vifs.*
                            232   *Ib. Dominique, Michel, Thomas* et *Paul* [7 a.], les fils de Jean Tomachi ; *Laurent* [3 a.], fils de Michel Yamada, *Louis* Nigaki avec ses fils *François* et *Dominique* [3 a.]
                                                                                8 *décapités.*
                        233   En Omura, Thomas, hôte du P. Antoine, *Louise,* sa femme, Jean, son enfant ; André Goyemon, et sa femme Marthe, Paul Yamazaki, Simon Jiyemon et sa femme Rufina
                                                                                  8 *décapités.*

9 septembre 234 *Ib.* Michel Jiniyemon, hôte du frère Michel Nakashima . . . . 1 *décapité.*
10 septembre 235 *Ib.* Dominique Kurobioye, majordome du Rosaire . . . . 1 *brûlé vif.*
236 A Nagasaki, Jacques Hayashida, Jean de S. Thomas, Paul et Jean . . . . 4 *décapités.*
237 En Omura, Béatrice, femme de Dominique [n° 235], Mancie Tateiki, Manuel Tomiyama, Thomas Yosazayemon, Marie veuve. . . . . 5 *décapités.*
238 *Ib.* Jean Sabioye, Béatrice sa femme, Jean Kosaku son fils, Isabelle, femme de ce dernier, Simon Kiota Sashichi, Madeleine Kiota, Catherine et André Yamada
8 *décapités.*
12 septembre 239 *Ib.* Antoine Yuzayemon, Rine Nizo son fils et deux autres tertiaires de S. Dominique . . 4 *brûlés vifs.*
16 septembre 240 A Nagasaki, Simon de Namechi, André de Enoshima, compagnons de Paul Himonoya [n° 228] et tertiaires de S. Dominique . . . . . .
2 octobre 241 A la Bouche d'Enfer, Jean Magosuke
1 *aux eaux Onsen.*
242 A Shimonoseki, le frère Michel Shukan, du Kami, jésuite . . . . 1 *brûlé vif.*
7 novembre 243 A Fukahori, Julien Shichiyemon, son fils Thomas Jiyemon, son petit-fils Dominique Shichiza et Jean Yasui
4 *décapités.*
25 décembre 244 A la Bouche d'Enfer, le frère *Michel* Nakashima, jésuite, Joachim Kondo et Jean . . 2 *aux eaux Onsen.*
245 Antoine et Léon Kurobioye, tertiaires dominicains . . . . 2 *aux eaux Onsen.*
1629 12 janvier 245 A Yonezawa [Dewa], Louis Amakasu Emon, seigneur de Shiraishi, Michel Amakasu Tayemon son fils, Dominica, sa femme et Justa, sa fille. Vincent Kuragane Ichibioe, fils de Louis, Thecla, sa femme et Lucia, sa fille, Maria Ito, servante, Marina Shobo, Pierre Yahioye, Mathias Hikosuke, serviteurs, Timothée Obasawa Hirobioye et Lucia, sa femme, Jean Gorobioye, Joachim Saburobioye, Jean Bansai Kazuyemon et Aura sa femme, Antoine Okozu, son fils, Paul Sajuro, son gendre, Rufina, femme de Paul, Paul [5 a.], Marthe [3 a.], Simon Takahashi Chuzayemon et sa fille Thecla, Paul Nishibori Shikibu, préfet de la Congrégation de la Ste Vierge, Louis Inyeyemon et sa femme Anna, Mancie Yoshino Sayemon et sa femme Julia [Cordara, *Hist. S. J.*, p. 234] . . . . . . 29 *décapités*
246 A Okusabara, près de Yonezawa, Antoine Anazawa Iyozayemon, son fils aîné Paul Anazawa Heizaburo, Romain Matsuo, André Yamamoto Chichiyemon, Ignace Inda Soyemon, Jean Arie Kiyemon, Pierre Arie Jingo, son fils . . . . 7 *décapités.*

247 A Nakayama, Crescentia, femme de Haye-mon, Mancie [14 a.] et Michel [11 a.] Iyozayemon, ses fils, Marie, femme d'André Chichiyemon, Lucia, fille de Jean Kiyemon et femme d'Ignace Soyemon, Madeleine, femme de Jean Kiyemon
 6 *décapitées*.
 248 A Okusabara, Alexis Soto Seisuke, Lucia sa femme, fille d'Antoine Hayemon, Isabelle, leur fille [3 a.], Paul Matagoro, frère d'Alexis, Ursule, sa fille [3 a.], N. Chichizayemon, sa femme Madeleine, leurs 2 filles [5 et 3 a.] tous de Chidogadaï . . . . 9 *décapités*.
 249 *Ib*. Alexis Choyemon et son parent Candido Bosu, de Yonezawa . . . . 2 *décapités*.
13 janvier 250 *Ib*. Ignace [3 a.], neveu de Candido Bosu
 1 *décapité*.
 251 A Yonezawa, Léon Izuma, Jacques Seikichi, son fils, Maria femme de Jacques et quatre enfants Sanche [14 a.], Mancie [10 a.], Marine [7 a.] et Sabine [5 a.] 7 *décapités*.
16 janvier 252 A Hoyo, Jean Mino, sa femme Anna, Jean Magoyemon et sa mère Martha, Joseph Izayemon et sa femme Madeleine et leurs 4 enfants, Inès [3 a.]. . . 9 *crucifiés*.
 253 A Okusabara, Joachim Minagawa
 1 *décapité*.
17 janvier 254 *Ib*. Joachim Koichi . . . 1 *décapité*.
 En août 255 A la Bouche d'Enfer, Takanaga Uneme tourmente 64 chrétiens de Nagasaki ; beaucoup apostasient.
5 et 26 août 256 Simon Suetaki [17 a.] et un ceylanais François succombent . . . . 2 *aux eaux Onsen*.
août-septembre A Imasu, tortures nouvelles : chaudière d'eau soufrée bouillante, suspension à 4 cables tordus [Pagès, I, 380]
29 novembre 257 A Shiki, sous Tobioye Miake, renégat 213 femmes et enfants incarcérés. Jules, vieillard d'Omi, fut noyé . . . . 1 *noyé*.
7 décembre 258 A Nagasaki, Antoine Kanaya Ichiyemon, de Hakata, après 2 ans de prison . . . . 1 *décapité*.
 259 *Ib*. Thomas Sakubioye, de Miyako 1 *brûlé vif*.
 260 *Ib*. Catherine, sa femme . . 1 *décapitée*.
 261 En Omura, Jérôme Yagoyemon, hôte du P. Erquicia, dominicain . . . . 1 *décapité*.
1630 10 janvier 262 A Mogami [Oshu], Joachim, sa femme et N. . . . . 3 *brûlés vifs*.
 263 A Yamagata, Joachim, Paul et sa femme Clara . . . . 3 *brûlés vifs*.
12 janvier 264 A Shiki, Paul, coréen . . 1 *noyé*.
24 janvier 265 Au Higo, Thomas Sayun, catéchiste, S. J.
 1 *décapité*.
 266 A Yedo, Ventura Sadeni, Jean Geniyemon et sa femme Sabina, François Sayemon et sa femme Clara, Jean

Sayemon et sa femme Madeleine, N. Shobioye et sa femme Monique, Lucia, femme de N. Nakagawa Seiza 10 *au bain glacé*.

267 *Ib.* N. Nakagawa Seiza ou Sayemon pendant trois jours sous la scie de bambou . . . . 1 *scié*.

mars 268 A Nagasaki, quatre chrétiens, même supplice pendant 4 à 7 jours . . . . . . 4 *sciés*.

269 *Ib* Trois autres apostasient le 5e jour, mais repentants, sont décapités . . . . . . 3 *décapités*.

19-31 mai 270 En Arie, de 282 condamnés au tourment de la scie de bambou, cinquante persévèrent ; parmi eux Thomas Kichibioye, Paul Nagata et sa femme, Léonard Sakuzayemon, Jean Gozayemon, Denis Genisho, Michel de Kuga, Gonzalve Magoyemon, Jean Magosuke . . . . . 50 *sciés*.

31 juillet 271 En Oshu, Simon Sumiya, . 1 *crucifié*.

3 août 272 A Kuga, un japonais noble de ce pays
1 *scié*.

5 août 273 En Arie, Jacques Suzuki et sa femme Marie ; Marthe, Maxima, Catherine. Marthe, Thecla, Clara, Marthe et N. servantes de Marie ; Michel et N. Deniyemon
11 *décapités*.

27 août 274 *Ib. Laurent* Tayemon, *Jean* Rihioye, *Pierre* Kuhioye, *Michel* Kimura et Joachim Tazo . . . 5 *crucifiés*.

17-20 sept. 275 *Ib.* Barthélémi Kinosuke, père de Th. Kichibioye, Michel Shingoro, fils de Paul Nagata, Louis Kuranoya, Mancie Chuzayemon, Matthias Kichiyemon, Michel Yosuka de Fukae, Paul et Lucie, Jean Magosuke . . . 9 *sciés*.

28 sept. 276 A Omura, ou dans leurs villages respectifs, Pierre Yoyemon de Hiroshima, Louis Hakiro de Kiro, Louis Kichiro de Ikiriki, Grégoire Rokuzayemon, de Sakozo ; Pierre Kasuke et Marie sa femme, Simon Yohioye et sa femme Gracia, Pierre Yakishiro et sa femme Madeleine, Michel Chikisuke et sa femme Marthe, de Mie ; Michel Ihioye et Michel Sukezu, de Kashiyama ; Dominique Kuhioye, de Nagata ; Ignace Sukoyemon de Taguma, Antoine Magosuke, Michel Risuke et sa femme Clara, de Kurokuchi, Jean Gohioye, Louis Gonyemon, Paul Shiniyemon, son fils aîné, Thomas Yakishi, Michel Heisaku, Gaspar Sakuzo, Pedro Sazuke, de Mie ; — frères et tertiaires de S. Augustin . . . . 26 *brûlés vifs*.

277 A Ikiriki, Dominique Yohioye et sa femme Madeleine, Thomas Nizo, Louis Kiro . . . . 4 *brûlés vifs*.

278 *Ib.* Pierre, sa femme Madeleine et leurs enfants Maria [12 a.], Catherine [8 a.], Raymond [1 a.] 5 *décapités*.

279 A Nikumiganachi, Michel Ikizayemon et sa femme Isabelle . . . . 2 *brûlés vifs*.

280 *Ib.* Leurs enfants Paul et N, 2 *décapités*.

281 A Enoshima, Martin Irobioye et sa femme Catherine . . . . 2 *brûlés vifs*.

282 Leur fils Michel Iniyemon . 1 *décapité*.
283 A Kurozaki, Jacques Hikozayemon et Maria, sa femme . . . . 2 *brûlés vifs*.
284 *Ib*. Leur fils Alexis. . . 1 *décapité*.
285 A Shizu, Jean Shinjiro et sa femme Jeanne . . . . 2 *brûlés vifs*.
286 A Ikeshima, Jean Hikoyemon et sa femme Rufina . . . . 2 *brûlés vifs*.
287 *Ib*. Leur fils N. . . . . 1 *décapité*.
288 A Sasuko, Michel Magozayemon et sa femme Maria, Marguerite, femme de Grégoire Rokuzayemon 3 *brûlés vifs*.
289 *Ib*. Dominique, leur fils et ses enfants Michel [11 a.] et Dominique [7 a] . . . . . 3 *décapités*.
290 A Mie, Catherine, femme d'Antoine Magosuke . . . . 1 *brûlée vive*.
291 Jean, fils [7 a.] de Simon Yohioye, Jean et Louis, enfants d'Antoine, Paul, Michel et Julien [7 a.], fils de Louis Goniyemon, et Louis Gozaymon. père de Michel Shikisuke . . . . 7 *décapités*.
292 A Kashiyama, Marina, femme de Michel Jihioye, Rufina, femme de Michel Sukezu . . . 2 *brûlées*.
293 *Ib*. Pierre, frère de Rufina . 1 *décapité*.
294 A Nagata, Marina, femme de Dominique Kuhioye . . . . 1 *brûlée*.
295 *Ib*. Son fils N. . . . . 1 *décapité*.
296 A Koe, Louis Koichichi . 1 *brûlé vif*.
297 A Teguma, Dominique Hinyemon 1 *décapité*.
298 A Hiroshima, Pierre Kazuke. 1 *décapité*.
299 A Sato, Christoval Kihei [15 a.] 1 *décapité*.

28 octobre 300 A Hokonohara, près Nagasaki, 9 japonais laïcs ou oblats de S. Augustin, Pierre de la Mère de Dieu [Pierre Kuhioye], de Mayezawa [Oshu], Laurent de S. Nicolas [L. Hachizo, de Sasoko, Omura], Augustin de Jésus [Mancie Ichizayemon du Chikugo], Paul Nagashi Sukeyemon de Kuchinotsu, Jean Hamasaki Gomoyo, de Mie, Sebastien Kitayama Choyemon de Mogi, Thomas Terai Kahiôe d'Ikiriki. Jean Shozaburo d'Omura, Mancie Chizayemon et Michel Chioki Tayemon de Koga, Melchior Moro Ariyemon . , . . . 11 *décapités*.

29 octobre 301 *Ib*. Benoit Tarosuke de Hakata, Jean Enogura Johioye de Saga [Hizen] et Jacques Nakashima Kuhioye, hôtes du P. Antoine Ishida. . . . . . . 3 *brûlés vifs*.

302 *Ib*. Maria, de Machiai [Higo]. mère de Jacques et de Michel [martyr no 242] . . . . 1 *décapitée*.

2 novembre 303 *Ib*. Les quatre enfants de Jacques, Jean [9 a.]. Michel [5 a.], Ignace [2 a.], Léon [1 a.] et le père d'Agathe, la femme de Jacques, Léon Hinato Yasuke de Hiroshima . . . . 5 *décapités*.

304 A 5 lieues de Nagasaki, 5 chrétiens, hôtes de religieux . . . . 5 *décapités*.
20 décembre 305 A Kawachimura [Amakusa] Michel Ibuzayemon . . . . 1 *noyé*.

1631 20-23 sept. 306 A Ariye, Louis Kuranoyo, Mathieu Kichiyemon, Michel Yosaku, Mancie Seizayemon, Michel Shizo, Côme Inosuke, Paul Yuki . . . . 7 *sciés*.

307 En Owari à Nagoya, 9 martyrs ; à Mie, 3 ; à Takayama ou Takagi, 9 ; à Suruga, 5 ; à Mikawa. 5 ; à Goy, 5 ; à Yoshida, 2 ; à Ujikubo 1 ; à Maruyama 1 ; à Shichio 2
42 *martyrs*

308 A Ichinomia, Paul Hioyemon, son fils Simon, Côme et Léon Sogoro . . . . . . 4 *brûlés vifs*.

3 déc.-5 janv. 309 A la Bouche d'Enfer du mont Onsen le supplice des PP. Barthélémi Gutierrez, François de Jésus, Vincent Carvalho, augustins, Antoine Ishida, jésuite japonais, le fr. Gabriël de Madeleine, franciscain, Béatrice da Costa, épouse du capitaine da Silva et sa fille Maria [18 a.]. Elles furent exilées en 1634 à Macao . . . . 5 *dans la fosse*.

1632 13 janvier 310 A Osaka, Paul Yamamoto Hikodayu, hôte des jésuites. . . . . 1 *brûlé vif*.

311 *Ib*. Maria, sa femme, leurs enfants Ignace [11 a.], Xavier [9 a.], Madeleine [6 a.], Ursule [4 a.]. 5 *décapités*.

312 A Yedo, Jean Michikawa, Anne sa mère, Maria sa femme, Sampei son neveu, Jean Koma Sahei et sa femme N, ... 6 *brûlés vifs*.

313 *Ib*. Jean, leur fils [1 a.] . . 1 *décapité*.

31 janvier 314 A Shizukawa [Oshu], Lin Sakamoto Jiyemon et sa femme Maxima, Paul Takahashi Hambioye et sa femme Clara, Jean Koma et sa femme Maria . . . 6 *brûlés vifs*.

315 *Ib*. Leurs enfants Mancie Sakunosho et Thomas Gunzaburo ; Candide Kokichi [18 a.] Roch [8 a.], N. [6 a.], N. [4 a.] ; N. Hikozo. . . . . . 7 *décapités*.

6 février 316 A Kumamoto [Higo], Pierre Iida Shichiroyemon . . . . 1 *en prison*.

8 février 317 A Wakamatsu [Oshu], Paul Chimayama et Marie sa femme, hôtes des jésuites . . . . 2 *brûlés vifs*.

318 *Ib*. Ignace Inosuke, fils de Paul 1 *décapité*.

319 *Ib*. Léon Inagiya Choan, Pierre Ninomiya et Marie sa femme . . . . 3 *brûlés vifs*.

320 *Ib*. Xavier leur fils, [9 a.] . 1 *décapité*.

321 *Ib*. Léon Ogasawara Yochiyemon, Fabien Kuda Moyemon, André Nida Tayemon, Albert Tsukata, Ignace Kawachi Sanzo, Thomas Matsuyama et sa femme Isabelle
7 *brûlés vifs*.

322 *Ib*. Sébastien Tarosaku, Jean Jujiro et Simon Sakujuro, fils de Thomas . . . . . 3 *décapités*.

APPENDICE B. 271

   323. *Ib.* Jean Osaki Chizayemon et sa femme Isabelle . . . . 2 *brûlés vifs.*
   324 *Ib.* Alexis Denzo et Pierre Sakujuro, leurs fils. . . . . 2 *décapités.*
   325 *Ib.* Dominique Mukaimago Saburo et sa femme Lucie . . . . 2 *brûlés vifs.*
   326 *Ib.* Antoine Choju leur fils . 1 *décapité.*
   327 *Ib.* Jacques Sasaki Sobioye et Marie sa femme, hôtes des jésuites . . . . 2 *brûlés vifs.*
   328 *Ib.* Joseph Hirose Tazayemon et Maria sa femme, Jérôme Rakesuke, Jean Takeya Sayemon, Joseph Takeya Matakichi . . . . 5 *brûlés vifs.*
   329 *Ib.* Ignace Chokichi, fils de Joseph
               1 *décapité.*
   330 *Ib.* Martha, Anna et Magdaleine, veuve d'un hôte . . . . 3 *brûlés vifs.*
   331 *Ib.* Joseph Sanjuro, fils de Martha, Mancia Makichi, Martin, fils de Magdeleine . . . . 3 *décapités.*
   332 *Ib.* Jean Omori Kiyemon et sa femme Anne . . . . 2 *brûlés vifs.*
   333 *Ib.* Protase, leur fils . . . 1 *décapité.*
   334 A Nihommachi, André Tsuda Kuhei, Valentin Nakamaki Mondo, et Anna sa femme, hôtes des jésuites, Siméon Saibioye et Alexis Goshiro, fils de Valentin, Jérôme Sukenojo, N. Senzuke, et N. Kisaku, leurs clients, Mathieu Rokubioye, sa femme Agnès et leur fils Louis Kitaro, Romain Sanjuro . . . . 12 *décapités.*
   335 *Ib.* N. Michikawa Kayemon et Jean Matsuda . . . . 2 *brûlés vifs.*
12 février 336 A Wakamatsu, Marie veuve, Diego Yendo Rokuzayemon et Maria sa femme, Mathias Hara Tambioye et Clara sa femme . . . . 5 *brûlés vifs.*
   337 *Ib.* Thomas Seibioye, sa femme Ursule et leur fils François [5 a.], François [1 a.] fils de Diego . 4 *décapités.*
   338 A Shiki [Amakusa], Thomas Josazayemon, Inès, sa femme et Jean, serviteur . . . . . 3 *noyés.*
   339 A Hirado, Jean Magusa . . 1 *noyé.*
8 août 340 A Kumamoto, Barthélémy Nakamura et son fils Louis . . . . 2 *décapités.*
3 septembre 341 A Nagasaki, les Pères *Vincent* Carvalho, *Barthélémi* Gutierrez et *François* de Jésus, augustins, *Antoine* Ishida, jésuite, le fr. *Gabriel* de Madeleine, franciscain, un prêtre séculier japonais Jean Jô ou de la Croix, achèvent leur martyre de 9 mois [voir no 309] . . . . 6 *brûlés vifs.*
4 septembre 342 *Ib.* l'hôte du prêtre japonais . 1 *brûlé vif.*
   343 Plus de 500 chretiens découverts, à l'occasion des recherches à la poursuite d'un augustin japonais, qui

exerçait le saint ministère à Nagasaki, Omura, Arima et Yedo [Pagès I, 773] . . . . 500 *martyrs.*
11 décembre 344 *Ib.* Les Pères augustins Melchior de S. Augustin et Martin de S. Nicolas . . . . 2 *brûlés vifs.*
345 *Ib.* Quatre hôtes japonais des deux religieux, Michel Zayemon, Louis Shigano, Dominique et Jean 4 *décapités.*
13 décembre 346 *Ib.* Les Pères Ginès de Quesada et Jean Torrello, franciscains venus de Manille le 12 août avec le jésuite Vieyra . . . . 2 *brûlés vifs.*
1633 27 mars 347 *Ib.* Dominique, japonais. . 1 *décapité.*
22 juillet 348 *Ib.* Le frère jésuite Thomas Nishihori. trois japonais nommés Dominique et le fils d'un des trois
5 *brûlés vifs.*
349 *Ib.* Un japonais François . 1 *décapité.*
28 juillet 350 *Ib.* Michel Kusuriya, proviseur de la Miséricorde . . . . 1 *brûlé vif.*
31 juillet 351 *Ib.* Le frère jésuite Nicolas Keyan Sukunaga . . . . 1 *dans la fosse.*
352 *Ib.* Didace Kido, Joseph Reo Mui, novices S.-J., et trois autres japonais . . . . . 5 *dans la fosse.*
13 août 353 *Ib.* Constantin, Hilaire, Marie, Mancie et 3 autres japonais . . . . 7 *brûlés vifs.*
15 août 354 *Ib.* Un franciscain japonais . 1 *dans la fosse.*
16 août 355 *Ib.* Le P Emmanuel Borges, jésuite, de Estremoz [Evora] . . . . 1 *dans la fosse.*
17-19 août 356 *Ib.* Les PP. François de Gracia, augustin portugais et Didace de S. Marie, dominicain japonais ; François et Jean, frères augustins japonais, Michel Kibioye et Jean Yohioye, frères dominicains . . . . 6 *dans la fosse.*
357 *Ib.* Jean, coréen, hôte du P. Didace, un marinier, un second Jean et 2 autres japonais . . 5 *brûlés vifs.*
358 *Ib.* La femme de Jean coréen . 1 *décapitée.*
27 août 359 A Shimabara, Ignace Kiyemon, sa femme Regina et leurs trois enfants ; Gaspar Hozaburo, Balthasar Gorosaku, François Kuranoyo, Paul Shokichiro et son frère, Michel Sampu, Gaspar Yoshishiro, Marie et leur fils, hôtes des missionnaires . . . . 13 *brûlés vifs.*
23-29 août 360 A Shimabara, le P. Antoine Giannone et le frère Jean Kidera, jésuites . . . . . 2 *dans la fosse.*
1 septembre 361 A Nagasaki, le P. Dominique de Erquicia, supérieur des dominicains et un autre père français, du même ordre . . . . 2 *dans la fosse.*
362 *Ib.* 2 japonais et 3 femmes . 5 *martyrs.*
363 A Urakami, 3 japonais, dont un enfant
3 *brûlés vifs.*
Fin septembre 364 A Shiki, Didace Takushima, frère jésuite,

compagnon du P. Paul Saito . . . . 1 *brûlé vif.*
365   A Kokura, Thomas Riokan, d'Amakusa, compagnon du P. Julien Nakaura, Louis Kasuka, d'Arima it. du P. Benoit Fernandez, et Denis Yamamoto de Hiroshima, it. du P. Jean da Costa . . . . 3 *brûlés vifs.*
366   A Yedo, le fr. jés. Jean Yama 1 *dans la fosse.*
367   Près de Nagasaki, le P. Michel Pineda de Shiki, jésuite repoussé par son hôte, meurt délaissé. [D'après Cardim, *Batalhas*, p. 261].

2 octobre   368   A Nagasaki, le P. Ben. Fernandez, jésuite pris au Nagato le 20 juillet, après 26 heures, et le P. Paul Saito de Hirado, après 7 jours . . . . 2 *dans la fosse.*

8-10 octobre   369   *Ib*: les PP. jésuites Jean da Costa, arrêté au Suwo et Sixte Tokuun, japonais, un prêtre japonais Jean Megasaki ; les frères jésuites Damien Fukae et Louis ; les japonais Laurent Fushi et deux autres . . . . . 7 *dans la fosse.*

370   *Ib.* Un japonais, après 7 jours de souffrances dans la fosse . . . . 1 *décapité.*

18-26 octobre   371   *Ib.* Les Pères Julien Nakaura, Jean Matthieu Adami, Ant. de Souza, jésuites, Luc du S. Esprit, dominicain ; les frères Pierre et Matthieu japonais jésuites, François japonais dominicain . . . . . . 7 *dans la fosse*

372   Le P. François Boldrino, jésuite romain, expire de misère dans le nord du Japon [Cardim. *Fasciculus.* p. 211] . . . . 1 *de misère.*

373   Le P. Hyacinthe de Esquivel, dominicain et un Père franciscain, en voyage de Manille au Japon, sont mis à mort par le capitaine chinois . . . . . . 2 *massacrés.*

1634   17 avril   374   A Nagasaki, le P. Albert du S. Esprit, trinitaire, amené de Constantinople au Japon par des corsaires
1 *massacré.*

6-9 juin   375   A Yedo, le P. Vieyra avec cinq catéchistes reçus novices-jésuites, le P. Louis Gomez et le frère François japonais, franciscains. Vieyra, dernier survivant est brûlé vif
8 *dans la fosse.*

octobre   376   Madeleine, tertiaire augustine avec dix chrétiens . . . . 11 *dans la fosse.*

11 novembre   377   A Nagasaki, le Père Jourdain de S. Étienne et Thomas de S. Hyacinthe, dominicains, arrêtés à Misugura [Omura] le 4 août . . . . 2 *dans la fosse.*

378   *Ib.* 67 chrétiens, parmi lesquelles Marina, tertiaire de S. Dominique . . . . 67 *brûlés vifs* ou *décapités.*

1636   février   379   A Omura, le P. Didace Yuki d'Awa [Shikoku], jésuite âgé de 60 ans, saisi dans une forêt, meurt en prison [Cardim, *Fasciculus*, p. 221] . . . . . . 1 *en prison.*

7 avril   380   A Nagasaki, Jérôme Luis, portugais pour avoir apporté de Macao une lettre d'un prêtre japonais, nommé

	Paul dos Santos, qui demandait des secours à sa famille [*lettre inédite d'Emm. Dias, 26 janv. 1636*] . . . . . 1 *brûlé vif*.	
	12 avril 381 Près de Yedo, 23 chrétiens, infirmes ou aveugles, condamnés à mourir . . . . . , 23 *morts de faim*.	
1637	1 septembre 382 *Ib*. dix-sept japonais, dont trois femmes, membres du tiers ordre des augustins . . . 17 *dans la fosse*.	
	24-27 sept. 383 *Ib*. Les Pères Antoine Gonzalès de Valence, Thomas de S. Dominique [Guill. Courtet, français], Michel de Ozaraza biscayen et Vincent de la Croix [Shiwazuka] de Nagasaki, avec un japonais lépreux et un métis Laurent Rodriguez, abordent à Nagoya le 13 septembre, et meurent à Nagasaki 6 *dans la fosse*.	
	14-17 oct. 384 *Ib*. Le P. Marcel François Mastrilli, jésuite et André Yamada, japonais . . . . 2 *dans la fosee*.	
	6 décembre 385 *Ib*. Le Père Thomas de S. Augustin, augustin et deux japonais . . . . 2 *dans la fosse*.	
	386 *Ib*. Le P. Michel de S. Joseph, japonais augustin . . . . 1 *dans la fosse*.	
1638	juillet 387 A Yedo, le P. Pierre Kasui, jésuite japonais [Bartoli V, 31, Cardim *Fasciculus* p. 230, *Batalhas*, p. 261]	
	août 388 A Omura, Ed. Correa, portugais 1 *brûlé vif*.	
1640	389 A Sendai, Tsuneyori, fils de Hasekura, l'ambassadeur de Date Masamune [*Annales* de Sendai, Steichen, 387]	
	3 août 390 A Nagasaki, par décret shogunal du 25 juillet, une ambassade portugaise venue de Macao, avec marins et gens de service, décapités, et le navire brûlé. 13 matelots purent rentrer à Macao, pour en donner la nouvelle. Aucune des victimes ne voulut sauver sa vie au prix de l'apostasie. *Ambassadeurs* : Louis Paez Pacheco, Rodrigue Sanchez de Paredes, Simon Vaz de Paiva, Gonzalve Monteiro de Carvalho. — *Equipage* : *Portugais* : Dominique Franco, Fr. Dias Boto, Emm. Alvarez Franco, Didace Dias Milhão, Didace Fernandez. Benoit de Lima Cordoso, Louis Borreto Fialho, Emm. de Nogueira, Didace dos Santos, Jean Pacheco, Gaspar Martinez, Damien Franco. — *Espagnols* : Alfonse Gallego, Pierre Perez. — De plus, 2 métis, 17 chinois, 6 bengalais, 11 indiens, 7 cafres, etc. 61 *décapités*.	
1643	21-25 mars 391 A Nagasaki, les PP. jésuites Ant. Rubino, de Turin, François Marquez, japonais, Alb. Meczinski, polonais, Ant. Capece, napolitain, François de Moralez, espagnol, avec trois séculiers, Pascal Correa, portugais, Thomas, coréen, et Jean, patanais . . . . 8 *dans la fosse*.	
	392 A Yedo, 34 chrétiens enchainés et condamnés [Schaap, dans Montanus *op. cit.* p. 350]. . . 34 *décapités*.	
1649	29 décembre 393 A Nagasaki, 25 chrétiens, dont deux renient après un jour. [Indyk dans Montanus, *op. cit.* p. 408] ; parmi les martyrs [lettre 2 mai du P. Ph. Marino, *Epist. Jap. msc.*] Thomas Araki, renégat depuis 20 ans. [Pagès I, 373.] 23 *dans la fosse*.	

1650	6 janvier	393	*Ib.* 74 chrétiens, parmi lesquels femmes et petits enfants . . . . 74 *décapités.*
1652		394	A Yedo, le P. Christophe Ferreira, jésuite 1 *dans la fosse.*
1658	25 août	395	*Ib.* 109 chrétiens [Valentyn, *op. cit.* p. 97] 109 *martyrs.*
		395	A Hirado, Omura, 500 chrétiens [*ib.*] 500 *martyrs.*
1660		397	A Kagoshima, 3 prêtres portugais (?) et 7 fidèles japonais mis en croix et brûlés vifs [Van Zelderen, Montanus, *op. cit.* 439] . . . . 10 *brûlés vifs.*

Total . 2190

Le « Fasciculus e japonicis floribus » du P. Cardim [Romae, Corbelletti, 1646] enregistre seulement les noms de 79 jésuites, la plupart martyrs ; les derniers sont Séb. Vieyra et ses cinq compagnons, Didace Yuki, Marcel Mastrilli et Pierre Kasui. C'est par erreur qu'un écrivain récent se réfère à cet ouvrage pour établir le chiffre de 1450 martyrs de la foi au Japon [Steichen, p. 390].

Le chiffre total 3125, auquel notre double appendice aboutit en 1660, ne tient pas compte des exilés et des chrétiens ruinés par les persécuteurs. Dans une citation du R. P. Thurston [*The Month*, July 1905, tiré-à-part p. 12] un juge japonais Arai Hakuseki porte à 200.000 ou 300.000 le nombre des chrétiens qui, à la fin du règne de Iemitsu, périrent de misère, tous leurs biens ayant été confisqués ; l'empereur avait été exaspéré : « converts rapidly increased ; so...it was ordered that they should all lean on their own staff. »

Plaute l'a dit et le Japon le croyait : *Indigna digna habenda sunt, quae herus facit.* Ces temps de paganisme sont passés ! Gloire au seul vrai Dieu !

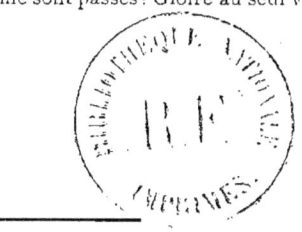

Table des matières.

TOME II.

Page

PRÉFACE 5

LIVRE I.

Les Philippines. La persécution.

1593-1613.

1. Portugais et Castillans — 2. Les premiers évêques du Japon — 3. Le bref de Grégoire XIII. Ex pastorali officio (28 janvier 1585) — 4. Les premiers franciscains des Philippines au Japon — 5. L'ambassade franciscaine — 6. Le San-Felipe — 7. Martyrs de Nagasaki — 8. Plaintes de l'évêque Cerqueira — 9. Ferveur des Martyrs — 10. Mort du Taïko Sama — 11. Daïfu Sama ; trêve et persécutions isolées. Hideyori, l'héritier — 12. Activité des divers ordres religieux au Japon ; mort de Valignani et d'Organtino — 13. Martyrs de Yatsushiro 11

LIVRE II.

Persécution générale de 1614. Causes et débuts.

1. Marchands européens au Japon — 2. Le franciscain Jérôme de Jésus — 3. L'évêque Cerqueira — 4. Divers ordres religieux au Japon — 5. Hollandais et Anglais — 6. Le Bienheureux Louis Sotelo — 7. Persécution à Yedo ; les martyrs d'Arima — 8. Ambassade du daïmyo d'Oshu — 9. Persécution à Miyako — 10. Décès de l'évêque Cerqueira. Compétitions 69
APPENDICE. Résumé du catalogue de la Province S. J. en 1613 . . 117

LIVRE III.

Persécution sanglante.

1614-1625.

1. Persécutions locales, confréries du martyre — 2. Nombre des chrétiens vers 1614 — 3. L'édit dans le Kami — 4. Les exilés ; Juste Ukundono — 5. La situation religieuse au sud du Japon — 6. Guerre civile : fin de Hideyori — 7. Hidetada successeur de Iyeasu (Daïfn Sama) 8. Persécutions locales, en 1618 persécution générale — 9. Martyrs européens — 10. Attitude des puissances. William Adams — 11. Les daïmyo chrétiens — 12. L'évêque du Japon, Valente — 13. Activité et souffrances des missionnaires — 14. Les martyrs (1614-25) : le B^x Louis Sotelo — 15. Le Japon presque inaccessible 125

LIVRE IV.

Ruines et Désolation

1627-1652

1. Cruauté des persécuteurs et apostasies — 2. Le Pape Urbain VIII et le Père Vieyra — 3. Nouveaux genres de martyre et apostasies — 4. Iemitsu, successeur de Hidetada — 5. La vie des missionnaires. Le B^x Antoine Ishida. Le P. Sébastien Vieyra, les missionnaires martyrs en 1633 et l'apostasie de Christophe Ferreira — 6. Martyre de Jean Yama, Vieyra et Mastrilli — 7. L'accès du Japon devient plus difficile en 1636. L'île de Deshima, le commerce hollandais — 8. L'insurrection de Shimabara — 9. Rupture entre le Japon et le Portugal — 10. Nouvelles tentatives des missionnaires — 11. La dernière expédition apostolique (1644) — 12. Martyre de Ferreira — 13. Quelques glanes de nouvelles (1666-1752). 181

Épilogue.

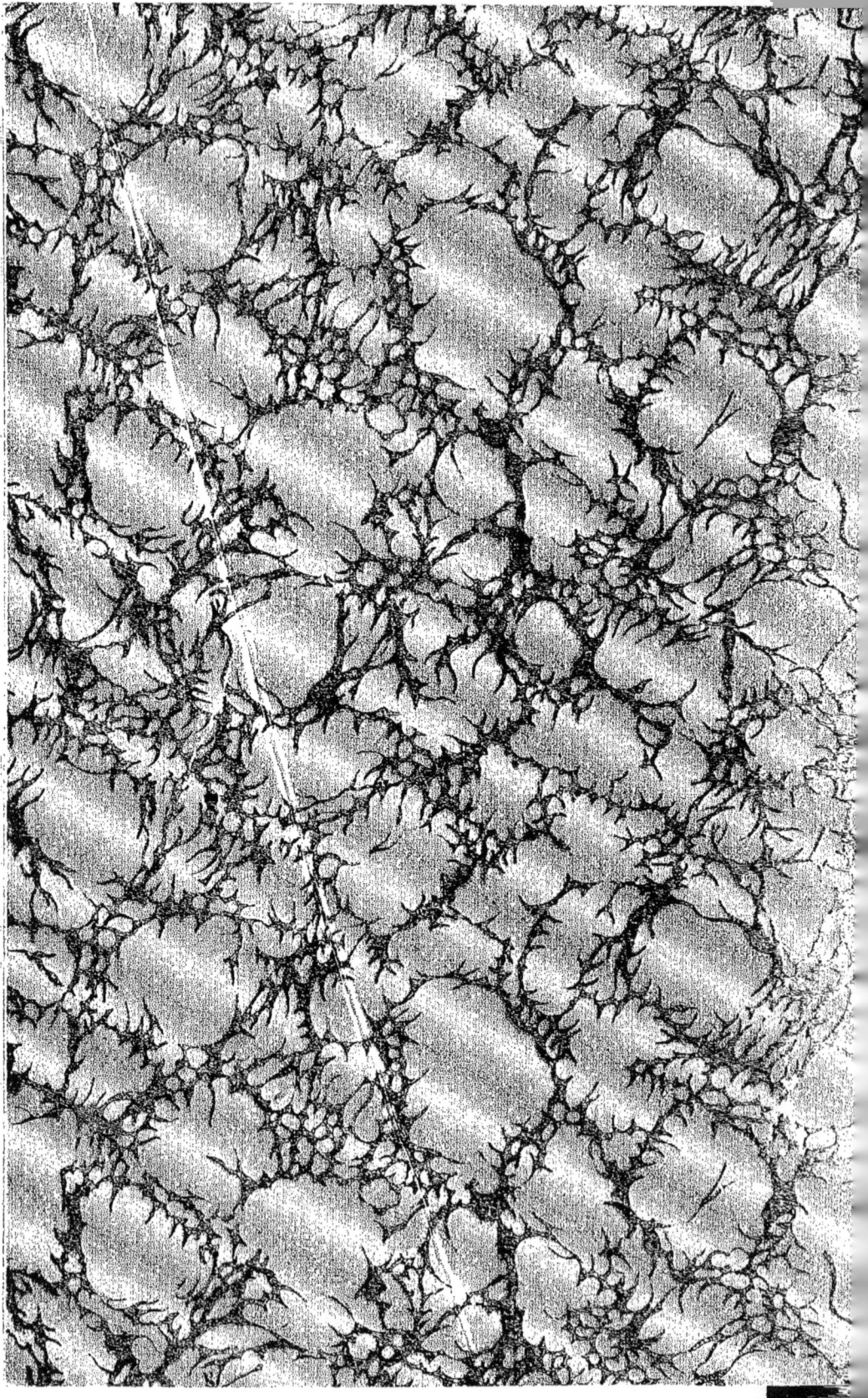

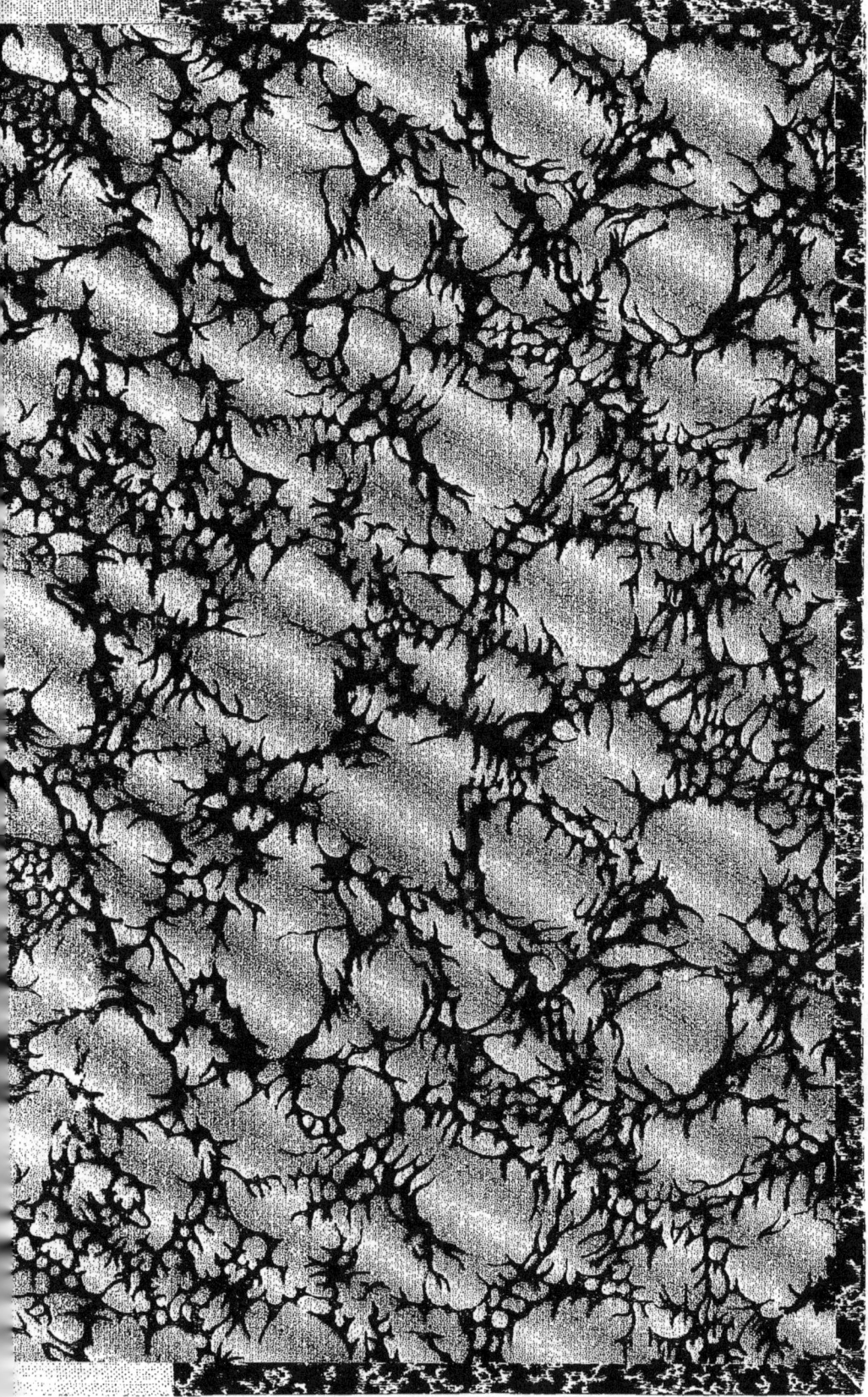

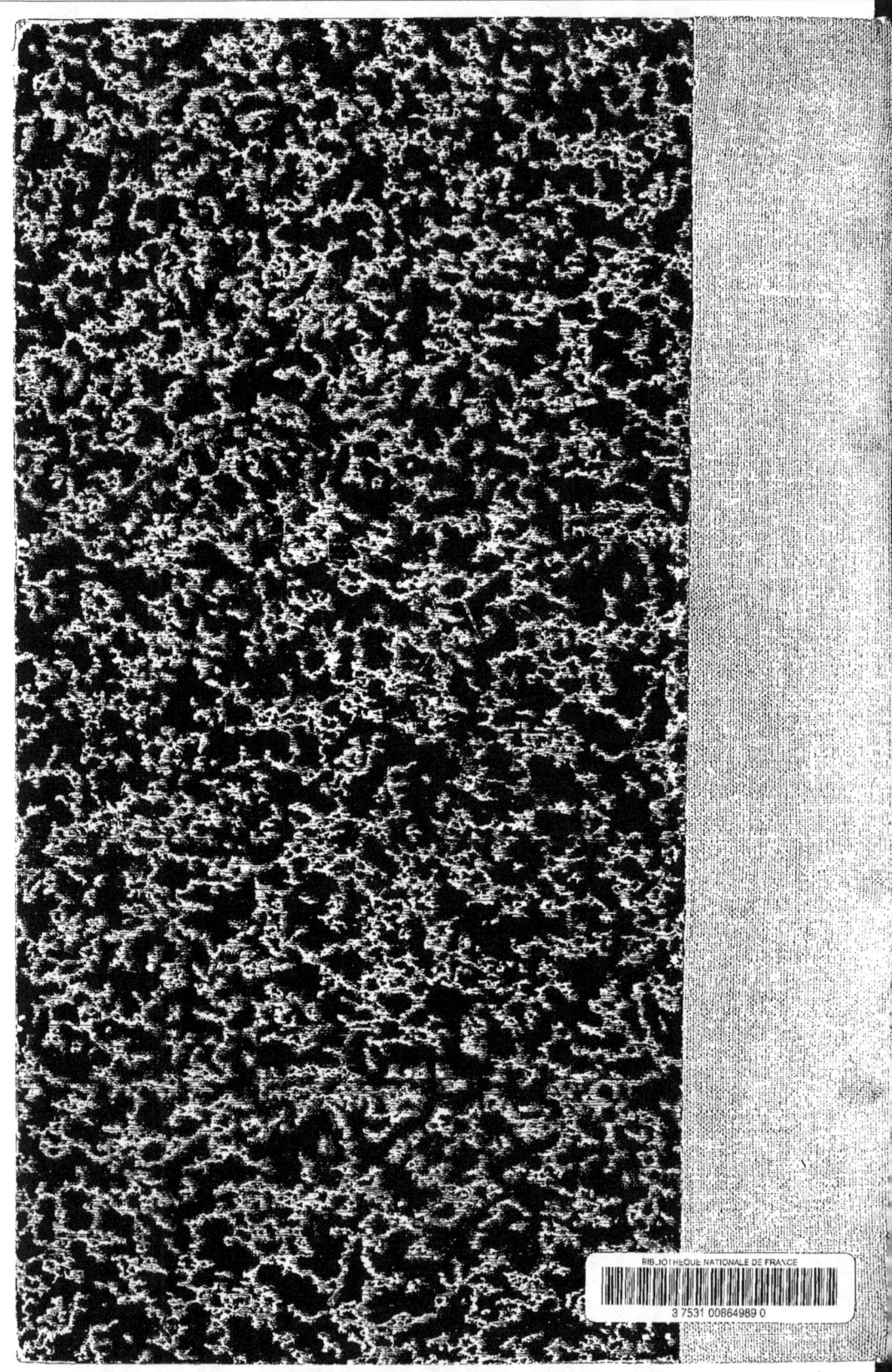

www.ingramcontent.com/pod-product-compliance
Lightning Source LLC
Chambersburg PA
CBHW070745170426
43200CB00007B/653